Verstehen – Verzeihen – Versöhnen

Sidney und Suzanne Simon

Verstehen – Verzeihen – Versöhnen

Wie man sich selbst und anderen vergeben lernt, Enttäuschungen und seelische Verletzungen überwindet, Selbstzweifel besiegt – und dadurch Lebensmut und inneren Frieden findet.

Scherz

Erste Auflage 1991.
Titel der Originalausgabe: «Forgiveness».
Einzig berechtigte Übersetzung aus dem Amerikanischen
von Mechtild Sandberg.

Schutzumschlag von Manfred Waller.

Inhalt

Vorwort

Die in diesem Buch vorgetragenen Überlegungen und Hinweise entwickelten sich aus dem kontinuierlichen Prozeß einer langsamen Heilung und mit Hilfe vieler Menschen. Ihnen allen möchte ich an dieser Stelle danken: den Frauen, die – jede auf ihre Weise – ihre Gefühle, ihr Wissen und ihre berufliche Erfahrung mit mir geteilt haben, die mir den Weg gezeigt, mich getröstet und mir immer wieder behutsame Anstöße gegeben haben; den Freunden, die mich in den schweren Zeiten mit ihrer Liebe umgaben und sich heute mit mir an dem Glück freuen, das ich gefunden habe.

Von ganzem Herzen danke ich meiner Schwester. Ohne ihren Beistand und ihre Liebe wäre ich aus der Verleugnung nicht herausgekommen. Sie hat mir als erste gezeigt, daß ich auf meinem Weg nicht allein bin. Und besonderer Dank gilt meiner Mutter, die durch die Veröffentlichung dieses Buchs vielleicht am meisten zu verlieren hatte und dennoch sagte: «Wenn die Erfahrungen unserer Familie auch nur einem einzigen anderen Menschen helfen können, müssen sie veröffentlicht werden.»

Dankbar bin ich den vielen, die täglich darum kämpfen, sich aus ihrer eigenen schmerzlichen Vergangenheit zu lösen. Vor allem denke ich dabei an jene Menschen, die an unseren vielen Seminaren und Workshops über das Verzeihen teilgenommen haben. Ihre Erlebnisse und Erfahrungen bilden die Grundlage dieses Buchs, die Geschichten einiger unter ihnen illustrieren die vorgetragenen Theorien, und in ihrem Geist haben wir versucht, dieses Buch zu schreiben. Sie alle werden mir in ihrer Entschlossenheit, unabhängige, gereifte Menschen zu werden, immer Vorbild sein.

Zum Schluß ein Dank auch an unsere fünf Kinder, die meinen Mann und mich bei der Arbeit an diesem Buch auf ihre Weise unterstützt haben.

Suzanne Simon

Einleitung

Wir standen am offenen Sarg, mein Bruder, meine Schwester und ich, und sahen hinunter auf das, was von dem Mann geblieben war, den wir immer geliebt und manchmal gehaßt hatten, den wir so gern geachtet hätten, aber viele Jahre lang fürchteten und mieden. Er hatte schließlich kaum noch Ähnlichkeit mit dem furchteinflößenden Riesen, der über uns Kinder so große Macht gehabt hatte. Er war sehr lange schwer krank gewesen.

Ich weiß nicht, was meinen Geschwistern durch den Kopf ging, während sie neben mir in dem dämmrig erleuchteten Raum des Bestattungsinstituts standen. Mir jedenfalls kamen Erinnerungen an den Mann, der meine Mutter geliebt hatte, der sich, wenn sie ihm den Kaffee einschenkte, über den Tisch zu neigen pflegte, um ihren ausgestreckten Arm zu küssen, der beim Essen oft unter dem Tisch Fußkontakt zu ihr suchte. Ich dachte an den Mann, der ein geschickter Handwerker gewesen war, ein phantasievoller Geschichtenerzähler, ein leidenschaftlicher Leser und ein Gärtner, dem alles gedieh. Bei dieser letzten Erinnerung brach ich das Schweigen.

«Wollen wir Dad nicht etwas mit ins Grab geben?» sagte ich und griff in meine Tasche, um das Geschenk herauszuholen, das ich kurz nach Erhalt der Todesnachricht gekauft hatte. Meine beiden Geschwister mußten lachen, als sie sahen, was ich in der Hand hielt – ein halbes Dutzend Samentütchen; Samen, wie sie unser Vater jedes Frühjahr, so weit wir zurückdenken konnten, ausgesät hatte. Während wir Erinnerungen an seine prachtvollen Tomaten tauschten und uns gegenseitig versicherten, daß nie wieder ein

Salat so gut geschmeckt hatte wie der aus seinen selbstgezogenen Gemüsepflanzen, schoben wir ihm einige der Samentütchen in die Taschen und verteilten die anderen rund um seinen Körper. Es war ein Augenblick froher Heiterkeit mitten in einer Szene feierlichen Ernstes. Flüsternd, leise lachend, fragten wir uns, wie es wohl sein würde, wenn wir beim Besuch des Grabes unseres Vaters eines Tages dort einen herrlichen Garten vorfinden würden. Das war keine Schmähung des Menschen, der unser Vater gewesen war. Es war liebevolle Würdigung.

Ja, es war eine angemessene Abschiedsfeier für einen Mann, der die schmackhaftesten Tomaten auf Long Island gezogen hatte. Aber es war noch viel mehr als das. Es war ein Beweis für die Heilung, die seine Kinder in den Jahren vor seinem Tod an sich vollzogen hatten.

Als wir klein waren, hat unser Vater uns sexuell belästigt. Oft bekam er fürchterliche Wutanfälle und ließ seine ganze Wut und Frustration an uns aus. Ja, dieser Mann hatte uns Schlimmes angetan, als wir noch Kinder waren, und wir hatten es nicht vergessen.

Wäre unser Vater drei oder fünf oder zehn Jahre früher gestorben, so wären wir vielleicht überhaupt nicht zu seiner Beerdigung gekommen, und hätten wir es aus Pflichtgefühl doch getan, so wären wir nicht in der Lage gewesen, etwas Gutes über ihn zu sagen. Wir hätten nicht zu erkennen vermocht, daß er noch andere Seiten hatte als jene, die ihn trieb, uns zu mißbrauchen; wir hätten uns selbst als nichts anderes als die Opfer dieses Mißbrauchs gesehen. Anstelle von innerer Gelassenheit und liebevollem Gelächter hätte es bittere Tränen und eisiges Schweigen gegeben, Schmerz, Zorn und Verbitterung. Wir hätten ihm die Hölle gewünscht und selbst weiterhin in einer Hölle der Wut und des Hasses gelebt. Statt dessen gingen wir jetzt mit dem Wunsch von seinem Sarg weg, daß er in Frieden ruhen möge und es uns gelingen würde, in Frieden mit uns selbst weiterzuleben.

Wodurch war das in uns bewirkt worden?

Durch Verzeihen!

Jetzt schütteln Sie vielleicht ungläubig den Kopf und fragen sich, wie man einem Menschen etwas so Unsägliches wie Inzest verzeihen kann. Sie fragen sich vielleicht sogar, warum man das überhaupt versuchen sollte. Tatsächlich war es ursprünglich nicht unser Bestreben zu verzeihen. Wir wünschten uns nur eines: Der Schmerz aus der Vergangenheit sollte endlich aufhören, unser Leben in der Gegenwart zu beeinträchtigen. Um dies zu erreichen, setzten wir drei, meine Schwester, mein Bruder und ich, uns jeder auf seine Art mit diesem Schmerz auseinander – und ließen ihn los.

Was uns angetan wurde, haben wir nicht vergessen und werden es niemals vergessen. Wir haben unserem Vater sein Handeln nicht nachgesehen und werden es niemals tun. Nichts kann etwas an der Tatsache ändern, daß er uns angetan hat, was man keinem Kind antun darf. Doch noch vor dem Tod unseres Vaters gelangte jeder von uns, seinen eigenen Bedürfnissen gemäß und nach unterschiedlich langer Zeit an einen Punkt, an dem es nicht mehr nötig erschien, ihn für das bezahlen zu lassen, was er getan hatte. Wir erwarteten nicht mehr, daß er es wiedergutmachen würde. Wir gebrauchten den Inzest nicht mehr als Entschuldigung für alles, was in unserem Leben nicht stimmte. Und wir warteten nicht mehr darauf, daß unsere Eltern uns nunmehr Erwachsenen das geben würden, was wir als Kinder nicht von ihnen bekommen hatten. Wir ließen los. Wir ließen die Verletzungen heilen. Wir verziehen.

Dieser Abschied in Suzannes Leben markierte den Beginn unserer Arbeit an der menschlichen Fähigkeit zu verzeihen. Wir leiteten bereits sogenannte *Personal growth*-Gruppen, also Gruppen, die der Entfaltung der eigenen Persönlichkeit dienen sollten. Bald nach dem Tod von Suzannes Vater im Juli 1984 begannen wir, uns eingehender mit dem Prozeß zu beschäftigen, den sie durchgemacht und der sie befähigt hatte, sich von den seelischen Verletzungen zu heilen, die sie in ihrer Kindheit empfangen hatte, und dem Mann zu verzeihen, der sie ihr zugefügt hatte. Wir vermuteten damals, im Verzeihen könne der «Friede» liegen, den so viele, denen wir in unseren Gruppen und Seminaren begegneten, so verzweifelt zu erlangen suchten. Heute, sechs Jahre später, sind wir stärker denn je überzeugt davon, daß es so ist.

Wir alle sind verletzt worden. Wir alle haben mindestens eine Erinnerung – wahrscheinlich aber viele Erinnerungen – an Eltern, die zuviel oder zuwenig von uns erwarteten, die uns mit übermäßiger Fürsorge erdrückten, kühl und unnahbar waren, uns mißachteten oder mißbrauchten; Erinnerungen an Lehrer, die uns erniedrigt und gescholten haben, uns das Etikett des Dummen oder Faulen aufdrückten, uns nachsitzen ließen für etwas, das wir nicht getan hatten, oder uns der Klasse als schlechtes Beispiel vorhielten; Erinnerungen, auf dem Spielplatz verspottet und gepiesackt, beim Mannschaftsspiel im Sport als Letzter gewählt worden, beim Schulfest Mauerblümchen gewesen zu sein. Manche von uns waren wegen ihrer Rasse, Religion oder einer Behinderung Opfer von Vorurteil, Diskriminierung oder Taktlosigkeit. Andere mußten sich böswilligen Klatsch gefallen lassen, wurden bei der Beförderung übergangen, von einem geliebten Menschen zurückgewiesen, von einem Freund verraten.

Ja, wir alle sind irgendwann einmal verletzt worden. Es kann vor vielen Jahren, in den Tagen der Kindheit, es kann aber auch erst gestern gewesen sein, daß man Zurückweisung, Spott, Demütigung, Verrat, Enttäuschung oder Mißbrauch erfahren hat. Dieses Buch handelt davon, wie die daraus entstandenen Verletzungen zu heilen sind.

Es kann natürlich sein, daß man glaubt, die Heilung sei in mancher Hinsicht schon vollzogen; man sei schon vor Jahren von den meisten dieser alten Verletzungen und Ungerechtigkeiten genesen; die schmerzlichen oder enttäuschenden Erfahrungen der Vergangenheit hätten keinen Einfluß mehr. Das kann zutreffen. Wir können die uns beigebrachten Verletzungen so weit heilen, daß sie nicht mehr störend auf unser Leben einwirken.

Aber sehen Sie sich Ihr Leben, so wie es heute ist, einmal genauer an:

Gibt es Seiten Ihres Lebens, die befriedigender sein könnten, wenn etwas, das in der Vergangenheit geschah, niemals geschehen wäre?

Empfinden Sie Groll, Bitterkeit oder Zorn gegen Ihre Eltern oder Geschwister, so daß Sie den Kontakt zu ihnen abgebrochen haben oder Ihre Beziehung zu ihnen zumindest gespannt ist?

Haben Sie sich geschworen, Ihre Kinder einmal anders zu behandeln, als Sie selbst in Ihrer Kindheit behandelt wurden, und müssen jetzt feststellen, daß Sie genauso schlagen, brüllen, nörgeln, also das gleiche tun und sagen, was Ihre Eltern immer getan und gesagt haben?

Fühlen Sie sich häufig innerlich leer und versuchen, die Leere zu füllen, indem Sie zu Alkohol oder Drogen greifen, unmäßig essen oder 18 Stunden am Tag arbeiten, nächtelang spielen oder einkaufen, bis Ihr Konto hoffnungslos überzogen ist?

Haben Sie manchmal das Gefühl, Ihre Vergangenheit zu wiederholen, die gleichen alten Szenen durchzuspielen, nur in neuer Inszenierung und mit neuen Schauspielern in Vertretung der Eltern, Liebhaber oder Liebhaberinnen, geschiedenen Ehemänner oder Ehefrauen, Freunde oder Vorgesetzten, die Ihnen die ursprüngliche Verletzung zugefügt haben?

Kommen neue Beziehungen nie in Schwung, weil Sie fürchten, neue Freunde oder Liebespartner/innen werden Sie genauso verletzen oder zurückstoßen, wie andere Sie in der Vergangenheit verletzt oder zurückgestoßen haben?

Haben Sie Mauern errichtet, um keinen Menschen so nahe an sich heranzulassen, daß er Sie verletzen kann, und mußten dann entdecken, daß Sie selbst hinter diesen Mauern gefangen sind, sich einsam, isoliert und den anderen entfremdet fühlen?

Gehen Sie an jede neue Herausforderung – sei es nun ein berufliches Bewerbungsgespräch oder ein erstes Rendezvous – mit der Erwartung heran, daß Sie versagen oder enttäuscht sein werden, nur weil Sie in der Vergangenheit so oft versagt haben oder enttäuscht worden sind?

Tun Sie in Ihrer Arbeit gerade das Allernötigste? Führen Sie

Buch über die Verfehlungen Ihres Partners oder Ihrer Partnerin und präsentieren bei jedem Streit die ganze Liste? Sind Sie ständig in Angriffshaltung, zu jeder Zeit bereit, es den anderen zu geben, *bevor* die es Ihnen geben können?

Wenn Sie eine oder mehrere dieser Fragen mit Ja beantwortet haben, halten Sie wahrscheinlich immer noch an etwas fest, das Sie einmal tief verletzt hat, und diese alte Geschichte läßt wiederum Sie nicht aus den Klauen, sondern drückt Sie nieder, lähmt Sie und hindert Sie daran, sich selber zu mögen, mit Lust in der Gegenwart zu leben und mit Zuversicht der Zukunft entgegenzusehen.

Dieses Buch befaßt sich mit den Möglichkeiten, die Verbindung zwischen Vergangenheit und Gegenwart zu erkennen, Unerledigtes endlich abzuschließen und ein für allemal hinter sich zu lassen: Es geht in diesem Buch um Abschied und Weitergehen.

Viele der Gedanken, die Sie darin finden werden, entwickelten sich aus unserer intensiven Beschäftigung mit Suzannes ganz persönlichem Bemühen, den Weg zum Verzeihen zu finden. Sie sind jedoch gleichzeitig eine Weiterführung der Pionierarbeit, die Sid zur Thematik der Persönlichkeitsentfaltung und des Selbstwerts geleistet hat. In mehr als 21 Jahren hat er mit seinen Kursen an der Universität von Massachusetts, in den Seminaren, die er überall in den USA, in Kanada und Europa hält, und mit seinen Büchern zahllosen Männern und Frauen zu einem besseren Selbstwertgefühl und zu dem Mut verholfen, ihr Leben positiv zu verändern. Aber trotz aller Fortschritte, die diese Menschen machten, trotz aller abgebauten Hindernisse, kamen sie irgendwie nicht weiter und erklärten uns, sie hätten das Gefühl, es fehle etwas in ihrem Leben.

Wir begannen, uns zu fragen, ob nicht der Groll, die Ressentiments, die selbstzerstörerischen Gewohnheiten und all das andere, was bleibt, wenn man *nicht* verzeiht und *nicht* mit der Vergangenheit Frieden schließt, die Blockade bilden, die letztlich ein gesundes, produktives und befriedigendes Leben verhindert. Überzeugt, daß es so sein müsse, boten wir im Herbst 1985 in

Bangor, Pennsylvania, unser erstes Seminar zum Thema «Verzeihen» an. Dort und bei den vielen nachfolgenden Seminaren zum selben Thema, die wir seitdem abgehalten haben, wurde uns klar, daß das Verzeihen in der Tat etwas ist, das für Menschen aller Altersgruppen und Gesellschaftsschichten enorme Bedeutung besitzt. Wir lernten in den Seminaren ebensoviel über das Verzeihen, wie wir lehrten, und wir möchten in diesem Buch die Gedanken und Vorschläge weitergeben, die sich im Laufe der vergangenen fünf Jahre aus unseren eigenen Erfahrungen und denen vieler anderer Menschen entwickelt haben. Die Teilnehmer der Seminare zeigten uns durch ihr Weinen und ihr Lachen, durch ihren Zorn und ihre Ehrlichkeit die seelische Kraft und das Potential zu Gesundung und Verzeihung, die jedem von uns mitgegeben sind, ganz gleich, wie er verletzt wurde und wie diese schmerzlichen Erlebnisse der Vergangenheit sich auf sein weiteres Leben ausgewirkt haben.

Uns wurde vielleicht nicht das angetan, was Suzanne angetan wurde, aber auch wir sind von vielen Menschen, gleich, ob absichtlich oder nicht, verletzt worden – von Eltern, Geschwistern, Lehrern, Freunden in der Kindheit, späteren Partnern und anderen. In diesem Buch geht es um die Möglichkeiten, denen zu verzeihen, die uns verletzt haben, und zwar nicht, um diesen einen Gefallen zu tun, sondern um uns selbst zu helfen, den Schmerz loszuwerden und unser Leben in die Hand zu nehmen.

Suzanne wird Ihnen bestätigen, daß sie nicht um ihres Vaters willen oder aus christlicher Nächstenliebe verziehen hat:

«Nein, ich habe verziehen, weil ich es tun mußte, um ‹ganz› zu werden, mich selbst zu mögen und das überflüssige emotionale Gepäck abzuwerfen, das mich niederdrückte und behinderte. Ich suchte inneren Frieden, und den konnte ich nicht erlangen, solange ich Unerledigtes aus der Vergangenheit mit mir herumschleppte und den größten Teil meiner Energie darauf verwendete, meine Wunden zu lecken. Ich war weder mit mir selbst noch mit meinem Leben zufrieden. Aber vielleicht, dachte ich mir, nur vielleicht, kann ich mehr tun, kann ich mehr werden, als ich jetzt bin. Darum beschloß ich, gesund zu werden.

In diesem Buch wird ein Heilungsprozeß beschrieben, der in unserem Leben und in dem Tausender anderer Männer und Frauen gewirkt hat. Sie werden die Geschichten einiger dieser Menschen auf den Seiten dieses Buches lesen. Sie und wir sind beileibe keine Heiligen. Wir besitzen nicht etwa eine übermenschliche Gabe zu verzeihen. Wir waren es einfach leid, im Schmerz der Vergangenheit zu leben, und hatten einen Punkt erreicht, wo wir bereit waren, etwas Neues zu versuchen. Auch Sie können das. Ganz gleich, wie Sie verletzt wurden oder was Sie getan haben, weil Sie verletzt wurden – auch Sie besitzen das innere Wissen und die innere Kraft, um sich von Ihren Verletzungen zu heilen und sich ein besseres Leben zu schaffen.

Genauso wie die Menschen, von denen Sie in diesem Buch lesen werden, können Sie Ihr Leben umkrempeln, zu neuer Selbstachtung finden und den inneren Frieden gewinnen, der Ihnen bisher verwehrt wurde – vorausgesetzt, Sie sind bereit, sich durch einen Prozeß der Heilung hindurchzuarbeiten, der Ihnen hilft

- anzuerkennen, daß Sie verletzt wurden, und sich anzusehen, was Sie getan haben, weil Sie verletzt wurden;
- Scham und Schuldgefühle abzulegen und sich nicht mehr an allem, was Ihnen in Ihrem Leben widerfahren ist, selbst die Schuld zu geben;
- in Zukunft nicht mehr das Opfer zu spielen, das in Selbstmitleid versinkt, selbstzerstörerisch handelt, unschuldige Dritte attakkiert, im Leben immer nur das Schlechteste erwartet oder immer und ewig die alten Muster wiederholt;
- Wut und Empörung abzuladen;
- anzuerkennen, daß Sie trotz allem überlebt haben, daß Sie infolge Ihrer vergangenen Erfahrung Kraft und Mitgefühl entwickelt haben;
- der Vergangenheit den ihr gemäßen Platz zu geben, weder in ihr zu verharren, noch sie zu vergessen, sie vielmehr als das zu sehen, was sie ist – ein Teil dessen, was Sie sind, aber nicht alles, was Sie sind.

Am Ende dieses Weges, den viele vor Ihnen gegangen sind und viele andere jetzt gerade gehen, wartet etwas, das Sie vielleicht nie gekannt haben, etwas, wonach Sie vielleicht Ihr Leben lang an den falschen Orten gesucht haben, etwas, das jeder einzelne von uns verdient – innerer Friede, Freude, Hoffnung und eine Zukunft, die *Sie* gestalten werden. Aber glauben Sie jetzt bitte nicht, daß dieser Heilungsprozeß, der schließlich zum Verzeihen führt, eine Wunderkur ist, die Sie über Nacht von allem befreit, was Sie quält. Der Weg zur Gesundung ist lang, schwierig und manchmal auch schmerzlich. Unerledigtes zu bereinigen und sich vom Schmerz der Vergangenheit zu verabschieden, braucht Zeit. Und es braucht viel harte Arbeit. Aber selbst wenn der Weg Sie über rauhes Gelände und durch manchen langen, dunklen Tunnel führen wird – wir sind sicher, daß es sich lohnt, ihn anzutreten.

1 Verzeihen

Verzeihen – an dieser Vorstellung ist sicherlich nichts Neues. Von Kindheit an hörten wir von Eltern, Lehrern und anderen Autoritätspersonen:

vergib und vergiß;
laß es gut sein;
biete die andere Wange;
sei wieder gut.

«Irren ist menschlich und Vergeben göttlich», hat man uns immer wieder eingeprägt, bis wir kaum noch Zweifel daran haben konnten, daß Verzeihen etwas Wohlgefälliges ist, gut, ehrenhaft und moralisch. Doch die Vorstellung, den Menschen, die uns grausamen Schmerz bereitet haben, tatsächlich zu verzeihen, hat selbst etwas Gewaltsames. Uns zieht sich der Magen zusammen, das Herz schlägt schneller, die Hände werden feucht; Empörung und Verbitterung brechen an die Oberfläche durch. Anstatt verständnisvoller und wohlwollender Gefühle kommen uns Gedanken wie: Moment mal, *ich* bin doch der Geschädigte. Wieso soll ich mich bemühen? Wie komme ich dazu, denen zu verzeihen? Die sollten sich lieber bei mir entschuldigen!

Das charakterisiert ziemlich genau Elises Einstellung zu ihrer Schwester Megan. Elise war 33 Jahre alt, als wir sie kennenlernten, Englischlehrerin an einer Highschool, verheiratet, Mutter von achtjährigen Zwillingen. Ihre Fehde mit Megan, die zwei Jahre jünger war als sie, zog sich über Jahrzehnte hin. Ja, Megan war ihr, wie sie uns selbst sagte, vom Tag ihrer Geburt an ein Dorn im Auge gewesen.

«Megan war so ein Baby, bei dem jeder, der es sieht, in Entzükken ausbricht», berichtete Elise. «Sie war ein süßer Fratz und wußte es. Sie hat es ausgenützt, wo sie nur konnte.»

Elises Mutter pflegte die beiden Mädchen gleich zu kleiden, aber die bewundernden Blicke und die Komplimente galten immer der blonden, blauäugigen Megan, während die hoch aufgeschossene Elise mit dem mausbraunen Haar und dem sommersprossigen Gesicht allenfalls zu hören bekam: «Ach, das ist aber nett, daß du genauso angezogen bist wie deine Schwester.»

Überallhin gingen die beiden Mädchen, als sie noch kleiner waren, gemeinsam. «Das wollte meine Mutter so, nicht ich», sagte Elise seufzend. «Megan war mein kleiner Schatten. Ich konnte sie nie loswerden, und wenn meine Freunde und ich nicht taten, was sie wollte, fing sie an zu quengeln und zu heulen, oder sie bekam einen Wutanfall.»

Als die Mädchen älter wurden, wurde es nur schlimmer. Megan, die sich der keineswegs liebevollen Gefühle ihrer älteren Schwester offensichtlich wohl bewußt war, fing an, Elise erbarmungslos zu verpetzen und ihr bei jeder Gelegenheit die Schau zu stehlen. Sie belauerte Elise, und wenn diese auch nur die kleinste Dummheit machte, erzählte sie es sofort den Eltern.

«Obendrein gab sie dann damit an, als habe sie etwas Großartiges vollbracht», berichtete Elise. «Ich stand immer als die Böse da, und sie war der reine Unschuldsengel.»

Das Schlimmste jedoch, was Megan ihrer Schwester antat, war, daß sie, die sich über Mangel an Verehrern nicht zu beklagen brauchte, auch noch schamlos mit den wenigen Jungen flirtete, die sich für Elise interessierten.

«Ich seh jetzt noch rot, wenn ich an den einen Jungen denke, den ich damals wirklich gern hatte», gestand Elise, nach sechzehn Jahren immer noch wutentbrannt. «Megan wußte genau, daß ich ihn mochte. Also zog sie ihre Schau vor ihm ab, woraufhin er mir dann vorschwärmte, was sie für ein tolles Mädchen sei. Am nächsten Tag kam er in der Schule zu mir und sagte: ‹Ich hoffe, es macht dir nichts aus, aber ich würde gern mal mit deiner Schwester ausgehen.› Glaubt ihr vielleicht, Megan hätte ihn abblitzen lassen? Keine Spur. Sie ging mit ihm aus, und hinterher kam sie zu mir ins Zimmer und fragte scheinheilig, ob ich seine Küsse auch so aufregend fände, dabei wußte sie, daß er mich noch nie geküßt hatte.»

Eine ganze Liste hätte man mit den Kränkungen und Ungerechtigkeiten füllen können, die Elise ihrer Meinung nach durch Megan erfahren hatte, und sie war nicht bereit, auch nur eine einzige davon loszulassen.

«Keinen glücklichen Moment hat Megan mir in meinem Leben gegönnt», schloß sie. «Das ging so weit, daß sie am Abend vor meiner Hochzeit aufkreuzte und der ganzen Familie verkündete, sie sei von ihrem Freund schwanger. Es gab einen solchen Wirbel, daß kein Mensch sich mehr für meine Hochzeit interessierte. Seit dem Tag, an dem sie geboren wurde, hat sie mich immer erniedrigt. Wie komme ich dazu, jetzt mein letztes bißchen Stolz und Selbstachtung aufzugeben und ihr zu verzeihen?»

Für Elise bedeutete Verzeihen:

aufgeben;
klein beigeben;
zu Kreuze kriechen;
kapitulieren.

Tauchen solche Gedanken auf, während man erwägt, jemandem zu verzeihen, der einen verletzt hat, dann erscheint einem die Vorstellung natürlich ebenso abwegig wie Elise. Wie sie sind Millionen Menschen in einen endlosen psychologischen Krieg mit Geschwistern, Eltern, Kindern, gegenwärtigen oder früheren Partnern und allen anderen Menschen verstrickt, die einen je verletzt haben. Die anderen feuerten den ersten Schuß, und seitdem hat der Kampf niemals aufgehört. Im Laufe der Jahre schlug man mit Worten und mit Schweigen zurück, mit Verhalten, das

Schmerz bereitete, und mit Verhalten, das Schuldgefühle auslöste, von Angesicht zu Angesicht oder indem man sich sowohl körperlich als auch seelisch entzog. Manchmal kämpfte man, um zu siegen, in der Hoffnung, endlich die Oberhand zu gewinnen und die anderen spüren zu lassen, wie es ist, wenn einen jemand verletzt, den man liebt. Aber meistens kämpfte man darum, nicht noch mehr zu verlieren, als man bereits verloren hatte. Man hält gewissermaßen die Stellung, indem man an dem Schmerz festhält, der einem von seinem Widersacher beigebracht wurde; indem man ihnen *nicht* verzeiht, was sie getan haben. Das Bitter-Ironische dabei ist, daß die anderen meistens gar nicht merken, wie unglücklich man ist. Während man selbst leidet, spüren sie überhaupt nichts.

Wie Elise sah auch Warren, ein fünfunddreißigjähriger Bauunternehmer, keinen überzeugenden Grund dafür, seinem Vater zu verzeihen, daß dieser ihn während seiner ganzen Kindheit so behandelt hat, als sei er nicht vorhanden.

«Mein Vater ließ mich deutlich spüren, daß er wünschte, ich wäre nie geboren», behauptete Warren, und so melodramatisch das klingt, völlig falsch war die Wahrnehmung nicht. Warrens Vater war Medizinstudent im ersten Jahr, als seine Freundin, Warrens Mutter, schwanger wurde. Er heiratete sie, «weil sich das damals eben so gehörte». Warren graut heute noch, wenn er sich der wütenden Auseinandersetzungen erinnert, die er als kleiner Junge mitbekam, Kräche zwischen den Eltern, die «immer damit endeten, daß mein Vater meiner Mutter vorwarf, sie hätte ihn durch die Schwangerschaft auf hinterlistige Weise gezwungen, sie zu heiraten.

Ich glaubte, wenn ich mich nur genug bemühte, würde ich mir seine Liebe schon verdienen», fuhr Warren fort. «Ich bildete mir ein, ich könnte etwas tun, um seine Aufmerksamkeit zu gewinnen und zu erreichen, daß er sich mir gegenüber wie ein richtiger Vater verhält.»

Nichts jedoch, was Warren tat, konnte die Beziehung zu seinem Vater herstellen, die er sich so verzweifelt wünschte. Er lernte eifrig und war ein guter Schüler, aber das beeindruckte seinen Vater nicht. Er strengte sich an, um ein guter Sportler zu werden, aber sein Vater hatte immer «zuviel zu tun», um die Sportveranstaltungen zu besuchen, an denen Warren teilnahm. «Einmal machte ich ihm im Werkkurs zwei kunstvoll geschnitzte Buchstützen. Ich brauchte ein halbes Jahr dazu, und er sagte nur: ‹Was sind denn das für Dinger?›»

Als Warren fünfzehn war, ließen seine Eltern sich scheiden. Sein Vater heiratete sofort wieder. Die alten Verletzungen schmerzten weiter, und neue kamen hinzu, als der Vater mit seiner zweiten Frau in rascher Folge drei Kinder in die Welt setzte und Warren «in den Ferien ein Familienleben vorgeführt bekam, wie ich es mir immer gewünscht hatte. Mein Vater war zu seinen anderen Kindern genau so, wie ich immer gehofft hatte, daß er zu mir sein würde.»

Mit einundzwanzig gab Warren alle Hoffnung auf, daß es ihm je gelingen würde, die Liebe seines Vaters zu erringen. Er gab sein Universitätsstudium auf und trat in das Bauunternehmen des Mannes ein, den seine Mutter inzwischen geheiratet hatte. Dann gründete er selbst eine Familie. Seinem Vater ging er aus dem Weg. Das war nicht schwer, da der Vater, abgesehen von der alljährlichen Weihnachtskarte, keinerlei Anstrengungen unternahm, mit ihm in Verbindung zu bleiben.

Mit jedem Jahr festigte sich Warrens Entschlossenheit, seinen Vater aus seinem Leben zu verbannen, wie dieser einst ihn aus seinem Leben verbannt hatte. Das ging so weit, daß Warren, als sein Vater mit einem Herzinfarkt ins Krankenhaus kam, ihn dort weder besuchte noch anrief. Ja, es kam sogar zwischen ihm und seiner Frau «zum größten Krach in unserer ganzen Ehe», als er erfuhr, daß sie seinem Vater Blumen und Genesungswünsche geschickt hatte.

«Auch jetzt noch haben wir immer wieder Streit wegen meinem Vater», sagte er seufzend. «Seit er den Herzinfarkt hatte, lädt er uns öfter mal ein, weil er, wie er sagt, seine Enkelkinder kennenlernen möchte. Ich spreche nie mit ihm, aber meine Frau tut es, und hinterher liegt sie mir damit in den Ohren, daß wir die Beziehung doch wieder kitten könnten. Aber da gibt es nichts zu kitten. Zwischen meinem Vater und mir besteht keine Beziehung und hat auch nie eine bestanden. Jetzt hat sie mich hierher, in euer Seminar, geschleppt, damit ich verzeihen lerne. Aber warum sollte ich ihm überhaupt verzeihen? Weil er langsam alt wird und seine Enkelkinder sehen möchte? Pech für ihn. Daran hätte er früher denken sollen. Er hat sich die Suppe eingebrockt, jetzt soll er sie auch auslöffeln.»

Warren verbindet Verzeihen mit
Vergessen;
Freispruch;
Nachsicht;
den «Übeltätern» durchgehen zu lassen, was sie angestellt haben.

Es ist nur natürlich, daß man sich dagegen sträubt zu verzeihen, wenn man wie Warren der Meinung ist, daß Verzeihen gleichbedeutend ist mit einem Freibrief für die «Übeltäter»; daß ihnen dadurch gestattet wird, «ungeschoren» davonzukommen, ohne für das zu büßen, was sie getan haben. Es ist ja tatsächlich so, daß die meisten von uns der Ansicht sind, die Menschen, die uns etwas angetan haben, verdienten Strafe, nicht Verzeihung. Und da schließlich wir diejenigen sind, die von ihnen verletzt wurden, fühlen wir uns berufen, ihnen dafür die Strafe aufzuerlegen, indem wir ihnen um alles in der Welt *nicht* verzeihen, sie mit unserem Groll verfolgen, sie ignorieren, sie wie Aussätzige behandeln.

Noch schlimmer ist es, weiterhin regelmäßig mit ihnen zu verkehren und so zu tun, als wäre alles in bester Ordnung – und das alles nur, weil wir nicht wissen, wie wir sie mit unserer Wut konfrontieren sollen. Wir fürchten, wenn wir das Gefängnistor öffnen und die «Sträflinge» herauslassen würden, kämen wir unserer Verpflichtung, sie büßen zu lassen, nicht nach. Wir glauben, wenn wir ihnen verzeihen, begingen wir Verrat an uns selbst und negierten oder bagatellisierten den Schmerz, den sie uns bereitet haben. Ganz klar, wenn man Verzeihen so betrachtet, kann man es nicht als dringende Priorität im eigenen Leben sehen.

Unter den Menschen, mit denen wir arbeiten, sind freilich auch viele, die auf die Möglichkeit des Verzeihens nicht so heftig reagieren wie Elise und Warren. Einige behaupten sogar, für sie gäbe es nichts zu verzeihen. Marcy, zum Beispiel, die zusammen mit ihrer Mutter, einer Frau, die bis vor kurzem Alkoholikerin gewesen war, an einem unserer Seminare teilnahm, kam in einer Pause zu uns und sagte: «Ich versteh das alles überhaupt nicht. Was geschehen ist, ist geschehen. Ich kann nichts daran ändern, daß meine Eltern Alkoholiker gewesen sind. Mein Vater ist tot. Meine Mutter trinkt nicht mehr. Wozu also den ganzen alten Kram wieder ausgraben? Das macht mir doch höchstens das Leben schwer und erinnert mich an Dinge, die ich lieber vergessen möchte.»

Ähnlich denkt einer unserer Kollegen, der ganz unverhohlen seiner Überzeugung Ausdruck gibt, daß er es für Quatsch hält, Verzeihen lehren zu wollen. «Ihr macht die Leute alle zu sanftmütigen, tumben Lämmern», meint er. «Dann schweben sie in höheren Sphären und sind nicht mehr fähig, in der realen Welt zu leben, in der man einen guten, starken Panzer braucht, damit man nicht bei lebendigem Leib gefressen wird.»

In diesen Überlegungen drückt sich die Vorstellung aus, daß man, wenn man verzeiht,

die Büchse der Pandora öffnet;
in einen emotionalen Abgrund stürzt;
gezwungen ist, Schmerzliches noch einmal zu durchleben und zuzugeben, wie schmerzhaft die Verletzung tatsächlich war;
sich von neuem verletzlich macht.

Wer so denkt, hat wahrscheinlich aus irgendeinem Grund große Angst davor zu verzeihen. Vielleicht dienen Groll, Bitterkeit und Wut als Wehrmauer, die vor Schmerz, Ängsten und Selbstzweifel schützt. Oder möglicherweise fürchtet man, daß schon der kleinste Schritt in Richtung Verzeihen eine Flut beängstigender Emotionen und quälender Fragen auslösen wird. Zum ersten Mal im Lauf von Jahrzehnten vielleicht wird man gezwungen sein, die alten Verletzungen und Ungerechtigkeiten in ihrer ganzen Schwere zu betrachten und sich einzugestehen, wie sehr sie die Entfaltung des eigenen Lebens beeinträchtigt haben. Hinzu kommt, daß man möglicherweise die Haltungen und Verhaltensweisen aufgeben muß, die einen vor neuerlichen Verletzungen geschützt haben. So gesehen macht die Vorstellung vom Verzeihen angst, und die meisten von uns ziehen es vor, der Angst aus dem Weg zu gehen anstatt durch sie hindurch.

Selbst für diejenigen, die dieses Buch in dem Gefühl zur Hand genommen haben, zum Verzeihen bereit zu sein, entschlossen, Groll und Bitterkeit fahren zu lassen und die alten Verletzungen zu heilen, ist Verzeihen keine leichte Sache. Wäre es anders, so hätten Sie gewiß längst verziehen. Aber Sie haben es nicht getan, und einer der Gründe dafür ist, daß es einen gewissen Gewinn bringt oder daß gewisse Illusionen aufrechterhalten werden, wenn man *nicht* verzeiht.

Die Illusion, daß das eigene Leben rundum geglückt wäre, wenn dies oder jenes nicht geschehen wäre

Wenn man nicht verzeiht, hat man für alles, was bei einem selber, im eigenen Leben nicht stimmt, eine Erklärung oder Ausrede parat. Wenn alles anders gelaufen wäre, wenn man nicht gerade zu diesem Zeitpunkt und von diesem Menschen so verletzt worden wäre, dann ginge es einem ungleich besser, als es nun der Fall ist. Aber da diese schlimmen Dinge nun einmal geschehen sind und man an dieser Tatsache nichts zu ändern vermag, kann man eben nur so sein, wie man ist. Die meisten von uns haben irgendwann einmal dieses Argument gebraucht, um sich aus der Verantwortung zu stehlen. Wir können es aber nicht mehr gebrauchen, wenn wir unsere Verletzungen heilen lassen und verzeihen.

Die Illusion gut zu sein

Nicht zu verzeihen, ist ein bequemer Weg, sich selbst zu definieren: Man ist das *Opfer* einer Verletzung oder Ungerechtigkeit. Man fühlt sich infolgedessen zwar vielleicht weniger liebenswert und lebenstüchtig als Leute, die keine Opfer sind, aber man kann sich damit trösten, daß man zu den «Guten» gehört, da ja die Menschen, die einen verletzt haben, ganz klar die «Bösen» sind. Hat man einmal verziehen, sind solche Schwarz-weiß-Definitionen nicht mehr möglich. Man muß dann auch die Grautöne akzeptieren und sich mit ihnen auseinandersetzen.

Die Illusion, Macht zu besitzen

Durch Nichtverzeihen kompensiert man die Ohnmacht, die man fühlte, als man verletzt wurde. Solange man die Menschen, die einen verletzt haben, in der Verbannung läßt, fühlt man sich praktisch allmächtig, da niemand einen zwingen kann, den alten Groll aufzugeben und zu verzeihen.

Die Illusion, daß man nie wieder verletzt werden wird

Wenn man nicht verzeiht, können einem weder die Menschen, die einem die ursprüngliche Verletzung beigebracht haben, noch neue Menschen, die man später in sein Leben läßt, etwas anhaben. Indem man den Schmerz am Leben hält, immer auf der Hut ist und beim kleinsten Anzeichen von Gefahr das Visier herunterklappt, reduziert man das Risiko, von neuem zurückgewiesen, getäuscht, mißbraucht, verraten oder sonstwie verletzt zu werden.

Aber rechtfertigt der Nutzen des Nichtverzeihens, des Festhaltens an altem Groll und altem Schmerz den Preis, den man dafür bezahlt? Ist die bequeme Ausrede, man könne eben nicht anders, es wirklich wert, bis in alle Ewigkeit weiterzumachen? Ist es befriedigender, das unschuldige Opfer zu sein, als Eigenverantwortung zu übernehmen? Ist das Machtgefühl, das der Hege alten Grolls entspringt, befriedigender als die Macht, selbst zu entscheiden? Und lohnt es sich, aus Angst vor möglichen schmerzlichen Erfahrungen auf die echten Freuden des Lebens zu verzichten?

Wir glauben es nicht. Wir meinen, daß das Leben, das Sie jetzt führen und das Sie so weiterführen können, indem Sie *nicht* verzeihen, nicht halb so erfüllt und befriedigend ist wie das Leben, das Sie sich schaffen können, wenn Sie den Schmerz loslassen und mit der Vergangenheit ins reine kommen.

Was Verzeihen nicht ist

Verzeihen ist nicht Vergessen

Wenn wir den Menschen verzeihen, die uns verletzt haben, löschen wir damit nicht die schmerzlichen Erfahrungen der Vergangenheit aus unserem Gedächtnis. Es geht absolut nicht darum, die Uhr zurückzudrehen und die schlimmen Ereignisse aus unserer Biographie zu streichen. Auch wenn wir verzeihen, wird das nicht gelingen. Wir können nicht vergessen, und wir sollten auch nicht vergessen. Gerade diese Erfahrungen, selbst der Schmerz, den sie verursacht haben, können uns Wichtiges lehren: uns nicht mehr zu Opfern machen zu lassen und auch andere nicht zu Opfern zu machen.

Verzeihen ist nicht Nachsicht üben

Wenn wir verzeihen, verliert die Vergangenheit an Einfluß auf unsere Gegenwart und Zukunft, aber das ändert nichts daran, daß die Verletzungen und Ungerechtigkeiten, die wir erfahren haben, schmerzhaft waren. Wenn wir den Menschen verzeihen, die uns verletzt haben, sagen wir damit nicht, daß das Geschehene ohne Bedeutung oder «nicht so schlimm» für uns war. Es war schlimm. Es hat weh getan. Es hat unser Leben verändert. Wir können gar nicht wahrhaft verzeihen, solange wir die Handlungen und Verhaltensweisen, die uns verletzt haben, leugnen, bagatellisieren, beschönigen, rechtfertigen oder verdrängen.

Verzeihen bedeutet nicht Absolution erteilen

Viele von uns, die im katholischen Glauben erzogen wurden, beichteten regelmäßig ihre Sünden und erhielten dann die Absolution. Wir taten Buße, wie der Geistliche es uns aufgetragen hatte, und waren wieder so rein wie unbeschriebene Blätter, bis wir das nächste Mal sündigten, beichteten und die Absolution erhielten. Viele von uns denken bei dem Begriff «Verzeihen» immer noch an diese Art der Freisprechung, aber nichts dergleichen wird von uns erwartet, wenn wir den Menschen verzeihen, die uns verletzt haben. Wir nehmen ihnen ihre Schuld nicht ab. Wir entlassen sie nicht aus der Verantwortung für ihr Handeln. Sie tragen weiterhin die Verantwortung für das, was sie getan haben, und müssen mit ihrer eigenen Vergangenheit selbst ins reine kommen.

Im übrigen ist «Ich spreche dich frei» ein Wort, das eindeutig vom Gipfel unserer Selbstgerechtigkeit herab gesprochen wird und beweist, daß wir weder unsere Verletzungen geheilt noch den Schmerz aus der Vergangenheit losgelassen haben. Dieses Wort erlaubt uns, Gott zu spielen, zur Abwechslung keinen strafenden, sondern einen wohlwollenden Gott, aber eben doch einen Gott, der richtet und den Sünder dann verdammt oder freispricht. Die Freisprechung ist nur eine andere Art, sich über die Menschen zu stellen, die einen verletzt haben. Mit Verzeihen hat das nichts zu tun.

Verzeihen ist nicht eine Form der Selbstverleugnung

Man kann den Menschen gegenüber, die einen verletzt haben, zähneknirschend Toleranz üben. Man kann sich ein freundliches Lächeln ins Gesicht kleben und «nett sein». Man kann seine wahren Gefühle verbergen und den Märtyrer spielen, behaupten, es mache nichts, obwohl es sehr wohl «etwas macht». Aber das alles ist nicht verzeihen. Die Strategie «gute Miene zum bösen Spiel» zu machen, erleichtert das Leben nicht, sondern macht alles nur noch quälender. Echtes Verzeihen indessen bewirkt genau das Gegenteil, und es verträgt keine Halbherzigkeit. Entweder wir verzeihen, oder wir tun es nicht. Sich selbst ehrlich einzugestehen, daß man noch nicht bereit ist zu verzeihen, ist sicherlich besser, als Verzeihung vorzutäuschen.

Verzeihen ist nicht Sache eines klar umrissenen, einmaligen Entschlusses

Ganz gleich, wie aufrichtig unser Wunsch ist, von der Vergangenheit Abschied zu nehmen und weiterzugehen, wir können nicht damit rechnen, daß wir eines Morgens mit dem Gedanken erwachen: «Heute ist der Tag, an dem ich jemandem verzeihen werde, der mich verletzt hat», und das dann auch ganz locker tun. Wir können keinen Fünfjahresplan aufstellen, in dem der erste Dienstag jedes dritten Monats zum Tag des Verzeihens bestimmt wird. Ebensowenig können wir nach der Lektüre dieses Buches eine Liste der Menschen aufstellen, die uns verletzt haben, und ihnen der Reihe nach verzeihen. So geht das nicht. Das Verzeihen läßt sich nicht erzwingen. Es kommt ganz von selbst als Folge unserer Auseinandersetzung mit den schmerzlichen Erfahrungen der Vergangenheit und der Heilung alter Wunden.

«Verzeihen ist eine Möglichkeit, die Fesseln einer schlimmen Vergangenheit abzustreifen und einer positiveren Zukunft entgegenzusehen», sagte Marie Balter. Und Marie Balter hatte unendlich viel zu verzeihen. Als uneheliches Kind einer alkoholsüchtigen Mutter, die sie nicht versorgen konnte, wurde Marie mit fünf Jahren in Pflege gegeben und später von einem Ehepaar adoptiert, zu dessen strengen erzieherischen Maßnahmen es gehörte, sie im Keller einzusperren. Mit siebzehn Jahren steckte Marie in einer tiefen, sie völlig lähmenden Depression, litt an Muskelzukkungen, Würgekrämpfen, Hyperventilation und Halluzinationen. Die Ärzte diagnostizierten, fälschlich, Schizophrenie. 1947 wurde sie in eine staatliche Nervenheilanstalt eingeliefert, wo sie die nächsten siebzehn Jahre ihres Lebens zubrachte. Es waren Jahre völliger Hoffnungslosigkeit und Verzweiflung. Es gab Zeiten, in denen Marie weder essen noch sich bewegen konnte, und andere Zeiten, an denen sie an nichts anderes als an Selbstmord dachte.

Anfang der sechziger Jahre schließlich beschäftigten sich die Ärzte erneut mit Maries Fall und stellten fest, daß sie nicht an Schizophrenie litt, sondern an Depressionen und Angstzuständen. Dank angemessener Behandlung und der Hilfe von Freunden und Mitarbeitern des psychosozialen Dienstes wurde Marie 1964 aus der Anstalt entlassen.

Sie war 34 Jahre alt und mußte nun plötzlich entscheiden, was sie mit ihrem Leben anfangen sollte. Sie hätte allen Grund gehabt, überhaupt nichts anzufangen. Man hatte sie schließlich im Stich gelassen und mißbraucht, man hatte sie eingesperrt und ihr 17 Jahre «normalen» Lebens geraubt. Sie hätte mit Recht zornig und verbittert, traurig und ohne Hoffnung sein können. Sie hätte es sich mit Recht so bequem wie möglich machen, einfach in den Tag hineinleben können, ohne viel zu erwarten, bereit, sich mit dem zu begnügen, was ihr eben zufiel. Aber das tat sie nicht.

Marie heiratete, studierte zuerst am Salem State College und machte dann an der Harvard-Universität den Magister. Sie arbeitete in der Psychiatrie, hielt Vorträge und schrieb ihre Autobiographie, nach der 1986 ein Fernsehfilm mit Marlo Thomas in der Hauptrolle gedreht wurde. 1988, als Marie 58 Jahre alt war, kehrte sie in die Anstalt zurück, in der sie so viele Jahre eingeschlossen war – diesmal nicht als Patientin, sondern als Abteilungsleiterin. In einem Presseartikel, in dem ihre Berufung bekanntgegeben wurde, erklärte Marie Balter ihren Triumph über alle Widrigkeiten so: «Ich hätte mich kein bißchen weiterentwickelt, hätte ich nicht verzeihen gelernt.»

Indem Marie Balter ihren Sieg über alle Widrigkeiten ihrer Fähigkeit zu verzeihen zuschrieb, meinte sie damit nicht, daß sie die Erinnerung an schmerzliche Erfahrungen verdrängt oder so getan habe, als hätte es diese Erfahrungen nie gegeben; daß sie die schmerzlichen Erfahrungen der Vergangenheit als nebensächlich oder verständlich abtat; ihre Gefühle hinunterschluckte und sich zusammenriß; oder eines schönen Morgens erwachte und beschloß, nun sei alles verziehen. Aber was meinte sie dann? Wenn alle diese Haltungen oder Verhaltensweisen, die wir bereits aufgeführt haben, mit Verzeihen nichts zu tun haben, was meint Verzeihen dann wirklich?

Was Verzeihen ist

Die Fähigkeit zu verzeihen kommt mit der allmählichen Heilung

Viele von uns sind in dem Glauben erzogen worden, Verzeihen sei ein Willensakt oder eine Sache der Einstellung, und wir seien nur deshalb nicht fähig zu verzeihen, weil wir uns nicht ernstlich genug bemühten. In Wirklichkeit hindert uns etwas ganz anderes daran, den Menschen zu verzeihen, die uns verletzt haben, die Tatsache nämlich, daß die Verletzungen, die sie uns zugefügt haben, noch nicht verheilt sind.

Die Fähigkeit zu verzeihen ist das Geschenk, das am Ende des Heilungsprozesses wartet

Man bekommt es, wenn man den Punkt erreicht hat, wo man nicht mehr erwartet, daß «die anderen» für das, was sie getan haben, bezahlen oder sonstwie Wiedergutmachung leisten.

Verzeihen ist ein Prozeß, der sich in unserem Inneren abspielt

Es ist mit Gefühlen des Gesundseins, der Befreiung und der Akzeptanz verbunden. Wir können diese Gefühle jederzeit haben, wenn wir nur willens sind, die alten Verletzungen heilen zu lassen, ja, wenn wir auch nur bereit sind, die Heilung zu versuchen.

Die Fähigkeit zu verzeihen ist Zeichen eines gesunden Selbstwertgefühls

Man braucht seine Identität nicht mehr von dem abzuleiten, was einem in der Vergangenheit angetan wurde, weil einem bewußt ist, daß man mehr ist als die Summe seiner Verletzungen. Die Vergangenheit wird an den ihr angemessenen Platz verwiesen, und wir erkennen, daß die Verletzungen und Ungerechtigkeiten von früher nur einen Teil unseres Lebens und unser selbst bilden, aber bei weitem nicht alles sind. – Der Glaube, in dem wir erzogen wurden, machte uns Verzeihen zur moralischen Pflicht. Um als «gut» und vorbildlich gelten zu können, sollten wir «die andere Wange bieten» und unseren Feinden vergeben. Wir sind im Gegensatz dazu der Auffassung, daß Verzeihen unser moralisches Recht ist – wir haben das Recht, uns nicht mehr von Geschehnissen quälen zu lassen, mit denen uns unrecht getan wurde. Wir nehmen dieses Recht in Anspruch, wenn wir endlich sagen: «Ich bin die Schmerzen leid, ich möchte gesund werden.» In diesem Moment wird Verzeihen zu einer Möglichkeit, auch wenn es vielleicht noch eine ganze Weile dauert, ehe es Realität wird.

Verzeihen heißt, die intensiven Gefühle loslassen, die uns an die Geschehnisse unserer Vergangenheit binden

Gewiß bleibt die Erinnerung an diese Geschehnisse, aber die Gefühle intensiver Wut, Angst, Bitterkeit und Verbissenheit, das quälende Gefühl, nicht heil zu sein, sind verschwunden. Verzeihen wird möglich, wenn wir nicht mehr den Schmerz von früher unser Leben diktieren lassen und erkennen, daß das, was uns einmal geschehen ist, nicht bestimmend sein muß für das, was uns in der Zukunft geschehen wird.

Verzeihen heißt erkennen, daß wir unseren Groll und unsere Ressentiments, unseren Haß und unser Selbstmitleid nicht mehr nötig haben –

weder als Ausrede dafür, daß unser Leben nicht so geglückt ist, wie wir es uns wünschen oder wie wir es verdient hätten, noch als Waffe, um die Menschen zu strafen, die uns verletzt haben, oder um uns andere so weit vom Leib zu halten, daß sie uns nicht von neuem verletzen können. Wir haben sie nicht mehr nötig, denn wir sind mehr als nur Opfer von Verletzung und Ungerechtigkeit.

Verzeihen heißt, nicht mehr das Verlangen haben, die Menschen zu strafen, die einen verletzt haben

Es heißt, nicht mehr bestrebt sein, Gleiches mit Gleichem zu vergelten und andere genauso leiden zu lassen, wie man selbst gelitten hat. Es ist die Erkenntnis, daß wir den Ausgleich ohnehin niemals herbeiführen können, und es ist der innere Friede, den wir fühlen, wenn wir dieses Bestreben aufgeben.

Verzeihen heißt akzeptieren, daß nichts, was wir tun, um «die andern» zu strafen, uns heilen wird

Es heißt wahrnehmen, wie wir uns aufgrund unserer Verletzungen verhalten haben und wie wir uns durch diese Haltung und Verhaltensweise selbst geschädigt haben. Es heißt, sich sagen, daß man nun wahrhaftig lange genug gemauert, gelitten und gehaßt hat und damit nichts mehr zu tun haben will.

Verzeihen, das ist die Freisetzung der Energie, die wir bisher darauf verwendet haben, an Groll und Ressentiments festzuhalten und die offenen Wunden zu hätscheln

Verzeihen heißt Wiederentdeckung der Stärken, die wir immer besessen haben, und Wiederfinden der eigenen Fähigkeiten, sich selbst und andere zu verstehen und anzunehmen. Es heißt, den Kreislauf des Schmerzes unterbrechen, aufhören, andere zu Opfern zu machen, indem man sie verletzt, wie man selbst verletzt wurde.

Verzeihen heißt Fortschritt

Es heißt erkennen, daß wir im Leben Besseres zu tun haben, und nach dieser Erkenntnis handeln.

Das meinte Marie Balter, als sie sagte, sie habe sich nur weiterentwickeln können, weil sie verzeihen lernte. Sie und die Menschen, von denen dieses Buch berichtet, konnten verzeihen, weil sie nicht nachließen in ihrem Bemühen, die unerledigten Dinge in ihrem Leben zu verarbeiten, loszulassen und weiterzugehen. Sie veränderten ihre Einstellung und ihr Verhalten, wichen der Angst nicht mehr aus, gaben ihre Verbitterung und ihre verdammten Urteile auf. All das können Sie auch tun – nicht um denen, die Sie verletzten, einen Gefallen zu erweisen, oder weil Sie gelernt haben, daß Verzeihen gut und christlich ist, sondern für sich selbst, für Ihre eigene Gesundheit, Ihre Zufriedenheit und Ihr emotionales Wohlergehen.

Verzeihen ist etwas, das man für sich selbst tut!

Als Marie Balter die Hindernisse überwand, die eine «schlimme Vergangenheit» ihr in den Weg gelegt hatte, als sie ihre Wunden heilte und den Schmerz fahrenließ, tat sie das nicht, um ihrer Umwelt einen Gefallen zu tun. Sie krempelte ihr Leben nicht um, um ihrer Mutter gefällig zu sein, ihren Adoptiveltern das Gewissen zu erleichtern, oder der Gesundheitsbehörde zu bescheinigen, daß ihr System zur Rehabilitierung psychiatrischer Patienten glänzend funktioniert. Sie tat es einzig für sich selbst. Sie verzieh und baute ihr Leben aus Trümmern wieder auf, um stolz sein zu können, um einen Grund zu haben, morgens aus ihrem Bett aufzustehen, und um sich abends beim Zu-Bett-Gehen auf den nächsten Tag freuen zu können.

Das meint Verzeihen: Unerledigtes bearbeiten, den Schmerz zurücklassen, sich selbst zuliebe weitergehen

Man verzeiht, um endlich das überflüssige emotionale Gepäck abwerfen zu können, das einen niederdrückt und gelähmt hat; um endlich frei zu sein, das zu tun und das zu sein, wofür man sich selbst entscheidet, und sich nicht mehr einem Drehbuch folgend, das das schmerzliche Erleben der Vergangenheit geschrieben hat, mühsam durchs Leben zu schleppen.

Die Menschen, die Sie verletzt haben, haben bis heute keine Wiedergutmachung geleistet und könnten es wahrscheinlich auch gar nicht, selbst wenn sie wollten. Denken Sie nach. In all den

Jahren des Grolls und der Ressentiments, hat Ihnen da nur ein einziges Mal jemand, der Sie verletzt oder ungerecht behandelt hatte, eine Entschuldigung angeboten, die Ihren Schmerz tatsächlich linderte? Haben die, die Sie verletzt haben, je etwas getan, was echte Entschädigung war für die Verletzungen und Ungerechtigkeiten, die Sie erlitten, für die Freuden, die Ihnen versagt blieben, für das Leben, das Sie führten?

Es kann sein, daß man wie Elise auf den Tag wartet, an dem Geschwister, Eltern, Kinder, Partner oder Freund einen kniefällig um Verzeihung bitten. Aber selbst wenn dieser Tag kommen sollte, wäre das nicht genug. Die Bitten um Verzeihung würden Ihren Schmerz nicht lindern und Ihren Groll nicht auslöschen; Sie würden nichts an Ihrem Leben ändern, Sie nicht glücklicher oder gesünder oder innerlich ausgeglichener machen. Daß das geschieht, können nur Sie allein bewirken.

Mit jahrelangem Warten darauf, daß «die anderen» alles wiedergutmachen, mit der Konzentration eines großen Teils der eigenen Energie auf das Bemühen, die anderen zu verändern (oder sie zahlen zu lassen), verhindern wir die Heilung der alten Wunden und lassen dem Schmerz der Vergangenheit freien Raum, unser Leben zu bestimmen und zu verbiegen. Währenddessen haben sich die anderen vielleicht nicht im geringsten gewandelt. Nichts, was wir taten, konnte sie veranlassen, sich zu ändern, und sie werden sich wahrscheinlich auch niemals ändern. Mit sich ins reine kommt man nur, wenn man sich selbst verändert und dies um seiner selbst willen tut, im Hinblick auf die Freude, Heiterkeit und Gelassenheit, das Verständnis und das Mitgefühl, die freundlichere Zukunft, die einem dann zufallen. Das sind die Belohnungen, die einen erwarten. Auch den Menschen, denen man verzeiht, kommt das zugute, aber das ist nicht der Grund, warum man ihnen verzeiht.

Dies alles jedoch erfordert harte Arbeit. Beharrliches Bemühen ist nötig, wenn man die eigenen Verletzungen heilen und mit der Vergangenheit Frieden schließen will. Man kann keine Haken schlagen, und man kommt nicht an der Tatsache vorbei, daß Verzeihen nur dann möglich wird, wenn man sich auf einen langwierigen Heilungsprozeß wirklich einläßt.

Der Heilungsprozeß

Die Heilung ist ein individueller Prozeß, dessen Verlauf beeinflußt wird von

der besonderen Art, wie man verletzt wurde, wann und von wem;
der eigenen Reaktion auf die Verletzungen und Ungerechtigkeiten, die einem angetan wurden. Dazu gehört auch, welches Bild von sich selbst man infolge dieser Verletzungen gewann und wie man handelte;
den gegenwärtigen Lebensumständen – in ihren positiven wie auch in ihren negativen Aspekten, den Problemen, mit denen man zu kämpfen hat, der Einsicht, der Kraft und dem emotionalen Beistand, auf die man sich stützen kann; den eigenen Vorstellungen von innerem Frieden und einem lebenswerten Leben.

Das sind, sagen wir einmal, die Puzzleteile eines Lebens. Sicher haben viele Menschen eine ähnliche Sammlung beieinander, aber keiner hat genau die gleichen Teile wie Sie, und keiner hat seine Teile zu einem Bild zusammengefügt, das mit dem Ihren identisch ist. Sie müssen andere Lücken schließen, um Ihr Puzzle fertigzustellen, andere Teile ablegen, weil sie nicht mehr passen. Ihr Heilungsprozeß wird also nicht genauso verlaufen wie der anderer Menschen. Wenn auch das Ziel – innerer Frieden und ein lebenswertes Leben – uns allen gemeinsam ist, so werden sich doch die Wege in mancher Hinsicht unterscheiden.

Aber obgleich jeder von uns den Heilungsprozeß auf die ihm gemäße Weise und in der ihm gemäßen Zeit durchmachen wird, so werden wir doch alle 6 Phasen durchlaufen:

1. *Verleugnung.* Das ist die Phase, in der wir versuchen, Wirkung und Bedeutung früherer schmerzlicher Erlebnisse herunterzuspielen und unsere Gedanken und Gefühle zu diesen Erfahrungen zu verdrängen.
2. *Schuldübernahme.* In dieser Phase neigen wir dazu, alles, was uns angetan wurde, damit zu erklären, daß wir uns sagen, irgendwie müßten wir wohl selbst dafür verantwortlich sein. Wir stampfen unsere Selbstachtung in Grund und Boden, indem wir uns einzureden versuchen, wir wären nicht verletzt worden, wenn wir nur anders gewesen wären oder anders gehandelt hätten.
3. *Opferhaltung.* In dieser Phase erkennen wir, daß wir die Verletzung, die uns zugefügt wurde, nicht verdient und nicht herausgefordert haben. Wir sind uns scheinbar genau bewußt, wie sehr wir durch unverdient schmerzliche Erfahrungen der Vergangenheit geschädigt wurden, und versinken darüber in tiefstes Selbstmitleid, erwarten kaum etwas von uns, lassen uns auf Kosten unserer Umwelt gehen und attackieren jeden, der es wagt, etwas dagegen zu sagen.
4. *Empörung.* In dieser Phase sind wir wütend, nicht nur auf die Menschen, die uns verletzt haben, sondern auf die ganze Welt. Wir möchten die, die uns weh getan haben, dafür bezahlen lassen und genauso leiden sehen, wie wir gelitten haben. Uns fehlt jegliche Toleranz, und unsere Selbstgerechtigkeit erreicht einen absoluten Höhepunkt.
5. *Erwachsenwerden.* In dieser Phase erkennen wir endlich, daß wir trotz aller Verletzungen immerhin überlebt haben. Durch die schmerzlichen Erfahrungen der Vergangenheit wurde uns einiges genommen, wir haben aber auch einiges dazugewonnen. Wir werden uns mehr und mehr unserer Stärken bewußt; unser Mitgefühl, unser Humor, unser Interesse an Dingen jenseits des eigenen Schmerzes kehren zurück. Wir sind überzeugt, daß wir, alles in allem betrachtet, unser Bestes getan haben.
6. *Integration.* In dieser Phase können wir anerkennen, daß die Menschen, die uns verletzt haben, vielleicht auch ihr Bestes

getan haben; daß sie, geradeso wie wir nicht nur Opfer sind, vielleicht nicht nur Täter sind. Dank dieser Erkenntnis können wir sie aus der Verfemung befreien und die Kraft, die wir daran verwendeten, sie zu strafen, freisetzen. Wir können der Vergangenheit den ihr gemäßen Platz zuweisen – ohne sie zu vergessen –, wir können uns vom Schmerz verabschieden und unbelastet von überflüssigem emotionalen Gepäck unseren Weg fortsetzen.

Auf diese Weise zusammengefaßt, erscheinen die 6 Phasen des Heilungsprozesses – die in diesem Buch noch ausführlicher beschrieben werden – klar umrissen und deutlich voneinander abgegrenzt. Man gewinnt den Eindruck, daß man Schritt für Schritt linear von einer zur anderen Phase fortschreitet. Doch so kontinuierlich läuft der Prozeß in Wirklichkeit nicht ab. Die Heilung vollzieht sich sprunghaft, Zeiten des Stillstands wechseln mit Zeiten stürmischer Entwicklung. Und manchmal treten Rückschläge ein, die uns für kurze Zeit in eine frühere Phase zurückwerfen.

Tatsächlich hat der Heilungsprozeß bereits in dem Moment begonnen, als wir verletzt wurden. Vieles, was wir seit jenem Moment getan haben, und vieles, was wir in den frühen Phasen des Prozesses durchmachten, mag nicht so aussehen, als könne es heilend wirken, aber es führt uns früher oder später unweigerlich zu einem Wendepunkt, jenem Punkt nämlich, wo wir uns sagen, daß wir von der Quälerei genug haben und gesund werden möchten. Die Erfahrungen, die uns verletzt haben, selbst das Schlimmste, was wir infolge dieser Verletzungen getan haben – Thema der nächsten beiden Kapitel – sind Teile des Heilungsprozesses, Etappen auf dem Weg, der letztendlich dazu führt, daß man sich heil fühlt, in Frieden mit sich selbst und den anderen, auch den Menschen, die einen verletzt haben.

2 Wie wurden wir verletzt?

«Ich war sechs Jahre alt, als mein Vater mich das erste Mal sexuell belästigte. Das war eine tiefe Verletzung. Sie heilte nicht und führte dazu, daß ich mir, ohne mir dessen bewußt zu sein, viele Jahre lang immer wieder selbst Verletzungen beibrachte.

Ich reagierte ähnlich wie viele Männer und Frauen, die in ihrer Kindheit mißbraucht wurden, in Alkoholiker- oder auf andere Weise in zerrütteten Familien aufwuchsen, oder in entscheidenden Phasen ihres Lebens auf irgendeine andere Art verletzt wurden. Es war schwierig, wenn nicht gar unmöglich für mich, anderen zu vertrauen. Ich fühlte mich ungeborgen, unsicher und ohnmächtig. Schuldgefühle und tiefe Scham quälten mich, weil ich tief im Innersten glaubte, für das, was geschehen war, selbst verantwortlich zu sein. Ich war überzeugt, verflucht zu sein, etwas an mir zu haben, das unerwünschte Aufmerksamkeit auf mich zog.

Der sexuelle Mißbrauch dauerte an bis zu meinem zwölften Lebensjahr. In der ganzen Zeit hatte meine Mutter keine Ahnung, was vorging. Da mein Vater infolge einer Rückenverletzung arbeitsunfähig war, mußte meine Mutter arbeiten gehen, und mein Vater vergriff sich immer nur dann an mir, wenn sie zur Arbeit gegangen war. Sie hatte also keine Ahnung, und ich sagte nichts. Ich glaubte, das zu erfahren würde sie vernichten. Aber mein Wunsch, sie zu schonen, hinderte mich nicht daran, sie als Mutter «abzusetzen». Da ich überzeugt war, über das, was mir angetan wurde, mit ihr nicht sprechen zu können, und da mir jedes andere Thema im Vergleich dazu bedeutungslos erschien, sprach ich überhaupt nicht mehr mit ihr. Wir lebten zusammen unter einem

Dach, aber ich lehnte ihre Bemühungen, für mich zu sorgen, ab und gab ihr keinen Anlaß, sich mir mütterlich verbunden zu fühlen.

Im Grunde genommen verursachte ich mein eigenes Verlassensein. Ich verlor meinen Vater, weil er mich mißbrauchte, und ich verschloß mich vor meiner Mutter, weil sie mir nicht helfen konnte.»

Suzanne wurde durch Inzest verletzt, und sie ist nicht die einzige, der das geschah. Neueste Untersuchungen zeigen, daß jedes dritte Mädchen und jeder siebente Junge sexuell mißbraucht wird, in der Mehrzahl der Fälle von Eltern oder anderen Erwachsenen, die den Kindern bekannt sind und denen sie vertrauen.

Aber Inzestopfer sind nicht die einzigen, die verletzt wurden und der Heilung bedürfen. Sie lesen dieses Buch vielleicht, weil Sie ebenfalls sexuell mißbraucht, körperlich oder seelisch mißhandelt wurden; weil Sie von alkoholsüchtigen Eltern großgezogen wurden oder weil Ihre Ehe durch einen gewalttätigen Partner in die Brüche ging. Vielleicht wurden Sie als Kind wegen Ihrer religiösen Überzeugung oder Ihrer Hautfarbe zum Sündenbock gemacht, vielleicht wurden Sie verspottet und links liegengelassen, weil Sie dick, intelligent oder arm waren oder weil Sie hinkten. Hier geht es nicht darum, welcher Art genau die schmerzlichen Erfahrungen der Vergangenheit waren. Alte Wunden zu vergleichen ist so fruchtlos wie ein Streit darüber, ob es schlimmer ist, blind oder taub zu sein, einen Arm oder ein Bein zu verlieren. Es fehlt etwas, und es muß Ausgleich geschaffen werden.

Niemand braucht einen Film darüber zu drehen, wie *Sie* verletzt wurden, um Ihnen Ihren Schmerz vor Augen zu führen. Sie waren dabei. Die Verletzung und das Unrecht waren real. Sie geschahen wirklich und hatten eine reale Wirkung auf Ihr Leben. Wenn eine alte Verletzung – auch wenn es nichts so Sensationelles wie Inzest war – Sie auch heute noch in irgendeiner Weise quält und sich nicht ignorieren läßt, dann heißt das, daß sie der Heilung bedarf.

Wir geben anschließend einen kurzen Überblick über die acht

am häufigsten vorkommenden Verletzungen – Enttäuschung, Zurückweisung, Verlassenwerden, Spott, Demütigung, Verrat, Täuschung und Mißbrauch – und zeigen, wie der durch sie erlittene Schmerz uns und unser Leben beeinflußt, solange sie nicht geheilt sind.

Enttäuschung

Als Darlene acht Jahre alt war, ließen ihre Eltern sich scheiden – an sich schon ein schlimmes Erlebnis, um so schlimmer, weil es in den fünfziger Jahren geschah, als Scheidungen seltener vorkamen als heute. Die Mutter erhielt das Sorgerecht für Darlene – das einzige Kind des Paares –, und der Vater bekam die Erlaubnis, jeden zweiten Samstag mit ihr zu verbringen. Darlene, die, wie sie es formulierte, «Papas Beste» gewesen war, freute sich auf jeden Besuch, aber unglücklicherweise kam ihr Vater nicht immer.

«Als er das erste Mal ausblieb, war das ganz furchtbar», berichtete sie, nach mehr als dreißig Jahren immer noch jede Einzelheit im Kopf. «Ich hatte den ganzen Tag schon in Gedanken geplant. Ich hatte ihm sogar ein Geschenk gebastelt, hatte es schön eingepackt und wollte es ihm gleich geben, wenn er kam.»

Als die Mutter Darlene sagte, ihr Vater habe angerufen, um mitzuteilen, daß er nicht kommen könne, glaubte Darlene ihr zunächst nicht. «Ich sagte, so was würde Vater mir niemals antun, und blieb stur auf der Treppe vor dem Haus sitzen, wo ich ihn immer erwartete.» Als ihr langsam klar wurde, daß der Vater tatsächlich nicht kommen würde, wurde Darlene wütend – auf ihre Mutter. «Ich brüllte sie an und sagte, es sei nur ihre Schuld, sie hätte meinen Vater gemein behandelt und ihn gezwungen wegzubleiben. Dann rannte ich in mein Zimmer hinauf und rührte mich den ganzen Tag nicht mehr von der Stelle.»

Am folgenden Tag rief der Vater an, entschuldigte sich bei Darlene und versprach ihr, sie nie wieder so zu enttäuschen. Darlene verzieh ihm augenblicklich, und alles war «eitel Sonnenschein», bis er den nächsten Besuch versäumte, dann einen weiteren und noch einen.

«Er hatte jedesmal eine Erklärung parat», sagte Darlene. «Er gab sich große Mühe, es wiedergutzumachen. Aber er tat es eben immer wieder. Aber da ich seinen Versprechungen, es würde nicht wieder vorkommen, unbedingt glauben wollte, war ich jedesmal, wenn er nicht erschien, von neuem völlig aufgelöst.»

Als Darlenes zehnter Geburtstag kam, war sie dann so weit, daß sie ihren Vater für völlig unzuverlässig hielt. Sie machte keine Pläne mehr für seine Besuche, im Gegenteil. Sie begann, sich für «seine» Samstage bewußt anderes vorzunehmen.

«Ein paar Jahre später sah ich ihn fast überhaupt nicht mehr», erzählte sie. Sie war inzwischen überzeugt, daß «man sich auf niemands Versprechungen verlassen darf, sonst erlebt man nur Enttäuschungen».

Enttäuschung ist die unvermeidbare Folge, wenn man etwas nicht bekommt, das man gern haben möchte, worauf man sich freut oder was man erwartet. Wir alle haben sie schon erlebt. Selbstverständlich hinterläßt nicht jeder unerfüllte Wunsch, jede vereitelte Hoffnung und unerfüllte Erwartung eine bleibende Wirkung in unserem Leben, aber bei manchen Enttäuschungen – wie die Darlenes über ihren Vater – ist es so.

Zum einen schmerzen manche Enttäuschungen mehr als andere. Manchmal wünscht man sich etwas so heftig – eine Beförderung zum Beispiel, oder eine bestimmte Stellung, einen Heiratsantrag oder ein Kind zu bekommen –, daß man niedergeschmettert ist, wenn der Wunsch nicht in Erfüllung geht. Manchmal ist man so sicher, daß etwas sich auf eine ganz bestimmte Weise entwickeln wird, daß man aus allen Wolken fällt, wenn es anders kommt. Wenn dann auch noch die Stellung, die man selbst nicht bekam, an einen anderen vergeben wird, der weniger qualifiziert ist, wenn der Chef nicht nach Verdienst, sondern nach persönlicher Vorliebe befördert, oder wenn die eigene Schwester problemlos schwanger wird, während es bei einem selbst einfach nicht klappen will, dann macht die Ungerechtigkeit der Situation die Enttäuschung noch schmerzlicher. Enttäuschung tut immer weh – sehr sogar.

Zurückweisung

«Steve war mein erster Liebhaber», erzählte Melinda, achtundzwanzig Jahre alt, Gastronomin. «Und er war der erste Mann, den ich wirklich leidenschaftlich liebte.»

Als sie sich in einem Kurort in den Catskill Mountains kennenlernten, wo sie beide Ferienjobs hatten, war Melinda siebzehn und Steve war zwanzig. «Er sagte, bei ihm sei es Liebe auf den ersten Blick gewesen», erinnerte sie sich. «Bei mir ging es nicht ganz so schnell, aber fast.» Zwei Wochen nachdem sie sich das erste Mal gesehen hatten, waren sie unzertrennlich geworden.

Der Zufall wollte es, daß sie in Connecticut nur zehn Minuten voneinander entfernt wohnten, und so sahen sie sich nach der Sommersaison mehrere Wochen lang regelmäßig. Dann mußte Melinda aufs College.

«Ich hatte mir, lange bevor ich Steve kennenlernte, eine Universität im Mittleren Westen ausgesucht, aber wir verabredeten, daß ich nach Abschluß des ersten Jahres an eine Universität an der Ostküste wechseln würde.» Während des ersten Semesters schrieben sie sich jeden Tag und arbeiteten beide volle Zeit, um sich die Ferngespräche und so viele Flüge wie möglich leisten zu können. Als der Frühling kam, hatte Steves Schreibfreudigkeit jedoch so weit nachgelassen, daß nur noch ein Brief in der Woche abfiel, und als Melinda am Ende des Schuljahres nach Hause kam, teilte Steve ihr mit, daß er nicht, wie geplant, wieder in die Catskills gehen würde, und gab zu, daß er seit einigen Monaten mit einem anderen Mädchen befreundet war.

«Er sagte, ich sei ja nicht dagewesen, als er mich brauchte. Ich könnte überhaupt in vieler Hinsicht seine Bedürfnisse nicht erfüllen. Ich verstand nicht, was er damit meinte. Meinte er in sexueller Hinsicht? Ich faßte es so auf, weil ich ziemlich unerfahren war und das andere Mädchen offenbar nicht. Oder wollte er mir sagen, ich interessierte mich zu sehr für meine Karriere und sei egoistisch? Ich hatte keine Ahnung. Ich fragte auch nicht. Ich ging nach Hause und heulte. Ich war total fertig.»

Steve war hin und her gerissen. Er wußte selbst nicht, was er wollte, und Melinda, die hoffte, er würde sich doch noch für sie entscheiden, durchlebte drei grauenvolle Wochen, wo sie sich nachmittags, während das andere Mädchen arbeitete, mit Steve traf und abends zu Hause saß und sich fragte, «was an der anderen so Besonderes sei».

«Am Schluß entschied er sich endlich.» Melinda seufzte. «Aber nicht für mich. Seine wahren Gründe habe ich nie erfahren, aber sie spielten im Grund auch keine Rolle, denke ich. Das Wesentliche war, daß ich diejenige war, die er aufgab. Ich war diejenige, die aus irgendeinem Grund nicht gut genug war.»

«Nicht gut genug», das blieb lange, lange Zeit das Bild, das Melinda von sich selbst hatte und das sich noch verfestigte durch eine Reihe unglücklicher Beziehungen mit Männern, die selbst gerade eine gescheiterte Beziehung hinter sich hatten und die, wie Melinda jetzt erkannte, «unweigerlich mit Zurückweisung enden mußten».

Jede Zurückweisung, die von einem geliebten Menschen, einem Partner, einer Gruppe, einem Elternteil oder sonst jemandem kommt, tut weh. Durch die Zurückweisung wird ein Band zerschnitten, das für uns wichtig war, und das schmerzt. Aus der Zurückweisung entsteht Verlust – Verlust von Liebe, Freundschaft oder etwas anderem, das wir uns wünschten oder gern behalten hätten – und das tut weh. Aber das, was einen wirklich bis ins Mark trifft und einen fortgesetzt quält, ist die unterschwellige Botschaft, die eine Zurückweisung fast immer begleitet, die Botschaft, daß wir, um Melindas Worte zu gebrauchen, «irgendwie nicht gut genug» sind.

Wenn die Schülerzeitung oder eine nationale Tageszeitung einen Artikel ablehnt, den man geschrieben hat, dann fällt einem als erstes ein, daß man wohl nicht gut genug geschrieben hat. Wird man nicht ins Football-Team aufgenommen, so ist die Erklärung klar und einfach – man ist sportlich nicht gut genug. Man ist nicht talentiert genug, also darf man in der Schüleraufführung nicht mitspielen. Man ist nicht liebenswert genug, also wurde man von den Eltern vernachlässigt, oder sie zogen die jüngere Schwester vor. Und wenn einen ein Partner oder Liebhaber zurückweist, fallen einem tausend Beispiele ein, in welcher Hinsicht man nicht gut genug war – nicht gut genug im Bett, nicht tüchtig genug als Versorger oder Hausfrau, nicht hilfreich genug als Stütze, nicht aufmerksam genug und so weiter und so weiter. Die Botschaft «nicht genug» läuft in unserem Kopf ab wie ein Endlosband und erhält die Erinnerung an die Zurückweisung und den Schmerz, den sie verursachte, am Leben.

Verlassenwerden

Verlassenwerden, der Zurückweisung ähnlich, da auch hier eine emotionale Bindung zerrissen wird, ist eine äußerst schmerzliche Erfahrung, und die Angst vor dem Verlassenwerden ist im Leben vieler von uns eine gewaltige Belastung.

«Ich war eines von diesen Kindern, von denen man in der Zeitung liest», berichtete Sandy. «Meine Mutter packte mich zusammen, pinnte mir einen Zettel ans Hemd und setzte mich vor einer fremden Haustür aus. Als ich fünf war, eröffneten mir meine ‹Eltern›, daß ich adoptiert war. Ich war nicht einmal überrascht. Irgendwie hatte ich es immer schon gewußt. Ich hatte mich nie richtig zugehörig gefühlt. Es war, als paßte ich nicht dazu.»

Dieses Gefühl wurde mit der Zeit immer stärker. «Dabei waren meine Adoptiveltern wirklich gut zu mir. Sie behandelten mich genauso wie ihre eigenen Kinder», erzählte sie. «Aber irgend etwas fehlte, etwas in mir selbst. Das ist ein unheimliches Gefühl, wirklich. Als ich klein war, habe ich viel darüber nachgedacht, wie meine richtige Mutter wohl aussah. Ob ich ihr ähnlich sähe. Ob ich irgendwo Geschwister hätte, die mir ähnlich waren. Ich malte mir aus, daß ich eines Tages meiner Zwillingsschwester begegnen würde – sie würde reich und privilegiert sein, adoptiert wie ich, aber von einer adeligen Familie oder einer berühmten Filmschauspielerin – und daß wir die Plätze tauschen würden. Immer träumte ich davon, das Leben einer anderen zu leben, weil mir mein eigenes Leben nie real erschien.»

In der Pubertät fing Sandy an, ihr Gefühl der Getrenntheit und des absoluten Alleinseins auszuagieren. «Ich war der Inbegriff der Ausgestoßenen», sagte sie und lachte wehmütig. «Ich trug nur noch Schwarz. Ich schrieb trostlose Gedichte und malte alptraumhafte Landschaften. Zu Hause machte ich kaum noch den Mund auf, und meine einzigen Freunde waren die anderen Ausgestoßenen, die Armen, die Verrückten und die Drogenabhängigen.»

Die Eltern, die nicht mehr ein noch aus wußten, gingen mit Sandy zu einem Therapeuten. «Ich habe ihn die Wände hochgetrieben», erinnerte sie sich. «Wochenlang hockte ich nur da, starrte die Wand an, ignorierte seine Fragen und redete keinen Ton.» Schließlich fragte der Therapeut sie ganz direkt, wozu sie eigentlich seine Zeit verschwende. Vielleicht hatte Sandy genau auf diese Frage gewartet, vielleicht war sie endlich bereit, einen Teil der Last, die sie trug, abzulegen. Diesmal jedenfalls antwortete sie. «Ich sagte, genau das sei ich – eine Zeitverschwendung, ein Irrtum, ein Mensch, der niemals hätte geboren werden sollen. Wenn er Beweise haben wolle, könne ich ihm meine Adoptionsurkunde zeigen. Die Tatsache, daß mich meine Mutter einfach irgendwo vor einer fremden Tür abgesetzt hatte, bewies mir eindeutig, daß ich absolut ein wertloses Geschöpf sei.»

Tausende von Adoptivkindern empfinden wie Sandy, wenn sie es vielleicht auch in andere Worte fassen würden. Obwohl ihre Adoptiveltern sie liebten und alles für sie taten, was in ihrer Macht stand, haben sie das Gefühl, verlassen worden zu sein, niemals abgelegt. Verlassen zu werden, eine innere Bindung zu einem anderen Menschen unwiderruflich abgeschnitten zu sehen, verursacht ungeheuren Schmerz. Die Wunden eitern und vergiften den Verlassenen mit tiefen Selbstzweifeln. «Irgend etwas muß ich an mir haben», sagen sie sich, «das meine Eltern veranlaßte, sich meiner zu entledigen; denn keine Mutter und kein Vater würde ein Kind zur Adoption freigeben, wenn dieses Kind nicht der Liebe unwert, wertlos oder sonstwie mangelhaft ist.» Versicherungen und Erklärungen können sie niemals ganz davon überzeugen, daß sie schuldlos sind. Und noch wenn sie sich selbst aus der

Verantwortung entlassen, wie Sandy das schließlich tat, bleibt eine gewisse Leere.

«Vor zwei Jahren habe ich angefangen, meine Mutter zu suchen», erzählte Sandy, «weil ich endlich das Gefühl haben möchte, ganz zu sein, und nicht sicher bin, ob ich es je erlange, solange ich nicht weiß, wer meine Mutter ist und warum sie mich weggegeben hat.»

Das Gefühl, verlassen worden zu sein, eine verwirrende Mischung aus Schmerz und Zorn, kann auch dem Tod eines geliebten Menschen folgen. Man kann sich mit dem Verstand sagen, daß Vater oder Mutter, Kind oder Partner nicht starben, um einem wehzutun, und dennoch fühlt man sich im Stich gelassen, allein gelassen mit seinem Schmerz und mit der Aufgabe, sich einem Leben ohne diesen Menschen zu stellen.

Weniger dramatisch vielleicht, aber dennoch schmerzhaft im Sinn des Verlassenwerdens, war es in der Kindheit, wenn Freunde fortzogen oder unerklärlicherweise plötzlich die Clique wechselten. Und viele unter Ihnen haben sich vermutlich verlassen gefühlt, wenn gute Freunde sich verliebten oder heirateten. Ihre Prioritäten änderten sich. Sie konzentrierten ihre Zeit und ihre Gefühle auf den Geliebten oder Ehepartner, und man selbst blieb draußen, blieb zurück, allein.

Ganz gleich, in welcher Form das Verlassenwerden auftritt, es hinterläßt Schmerz und Leere. Und wenn jemand für immer fortgeht, dann hinterläßt jener Teil von uns, der mit diesem Menschen geht, in uns ein Loch, das wieder aufzufüllen äußerst schwer ist. Das Gefühl der Leere, der Schmerz, die unbeantworteten Fragen und die Bitterkeit können, wie es bei Sandy der Fall war, ein Leben lang bleiben.

Spott

Patricia, fünfunddreißig, ist eine erfolgreiche Geschäftsfrau, die allein in New York lebt. Sie ist schlank, sieht gut aus und kleidet sich mit modischer Eleganz, aber wenn sie in den Spiegel sieht, erblickt sie ein tolpatschiges, dickes Kind, das beim Stafettenlaufen in der Schule immer als letzte gewählt, von ihren Klassenkameraden gehänselt und ausgelacht, von ihrem Bruder und den Kindern in der Nachbarschaft «Fettie» gerufen wurde. Fettie war nie flippig angezogen und hatte weder während der Schulzeit noch später auf dem College einen Freund. Ihr älterer Bruder behauptete gern, sie brauchten zu Hause keinen Mülleimer, weil sie ja da sei, und ihre Schwester schlug vor, wenn sie etwas Neues zum Anziehen haben wolle, möge sie zum Trödler gehen. Patricia gewöhnte sich nie daran, daß man sich über sie lustig machte, aber sie lernte, sich dagegen zu verteidigen. Sie «gab» es den anderen, bevor die es ihr geben konnten.

Unglücklicherweise lebt Fettie in der erwachsenen Patricia weiter. Bis heute glaubt sie, daß jeder, dem sie begegnet, sie insgeheim auslacht. Sie läßt keinen Menschen so nahe an sich heran, daß er ihr wehtun könnte, und hält ihn sich mit bissigen Bemerkungen und erbarmungslosem Sarkasmus vom Leibe.

Menschen wie Patricia, die ausgelacht wurden, weil sie dick waren, fühlen sich immer noch dick, auch wenn sie längst gertenschlank sind. Menschen, die für tolpatschig, dumm oder unverbesserlich erklärt wurden, sehen sich immer noch so. Keiner braucht sich mehr über sie lustig zu machen, sie besorgen das selbst, indem sie denken oder sogar laut sagen: «Mein Gott, bin ich blöd!» Oder «Was bin ich doch für ein Trottel!» oder «Also wirklich, ich mache einfach alles verkehrt!» Wenn Sie daran zweifeln, daß Spott eine Verletzung ist, die lange nachwirkt, dann sehen Sie sich einmal Ihre eigenen wunden Punkte an. Beinahe jeder läßt sich darauf zurückführen, daß man in der Vergangenheit lächerlich gemacht wurde.

Demütigung

Spott und Demütigung – verletzter Stolz und verletzte Würde – gehen oft Hand in Hand. Wer fühlt sich nicht gedemütigt, wenn er verspottet wird? Man wurde vielleicht von Lehrern gedemütigt, die einen als dumm bezeichneten oder der Klasse als schlechtes Beispiel hinstellten. Stolz und Würde können von Eltern verletzt worden sein, die einen spießig kleideten, einem das Haar schnitten, nachdem sie einem einfach eine Schüssel über den Kopf gestülpt hatten, oder die einem den älteren Bruder als Aufpasser mitschickten, wenn man mit einem Jungen verabredet war. Vielleicht wurde man im Beisein seiner Mitarbeiter getadelt, von den eigenen Kindern in der Öffentlichkeit blamiert, von alkoholsüchtigen Eltern, die vor Freunden Szenen machten, in tödliche Verlegenheit gebracht, oder man fühlte sich bis ins tiefste gedemütigt, weil man als letzte erfuhr, daß der Ehepartner einen betrog. Wenn Sie sich je lächerlich gemacht haben, dann wissen Sie, daß man sich die mit Demütigungen einhergehenden Verletzungen auch selbst zufügen kann.

Wenn beispielsweise Melinda sich des bitteren Endes ihrer Beziehung zu Steve erinnert, dann erinnert sie sich noch an anderes als nur an den Schmerz der Zurückweisung. «Ich habe mich selbst unglaublich gedemütigt», sagt sie. «In den drei Wochen, als er sich nachmittags mit mir und abends mit der anderen traf, habe ich jeden Tag meinen Stolz hinuntergeschluckt, aber als er sagte, es wäre aus, habe ich auch den letzten Funken Würde und Selbstachtung verloren. Ich heulte los, flehte ihn auf Knien an. Ich bettelte um seine Liebe, rief ihn an und legte schnell auf, wenn er sich meldete, und rief dann wieder an, um mich dafür zu entschuldigen, daß ich angerufen und aufgelegt hatte. Er arbeitete als Pizza-Ausfahrer, und einmal bin ich sogar zu einer Freundin gegangen und habe eine Pizza bestellt, nur um von Angesicht zu Angesicht mit ihm reden zu können. Das ging nur ein oder zwei Wochen so, aber wenn ich daran denke, was ich alles gesagt und getan habe, möchte ich heute noch am liebsten in den Erdboden versinken.»

Uns geht es nicht anders als Melinda: Wenn wir uns der demütigenden Augenblicke in unserem Leben erinnern, möchten wir ebenfalls am liebsten im Erdboden versinken. Wir haben uns vielleicht gesagt, «was der dumme Esel spricht, hören meine Ohren nicht». Tatsache ist aber, daß eigene Demütigungen genauso verletzen wie die Demütigungen anderer. Und was tut man gegen all das? Wie ein mittelalterlicher Ritter, der eine belagerte Burg zu schützen sucht, umgibt man seine besondere Zone der Verletzlichkeit mit dicken Mauern, damit niemand mehr nahe genug kommen kann, um einen zu verletzen. Viele von uns verstecken sich ihr Leben lang hinter diesen Mauern.

Verrat

In der Nacht nach dem Schulabschlußball schlief Sara das erste Mal mit ihrem Freund, Tom, mit dem sie seit fast zwei Jahren zusammen war. Am folgenden Montag war Sara gerade auf dem Weg zur Turnhalle, als sie im Korridor Tom mit einer Gruppe seiner Freunde bemerkte. Sie ging auf die Jungen zu und wünscht bis zum heutigen Tag, sie hätte es nicht getan. Sie bekam nämlich ein Gespräch mit, das ihr einen fürchterlichen Schlag versetzte.

«Ich hab gehört, du hast sie Samstag nacht gebumst», sagte einer.

Ein anderer klopfte Tom auf den Rücken und meinte: «Gratuliere, daß du sie endlich herumgekriegt hast.»

«He, soll das ein Witz sein?» prahlte Tom. «Sie konnte es ja kaum erwarten. Sie war schon aus den Kleidern, noch bevor ich die Tür abgeschlossen hatte.»

Sara fühlte sich, als hätte er sie ins Gesicht geschlagen. Die Tränen schossen ihr in die Augen, und ihr Herz klopfte zum Zerspringen. Sie war verraten worden.

Verrat löst einen scharfen, stechenden Schmerz aus, der Schockwellen durch den ganzen Körper sendet. Auch Sie haben diesen Schmerz vielleicht schon einmal verspürt und erinnern sich gut an ihn. Ihr Partner oder Ihre Partnerin hat intime Einzelheiten Ihrer Beziehung herumerzählt, wie Tom das tat. Oder Sie wurden von einem Freund verraten, der ein Geheimnis ausplauderte, das Sie ihm unter dem Siegel der Verschwiegenheit anvertraut hatten. Oder klatschsüchtige Mitarbeiter verrieten Sie durch die Verbreitung von Gerüchten über Sie. Oder Sie fühlten sich vom geschiedenen Ehepartner verraten, der Sie bei den Kindern schlechtmachte.

Man kann auch, wie Suzanne, von einem Elternteil verraten

worden sein, dem man uneingeschränkt vertraute und der dieses Vertrauen zerstörte, indem er einen mißbrauchte oder ohne ersichtlichen Grund schlug. Doppelt verraten wurde man, wenn man, anders als Suzanne, bei der Mutter oder einem anderen Erwachsenen Hilfe suchte und einem dann nicht geglaubt wurde.

Verrat zerstört Vertrauen und verursacht tiefen Schmerz. Wir fühlen uns dann vielleicht - wie Sara –, als hätte man uns ins Gesicht geschlagen, oder, um einen unserer Freunde zu zitieren, als «fiele man in ein tiefes, dunkles Loch». Es ist schwer, aus diesem Loch wieder herauszukommen, und manche von uns haben es immer noch nicht geschafft.

Täuschung

Wie Verrat stört oder zerstört Täuschung unsere Fähigkeit zu vertrauen. Aber nicht nur fällt es einem, wenn man getäuscht oder belogen wird, schwer, anderen zu vertrauen, sondern man hat obendrein kein Vertrauen mehr zum eigenen Urteil.

Einige von uns erlebten Lügen in Form nicht eingehaltener Versprechungen, wie Darlene. Jedesmal, wenn der Vater nicht gekommen war, sagte er hinterher, es würde nie mehr vorkommen. Aber es geschah immer wieder, und schließlich glaubte Darlene ihm nicht mehr. Unglücklicherweise tat Darlene das, was wir auf Täuschung hin häufig tun, sie generalisierte und wußte nicht mehr, wem, wenn überhaupt jemandem, sie noch glauben, auf wen sie sich noch verlassen konnte.

Viele von uns hörten, wie Melinda, die Versicherungen eines geliebten Menschen, eines Ehepartners, der Eltern oder anderer, daß alles in Ordnung sei, obwohl sie spürten, oder gar sahen und hören konnten, daß das nicht der Wahrheit entsprach. Es gibt Familien, wo Heimlichtuerei und Täuschung nicht die Ausnahme, sondern die Regel sind.

«Mein Vater hatte immer Freundinnen», erzählte Betty. «Und meine Mutter wußte es jedesmal. Immer war Spannung bei uns zu Hause, obwohl die beiden sich größte Mühe gaben, vor uns das glückliche Paar zu spielen. Aber wir waren ja nicht blöd. Wir hörten vielleicht nicht genau, was sie sprachen, aber wir konnten gar nicht umhin, ihre nächtlichen Auseinandersetzungen mitzuhören. Und wenn Mutter plötzlich beim Essen aufsprang und ins Bad rannte, dann wußten wir genau, daß sie das Wasser nicht laufen ließ, um sich die Hände zu waschen. Sie wollte nicht, daß wir sie weinen hörten.

Ich spürte immer, daß das ganze Heile-Welt-Getue nichts als Lüge war, aber ich konnte es nicht beweisen, weil wir alle so taten, als sei alles in bester Ordnung. Manchmal dachte ich, ich sei verrückt. Und manchmal glaubte ich, *ich* sei das Problem, über das die Eltern in Streit gerieten.»

Täuschungen, die darauf abzielen, echte Probleme zu verleugnen und nach außen hin als glückliche Familie zu erscheinen, können einen wirklich so weit bringen, daß man sich für verrückt hält. Man weiß nicht mehr, was wahr ist. Man weiß nicht, was man sagen darf und was nicht. Kein Wunder, daß man große Schwierigkeiten bekommt, dem eigenen Urteil zu trauen.

Man kann die psychologischen Nebenwirkungen der Täuschung auch an der wachsenden Zahl von Leuten beobachten, die Opfer des «großen amerikanischen Traums» werden, der Erfolg und Wohlstand jedem verheißt, der bereit ist, dafür hart zu arbeiten. Tausende von Menschen werden durch diese Täuschung verletzt; denn die Wahrheit ist, daß oben immer nur für eine geringe Anzahl Platz ist, daß Rassismus und Sexismus noch immer vielen die Türen verschließen und daß Menschen, die ihr Leben lang hart gearbeitet haben, plötzlich arbeitslos auf der Straße stehen. Wir haben getan, was man uns sagte, und wohin hat es uns gebracht? Womit haben wir das verdient? fragen sich die Betroffenen, von Schmerz überwältigt. Voll Bitterkeit fragen sie sich, warum das Schicksal ihnen so übel mitgespielt hat, da sie sich doch so ernsthaft bemühten, gut zu sein. Die einzige Antwort, die ihnen darauf einfällt, ist oft die, daß sie nicht gut genug waren, daß sie sich nicht hart genug bemüht haben, oder daß sie das Pech hatten, als Schwarze oder als Frau geboren worden zu sein.

Man wird wütend auf die Menschen oder das System, das einen

belogen hat, aber man wird auch wütend auf sich selbst – wie man den Menschen vertraute, die einen täuschten, wie man zu «dumm, leichtgläubig oder naiv» war, um zu merken, daß man getäuscht wurde. Wenn man solche Schlüsse zieht, fügt man der eigenen Selbstachtung großen Schaden zu.

Mißbrauch

In jüngster Zeit haben die weitverbreiteten Probleme des Kindesmißbrauchs und der häuslichen Gewalt weithin Beachtung gefunden. Zahllose Bücher sind darüber geschrieben worden. Viele Fernsehfilme behandeln diese Themen. Kaum ein Tag vergeht ohne einen einschlägigen Zeitungsbericht. Wenn ein besonders schrecklicher Fall von Mißbrauch die Aufmerksamkeit der Medien auf sich zieht, werden wir förmlich bombardiert mit detaillierten Berichten über Kinder, die von ihren Eltern geschlagen, Ehefrauen, die von ihren Männern geprügelt wurden, oder über die verzweifelten Bemühungen eines jungen Mädchens, dem sexuellen Mißbrauch, dem es viele Jahre lang ausgesetzt war, ein Ende zu machen. Wir lesen die Geschichten, sehen uns die Fernsehfilme an und versuchen, uns in die grauenvolle Realität dieser Opfer hineinzuversetzen. Aber die unter uns, die selbst mißbraucht wurden, brauchen nicht zu fragen, wie es wohl gewesen sein mag – sie wissen es.

Manche wurden körperlich mißhandelt – geschlagen, verbrannt, gerüttelt und geschüttelt, durch das Zimmer geschleudert, ans Bett gefesselt oder in den Schrank eingesperrt. Manche wurden sexuell mißbraucht – begrapscht, vergewaltigt, fotografiert oder gezwungen, Handlungen vorzunehmen, die sie weder verstanden noch ausführen wollten. Viele wurden seelisch mißhandelt – vernachlässigt, ignoriert, immer wieder darauf hingewiesen, daß sie, dumm, verrückt, wertlos, für das Unglück der Eltern verantwortlich seien, am besten nie geboren wären. Manche wurden als Kinder gequält. Andere wurden als Erwachsene vom Partner schikaniert oder herabgewürdigt. Und viel mehr Menschen, als man sich vorstellt, tauschten das Zuhause, wo sie mißbraucht wurden, gegen eine Erwachsenenbeziehung ein, in der sie erneut mißbraucht wurden.

Mißbrauch verletzt, gleichgültig, in welcher Form er verübt wird, wann und wie lange er andauert. Manche von uns haben Narben, die von den körperlichen Verletzungen zeugen, die ihnen beigebracht wurden. Manche von uns fahren vielleicht heute noch zusammen, wenn sie aus dem Augenwinkel eine plötzliche Bewegung wahrnehmen, oder zucken zurück, wenn sie auf eine bestimmte Art berührt werden, oder werden beim Liebesakt von schrecklichen Erinnerungen und Gefühlen überwältigt.

Mißbrauch bewirkt mehr als körperliche Schädigung. Er zerstört unsere Fähigkeit zu vertrauen. Denn wir vertrauten ja den Menschen, die uns verletzten, uneingeschränkt. Wir wußten instinktiv, daß sie diejenigen waren, die für uns sorgen, uns schützen und uns bedingungslos lieben sollten – ihr reales Verhalten jedoch schockierte uns und zeigte deutlich, daß sie uns nicht liebten. Wenn wir aber nicht darauf vertrauen konnten, daß die wichtigen Menschen in unserem Leben uns nicht verletzen würden, wem konnten wir dann überhaupt noch vertrauen?

Mißbrauch schädigt die Selbstachtung, denn man kann doch nur der «letzte Dreck» sein, wenn andere einen so behandeln. Durch den Mißbrauch werden negative Botschaften vermittelt, die das Kind glaubt, eben weil es noch ein Kind ist. Denn natürlich wissen die Eltern viel mehr über diese Dinge als das Kind. Weshalb sollten sie einem Kind sagen, daß es böse, unnütz, schlecht ist, wenn es nicht wahr wäre? Und oft ruft der Mißbrauch, insbesondere der sexuelle Mißbrauch, beim Opfer das Gefühl hervor, schmutzig zu sein, nicht in Ordnung, anders als alle übrigen Menschen. Keinem kann man das schreckliche Geheimnis anvertrauen, und doch hat man oft das Gefühl, alle wüßten Bescheid und verachteten einen deshalb.

Hinzu kommt, daß der Mißbrauch bei den Kindern, denen er angetan wird, eine tiefe Scham und ungeheure Schuldgefühle hervorruft. Von Fragen gequält, die nie beantwortet wurden und auf die es auch keine Antworten gibt, fragt man sich vielleicht im

Erwachsenenalter noch, was man getan hat, um den Mißbrauch herauszufordern, und was man hätte tun können, um ihn zu verhindern oder zu unterbinden. Zu der Zeit, als der Mißbrauch verübt wurde, fühlte man sich ohnmächtig, ohne Kontrolle, und es ist möglich, daß einen dieses alles durchdringende Gefühl der Ohnmacht auch heute noch beherrscht. Oder man ist vielleicht von einem überwältigenden Bedürfnis beherrscht, fortan jeden Aspekt des eigenen Lebens und alle Menschen in diesem Leben zu kontrollieren. Solche Gefühle sind die langanhaltenden Folgen des Mißbrauchs.

Wir alle sind verletzt worden – aber hat das denn solche Bedeutung?

Jede einzelne Verletzung, die wir im Laufe der Jahre empfangen haben, ist für sich genommen keine große Sache. Würde jede abschätzige Bemerkung, jede verpatzte Prüfung, jede Enttäuschung von früher uns heute noch kränken, wir wären so gelähmt vor Schmerz, daß wir morgens überhaupt nicht aus dem Bett kämen.

Es gibt jedoch andererseits Verletzungen, die uns noch immer zu schaffen machen. Welche das sind, merkt man daran, wie man sich fühlt, wenn man an sie denkt. Die tiefgreifenden Verletzungen gehen nicht von allein weg. Sie gehen nicht einmal weg, wenn man alles tut, um den Schmerz zu vergessen oder zu ignorieren. Genau wie Melinda, die zu der Überzeugung gelangte, sie sei nicht gut genug, genau wie Darlene, die sich mit allen Mitteln vor neuer Enttäuschung zu schützen suchte, genau wie Sandy, die sich nicht «ganz» fühlen konnte, weil ihre Mutter sie gleich nach ihrer Geburt im Stich gelassen hatte, leiden vielleicht auch Sie noch immer an jener Verletzung, deren Schmerz Sie das erste Mal vor vielen Jahren fühlten. Alte Wunden haben sehr wohl eine Bedeutung. Solange man sie nicht heilt, strahlt der Schmerz fortgesetzt aus und zieht das gesamte Leben in Mitleidenschaft.

Die Qualität der Verletzung jedoch ist ohne Bedeutung. Es ist völlig unsinnig, die eigenen Verletzungen mit denen anderer zu vergleichen. Man braucht sich nur anzuhören, wie lächerlich es klingt, wollte man beispielsweise sagen: «Eigentlich sollte es mir nichts ausmachen, daß ich als Kind geprügelt wurde, denn immerhin bin ich nie sexuell mißbraucht worden.» Oder: «Ich kann eigentlich froh sein, daß meine Eltern nur unzuverlässig waren. Viel schlimmer wäre es, sie wären Alkoholiker gewesen.»

Es mag genauso lächerlich erscheinen, daß man wegen einer Geschichte, die einem in der dritten Grundschulklasse passierte, heute noch Bauchgrimmen und Herzklopfen bekommt, wenn man an sie denkt. Aber davon, daß man sich dafür ausschimpft, geht der Schmerz nicht weg. Im Gegenteil, die Vorwürfe, die man sich macht, bewirken im allgemeinen nur, daß alte Verletzungen noch stärker schmerzen.

Von Bedeutung ist, daß man verletzt wurde, gleichgültig, wie oder wann. Das schmerzliche oder enttäuschende Erlebnis ist Realität. Man kann versuchen, seine Wirkung zu leugnen, man kann es vermeiden, daran zu denken, man kann versuchen, die Emotionen zu ignorieren, die die Erinnerung hervorruft. Man kann auch versuchen, vor diesem Erlebnis zu fliehen, es zu verdrehen und zu verbiegen, es unter Arbeit, Sex, Alkohol oder Drogen zu begraben, aber die Erinnerung bleibt, und die Emotionen kommen unerwartet hoch. Sie sind eine Kraft, die sich nicht ignorieren läßt – ebenso wie die gemischten Gefühle, die man vielleicht den Menschen entgegenbringt, die einen verletzt haben.

Wer hat uns verletzt?

Zu Beginn unserer Seminare bitten wir die Teilnehmer, mit uns zusammen eine Liste der Menschen aufzustellen, die sie in der Vergangenheit verletzt haben oder sie heute verletzen. Die Liste wird immer ziemlich lang und sieht im allgemeinen etwa so aus:

Wir wurden verletzt von:

- Eltern
- Geliebten
- Ehepartnern (ehemaligen und derzeitigen)
- Kindern
- Stiefkindern
- Geschwistern
- Großeltern
- Freunden
- Mitarbeitern
- Arbeitgebern
- Gott
- Lehrern
- Geistlichen
- Klassen- und Spielkameraden
- Angehörigen des anderen Geschlechts, einer anderen Rasse oder Glaubensgemeinschaft
- Institutionen (Schule, Staat, Justiz usw.)
- den Medien
- uns selbst

Sie können dieser Liste vielleicht noch einiges hinzufügen, und sie würde bestimmt noch viel länger werden, führte man jeden, der einen verletzt hat, namentlich auf. Uns ist aufgefallen, daß, wenn wir um eine solche Liste bitten, unweigerlich diese Personen ganz oben stehen: Eltern, Geliebte, Partner, Kinder; Bestätigung der alten Weisheit, daß man immer die verletzt, die man liebt.

Es ist nicht schwer dahinterzukommen, warum gerade diese Menschen uns am tiefsten und am häufigsten verletzen können. Es sind die Menschen, von denen wir geliebt, anerkannt und angenommen werden möchten. Es sind die Menschen, die uns am nächsten stehen. Und es sind die Menschen, von denen wir nicht erwarten, daß sie uns verletzen werden. Wenn sie es tun, löst dies stets einen Schock aus, und die Schockwellen erschüttern die Seele.

Wenn man von den Eltern verletzt wird

Wir haben keinesfalls die Absicht, in diesem Buch die Eltern zu Sündenböcken und Bösewichtern zu stempeln. Wir sind selbst Eltern und wissen nur zu gut, wie schwierig es sein kann, Kinder großzuziehen, und wie schlecht wir im allgemeinen auf die verantwortungsvolle Aufgabe vorbereitet sind, die wir übernehmen, wenn wir Eltern werden. Wir bekommen Angst bei der Vorstellung, daß jedes Problem im Leben unserer Kinder eines Tages uns zur Last gelegt werden könnte. Wir wissen, daß wir unter den gegebenen Umständen unser Bestes taten. Die meisten Eltern taten ihr Bestes, aber es kann sein, daß es dennoch nicht gereicht hat. Tatsache ist, daß viele von uns, vielleicht wir alle, in irgendeiner Weise von unseren Eltern verletzt wurden.

Natürlich legten es unsere Eltern nicht darauf an, uns zu verletzen – es sei denn, sie hätten an schweren seelischen Störungen gelitten, das kommt leider vor. Sie sind sicher nicht morgens mit der Frage aufgestanden: Hm, was könnte ich meinem Kind denn heute mal antun? Auch wenn es manchmal den Anschein hatte, war es sicher nicht bewußte Absicht unserer Eltern, uns zu verletzen. Im Gegenteil, die meisten Eltern wollten nur unser Bestes, haben es «nur gut gemeint», aber sie verletzten uns dennoch.

Ihre Eltern beispielsweise hatten vielleicht wirklich keinen anderen Wunsch, als daß Sie Ihr Potential ausschöpfen. Aber in ihrem Bemühen, das Beste aus Ihnen zu machen, bombardierten sie Sie unaufhörlich mit negativer Kritik. So sehr Sie sich bemühten, ihre Anerkennung zu gewinnen, ihnen nur ein kleines Wort des Lobes zu entlocken, es half nichts; ganz gleich, was Sie taten, wie gut Sie Ihre Sache machten, Sie bekamen immer nur zu hören, Sie hätten es besser machen können. Oder Sie wurden von Ihren Eltern, die ja nur dafür sorgen wollten, daß Ihnen nichts zustößt, so streng behütet, daß Sie kaum frei atmen konnten. Indem sie Ihnen jede erdenkliche Gefahr warnend vor Augen hielten, lehrten sie Sie nicht Vorsicht, sondern, ohne es zu wollen, Angst vor neuen Menschen und Erfahrungen. Und Eltern, die vielleicht nur wollten, daß ihre Kinder «es einmal besser haben», drängten Sie in die Richtung, die ihnen selbst erstrebenswert schien, ohne *Ihrer* persönlichen Eigenart, *Ihrer* Interessen, Hoffnungen und Träume zu achten.

Glauben Sie jetzt nicht, wir suchten Entschuldigungen für die Eltern. Mag ihnen unser Wohlergehen am Herzen gelegen haben, was sie taten, verursachte Schmerz und Kummer. Manches, was uns Schmerz bereitete – Streit zwischen den Eltern, Verlust des Arbeitsplatzes, Scheidung, Tod –, war gar nicht gegen uns gerichtet, aber es verletzte uns dennoch.

Und schließlich haben unsere Eltern auch Dinge getan, die sie niemals hätten tun dürfen. Sie hätten uns nicht mißbrauchen dürfen – weder körperlich noch sexuell oder emotional. Sie hätten nicht tagelang von Kneipe zu Kneipe ziehen dürfen, ohne sich darum zu kümmern, wie wir allein mit unseren Geschwistern zurechtkamen.

Unter den Menschen, die uns verletzt haben, rangieren die Eltern an erster Stelle; nicht nur, weil so viele Eltern ihren Kindern Schmerz angetan haben – ganz gleich, wie oder warum –, sondern auch, weil die durch sie verursachten Verletzungen meistens am tiefsten sind und am schwersten zu heilen.

Wie kommt das? Nun, zunächst einmal waren wir, als unsere Eltern uns verletzten, im allgemeinen zu jung, um richtig zu verstehen, was uns widerfuhr, oder um auf die Situation angemessen reagieren zu können. Hinzu kommt folgendes:

- Die Verletzungen, die uns durch die Eltern zugefügt wurden, waren für uns lebensbedrohend, da sie uns im innersten Kern unseres Wesens trafen und unser Gefühl, vertrauen zu können, sicher und geborgen zu sein, Wert zu besitzen, heftig erschütterten.
- Der Schaden, der mit dieser Verletzung einherging – und das braucht nichts so Drastisches gewesen zu sein wie körperlicher oder sexueller Mißbrauch –, trat zu einer Zeit ein, als wir gerade dabei waren zu lernen, wie man in der Welt lebt und wie man sich auf andere einstellt. Was wir von den wichtigsten Vorbil-

dern in unserem Leben – den Eltern – lernten, wurde die Grundlage all unserer künftigen Beziehungen, Überzeugungen und Verhaltensweisen. Aber als Folge dessen, was uns in der Kindheit geschah oder woran es uns in der Kindheit mangelte, blieb vielen von uns nur ein brüchiges, unsicheres Fundament zum Aufbau unseres Lebens.

- Wir wußten instinktiv, daß Eltern ihre Kinder eigentlich nicht verletzen dürfen, und wenn sie uns verletzten, erkannten wir darum instinktiv, daß etwas nicht stimmte. Nicht nur hatten wir keine Erklärung für den Vorgang, wir wollten auch nicht wahrhaben, daß er tatsächlich stattfand. Eilig sprachen wir darum die Eltern frei und übernahmen selbst die Schuld. Wir verleugneten entweder das Geschehnis, oder wir setzten alles daran sicherzustellen, daß es sich nicht wiederholen oder wenigstens das nächste Mal nicht mehr so weh tun würde. Die Art und Weise, wie wir uns auf schmerzliche Erfahrungen einstellten, war uns damals nützlich. Diese Lösungen halfen uns überleben. Probleme ergeben sich jedoch, wenn wir heute immer noch so denken und handeln wie damals – obwohl uns das längst nicht mehr nützt, sondern uns im Gegenteil sogar schadet.

Dieses Festhalten an alten Mustern, die wir entwickelten, weil wir verletzt wurden, hat sich auf unser Leben bestimmend ausgewirkt. In welcher Hinsicht? Diese Frage wird im folgenden Kapitel beantwortet, das uns einen Eindruck davon gibt, wie viele von uns als «Versehrte» durchs Leben gehen.

3 Was wir taten, weil wir verletzt wurden

Der Mönch und die Frau

Zwei buddhistische Mönche, die sich auf dem Weg zum Kloster befanden, begegneten am Flußufer einer wunderschönen Frau. Wie die beiden Mönche wollte auch sie über den Fluß, aber das Wasser war zu tief. Da nahm einer der Mönche sie auf seinen Rücken und trug sie hinüber.

Sein Gefährte war entsetzt. Zwei Stunden lang überhäufte er ihn mit Vorwürfen, weil er die Regel nicht eingehalten hatte. Ob er vergessen habe, daß er Mönch sei... Wie er es hatte wagen können, eine Frau zu berühren... Ja, schlimmer noch, sie auf seinem Rücken durch den Fluß zu tragen! Was würden die Leute dazu sagen? Er habe ihren heiligen Glauben in Verruf gebracht.

Der scheinbar pflichtvergessene Mönch hörte sich die Vorwürfe geduldig an. Schließlich jedoch sagte er: «Bruder, ich habe die Frau am anderen Ufer abgesetzt. Trägst du sie immer noch?»

Wie der Mönch dieser Fabel tragen viele von uns noch heute eine Last mit sich herum, die sie längst «am Ufer» hätten absetzen können. Aufgrund unserer eigenen Erfahrungen und der vieler Menschen, mit denen wir bei unseren Seminaren in Amerika und Europa zusammengearbeitet haben, sind wir der Überzeugung, daß es den meisten unter uns noch nicht gelungen ist, die alten Verletzungen vernarben zu lassen und mit der Vergangenheit abzuschließen. Wir haben den Menschen, die uns verletzten, nicht verziehen; wir haben den Schmerz nicht losgelassen. Und er hat uns nicht losgelassen.

Viele von uns packen, wenn sie morgens aufstehen, erst einmal einen Riesenkoffer, in den der ganze alte Schmerz hineinkommt. Neben Groll, Bitterkeit, Ressentiment und selbstgerechter Empörung stopfen wir Selbstmitleid, Neid, Eifersucht und Reue mit hinein. Wir packen jede Verletzung und jedes Unrecht, die uns je widerfahren sind, in diesen Koffer; jede Erinnerung an das Versagen anderer uns gegenüber und an unser eigenes Versagen; und dazu die Erinnerung an alles, was uns im Leben entgangen ist und was wir niemals hoffen können zu erlangen. Dann knallen wir den Koffer zu und schleppen ihn mit uns herum, wo wir gehen und stehen.

Um zu verstehen, was es bedeutet, ständig mit einer solchen Bürde alter Schmerzen herumzuziehen, braucht man nur das Verhalten eines Reisenden zu beobachten, der sich mit großem Gepäck durch einen Bahnhof schleppt. Stellen Sie sich die Szene vor: Ein Mann mit einem schweren Koffer in jeder Hand und einer bis zum Überquellen vollgestopften Schultertasche, die ihn hinunterzieht. Ächzend und schwitzend schiebt er sich durch die Menge, schimpft auf die Reisenden, die ihm zu langsam gehen, und beneidet jene, die unbelastet von überflüssigem Gepäck leichtfüßig an ihm vorübereilen. Er fürchtet, seinen Zug zu verpassen, und fragt sich, ob die Reise den ganzen Aufwand überhaupt lohnt. Er bleibt stehen, um zu verschnaufen, blickt wütend zu seinem Gepäck hinunter, tritt zornig mit dem Fuß gegen einen der Koffer, murrt und schimpft und wird schließlich ärgerlich auf sich selbst. «Warum schleppe ich nur immer soviel mit?» fragt er sich. «Ich brauche das alles doch gar nicht.»

Wie diesem ermatteten, gereizten und niedergeschlagenen Reisenden geht es uns mit unserem überflüssigen emotionalen Gepäck, das uns belastet, eine Menge Kraft kostet, im Vorwärtskommen behindert und manchmal sogar veranlaßt, auf die Reise zu verzichten – unsere Ziele und Ambitionen aufzugeben, uns mit weniger zu begnügen, als wir ursprünglich vorhatten. Bis jetzt wußten wir eben nicht, daß es noch eine andere Art zu reisen gibt.

Es schwächt ungeheuer, den Schmerz aus der Vergangenheit in die Gegenwart mitzunehmen. Nicht nur hindert er uns daran, uns nach unseren besten Möglichkeiten zu entwickeln; er verursacht auch neue Schwierigkeiten und Leiden, die häufig mehr als nur Kraft kosten. Zum Beispiel:

Körperliche Leiden und Krankheiten
Sucht- und Zwangsverhalten
Beziehungsschwierigkeiten
Beruflichen Mißerfolg
Negative Einstellungen
Kindesmißhandlung und Gewalttätigkeit
Versagen als Eltern
Lethargie, Depression, Selbstmord

Das sind die aussichtslosen Situationen, in die man gerät, wenn die Entscheidungen, die man trifft, vom Schmerz nicht verheilter Verletzungen und von alten, unerledigten Problemen bestimmt werden. Das sind die Sackgassen, in die man sich hineinmanövriert hat, obwohl man sein Bestes tat und immer noch tut, um mit dem Schmerz fertig zu werden und sein Leben zu leben.

Man tut sein Bestes, um zu überleben

Zweifellos tut jeder Mensch im Rahmen der realen Möglichkeiten, die ihm jeweils zur Verfügung stehen, sein Bestes, und so, wie man es heute tut, so tat man zu jener Zeit, als man verletzt wurde, sein Bestes, um mit dem Schmerz fertig zu werden. Aber damals war man noch ein Kind, leicht verletzlich, wahrscheinlich verwirrt über die eigenen Gefühle und Empfindungen, und verstand vielleicht gar nicht richtig, was einem geschah. Wären die Umstände andere gewesen, hätte man mehr Erfahrung, Zeit, Geld, Wissen oder Alternativen gehabt, so hätte man vielleicht vieles anders machen können. Aber diese Dinge hatte man eben nicht. Man hatte vielleicht niemanden, den man um Rat fragen konnte, kaum Vorbilder, die einem konstruktive und heilende Wege aus Schmerz und Verletzung zeigen konnten.

Wenn Sie dieses Kapitel lesen und insbesondere, wenn Sie sich selbst auf diesen Seiten wiedererkennen sollten, dann denken Sie daran, daß Sie sich keinesfalls *bewußt* dafür entschieden haben, in Haß, Schmerz oder Groll zu verharren. Wie tief auch immer Sie verletzt wurden, Sie sagten sich niemals: Ich werde diese Verletzungen mein Leben lang offenhalten, und wenn es mich meine ganze Kraft und meinen ganzen Seelenfrieden kostet. Sie sind weder böse noch schwach oder sündig, weil Sie sich immer noch von altem Schmerz und alten unerledigten Geschichten quälen lassen. Uns allen fällt es schwer loszulassen.

Im Bann der Vergangenheit – Der Weg in die Sackgasse

- Ein erbitterter Kampf um das Sorgerecht für die Kinder wird von den geschiedenen Eheleuten geführt, die sich noch immer nicht vom Schmerz der Scheidung erholt haben.
- Ein halbwüchsiges Mädchen, das von ihrem Vater sexuell mißbraucht wurde, heuert einen Berufskiller an, um den Vater töten zu lassen.
- Die Liebe des verschmähten Liebhabers schlägt in Haß um, und er terrorisiert die Frau, die einmal sein Ein und Alles war.
- Zwei Brüder, nach 40 Jahren Kampf um die Zuneigung der Eltern noch immer erbitterte Feinde, tragen nun ihre lebenslange Rivalität vor Gericht aus, wo sie um das Erbe der Eltern streiten.

Solche Geschichten machen Schlagzeilen in der Presse. Würden wir die Schlagzeilen rein psychologisch formulieren, so würden wir für alle vier Geschichten ein und dieselbe wählen: Schmerzliche Erlebnisse aus der Vergangenheit, die nie verarbeitet wurden, verursachen neuen Schmerz und neue Probleme.

Auch wenn Ihre persönliche Geschichte vielleicht niemals Schlagzeilen machen wird, könnte man sie wahrscheinlich unter die gleiche Überschrift stellen. Die schlimmen Erinnerungen, die immer irgendwo im Hintergrund lauern, die Verletzungen, die nicht geheilt sind, die Ungerechtigkeiten, die man nicht verzeihen kann, schlagen einen in Bann. Das zeigt sich am auffälligsten in der Bitterkeit, den Ressentiments und dem Groll, von denen man beherrscht wird.

Der Groll

Gehören Sie zu den Menschen, die so voll Bitterkeit, Wut oder Groll gegen Eltern oder Geschwister sind, daß sie den Kontakt zu ihnen abgebrochen haben? Sind Ihre Beziehungen zur Familie so gespannt und belastet, daß jeder Familienzusammenkunft drei Tage ängstlicher Erwartung vorausgehen und drei Wochen voller Schuldgefühle, Enttäuschung oder Depression folgen? Hatten Sie, noch unter dem Schock einer Scheidung stehend, das überwältigende Bedürfnis, alle Welt wissen zu lassen, daß die Auflösung Ihrer Ehe einzig und allein die Schuld Ihres Partners war?

Versuchen Sie, Ihren Partner oder Ihre Partnerin in Schuldgefühle zu stürzen oder es ihm/ihr «heimzuzahlen», indem Sie ihm/ihr laufend vorhalten, was alles er/sie Ihnen in der Vergangenheit angetan hat? Wünschten Sie Ihren Mitarbeitern manchmal die Pest, weil sie Gerüchte über Sie ausstreuten? Verbreiteten Sie böswilligen Klatsch über einen Vorgesetzten, der Sie kritisiert hatte? Traten Sie in Ihrer Arbeit in «Bummelstreik», weil Sie nicht befördert wurden, nicht die gewünschte Gehaltserhöhung bekamen oder sich nicht gewürdigt fühlten?

Wenn Sie Derartiges aus eigener Erfahrung kennen, dann wissen Sie, was Groll ist.

Groll ist wie eine kaum vernarbte seelische Wunde, an der wir kratzen, zupfen und reiben, bis sie sich entzündet und jeden Winkel unseres Lebens vergiftet. Die Hege und Pflege eines Grolls kostet ungeheure Energie, die darauf verwendet wird, aufzurechnen, Vergeltung zu üben, sich Möglichkeiten auszudenken, dem anderen eins auszuwischen. Wir landen ein paar Schläge und reißen ein paar Wunden und treffen dabei möglicherweise nicht nur diejenigen, die uns verletzten, sondern auch alle, die sich zufällig in der Schußlinie befinden, wenn wir loslegen. Da wir in diesen scheinbar nie aufhörenden Kreislauf des Schmerzes, der schwelenden Wut und der subtilen oder auch nicht so subtilen Vergeltung soviel Zeit und Energie investieren, bleibt uns wenig davon für die schönen Dinge des Lebens und überhaupt nichts, um für unser eigenes Wohlergehen und die Verbesserung unserer Lebensumstände zu sorgen.

Wenn man eifrig über die einem zugefügten Ungerechtigkeiten Buch führt, an Groll und Ressentiments festhält, niemals aufhört, innerlich vor Wut zu kochen, bezahlt man dafür früher oder später mit körperlicher oder seelischer Erkrankung. Der dauernde Streß führt zu hohem Blutdruck und Magenübersäuerung, wodurch wiederum solche Krankheiten wie Magengeschwüre, Kolitis und Arthritis gefördert werden. Der Groll hängt uns wie ein unsichtbarer Mühlstein am Hals, und wir bekommen Kreuz- und Rückenschmerzen, Engegefühle in der Brust, Angstanfälle und Migräne. Uns rast das Herz, der Schädel brummt, die Ohren dröhnen – nein, gut fühlt man sich mit seinem Groll wahrhaftig nicht.

Und die seelischen Begleiterscheinungen sind nicht erfreulicher. Damit beschäftigt, unsere Wunden zu lecken, ziehen wir uns zurück, haben Schwierigkeiten, Freundschaften aufrechtzuerhalten, sind intolerant und nicht fähig, die Dinge aus der Perspektive anderer zu sehen. Wir werden mißtrauisch und überempfindlich, dadurch doppelt verletzlich, streitsüchtig, vergeßlich, auf subtile Weise unkooperativ. Unsere negative Einstellung und unsere Bitterkeit wirken auf alle um uns herum abschreckend, und wir bleiben allein zurück, einsam und isoliert in unserem Turm aus selbstgerechter Empörung, auf die Gesellschaft unseres Schmerzes und unserer Rachephantasien beschränkt. So hatten wir uns das nicht gedacht, aber so kommt es unweigerlich, wenn man sich von seinem Groll führen läßt.

Diese Art des Verhaltens – sich in seinen Groll zurückzuziehen

– ist nur ein Beispiel für das, was wir tun, weil wir verletzt wurden. Nicht verheilte Verletzungen, nicht verziehene Handlungen und unerledigte Probleme finden ihren Niederschlag aber auch in Verhaltensweisen, die weniger leicht durchschaubar und letztlich weit verheerender sind.

Man versucht, den Schmerz abzutöten und die Leere zu füllen

Bruce, 36 Jahre alt, Leiter der Kundendienstabteilung einer Hotelkette, nahm an einem zweitägigen Seminar teil, das wir in Phoenix, Arizona, anboten. Als wir ihn kennenlernten, hatte er bereits ein Rehabilitierungsprogramm für Drogen- und Alkoholabhängige hinter sich. Seit fast einem Jahr clean und trocken, hatte er jetzt erkannt, daß seine Heilung von mehr abhing als seinem Entschluß, Alkohol und Drogen zu meiden. «Zwanzig Jahre lang habe ich den Schmerz betäubt», sagte er. «Jetzt muß ich endlich anfangen, die Wunden zu heilen.» Seine Geschichte illustriert einen Ablauf von Ereignissen, wie man ihm mit erschreckender Häufigkeit begegnet: Erst wird man von anderen verletzt, dann verletzt man sich mit dem, was man tut, um dem Schmerz beizukommen, selbst.

Bruce war der jüngste Sohn gebildeter, leistungsorientierter Eltern, die von ihm die gleichen schulischen Glanzleistungen erwarteten, wie seine älteren Brüder sie erzielten. Er litt jedoch an einer schweren Lernbehinderung, die erst diagnostiziert wurde, nachdem er sieben qualvolle Jahre lang von seinen Lehrern zu hören bekommen hatte, er sei dumm, faul, ein hoffnungsloser Fall, und von seinen Schulkameraden ausgelacht worden war. Auf zahllose Vergnügen – vom Fernsehen bis zum Baseballspiel – hatte er verzichten müssen, weil seine Eltern glaubten, er gäbe sich absichtlich keine Mühe in der Schule.

Als Bruce in die dritte Klasse kam, war er so weit, daß er tatsächlich aufhörte, sich zu bemühen, und sich statt dessen darauf konzentrierte, weiteren Spott und weitere Demütigung zu vermeiden. Er mogelte bei den Klassenarbeiten, bezahlte andere, die in der Schule besser waren, dafür, daß sie ihm seine Hausaufgaben machten, und ließ sich jeden Tag im Unterricht irgendeine Frechheit einfallen, damit er vor die Tür geschickt wurde, ehe er dran war, seine Arbeiten vorzuweisen. So lavierte er sich durch, bis ein aufmerksamer junger Lehrer ihm auf die Schliche kam und dafür sorgte, daß er getestet wurde. Nachdem sein Lernproblem diagnostiziert war, und als er lernte, wie er es kompensieren konnte, hörten die Kritik der Lehrer und der Spott der Mitschüler auf. Aber Bruces Selbstzweifel, seine Gefühle der Unzulänglichkeit und der Demütigung blieben.

Mit vierzehn entdeckte er den Alkohol. «Als ich mich das erste Mal betrank, fühlte ich mich zum ersten Mal völlig in Ordnung», erklärte uns Bruce. «Seit ich ein kleiner Junge war, hatte ich mich eigentlich dauernd beklommen und ängstlich gefühlt. Ich war sehr nervös und verschlossen. Aber wenn ich trank, hatte ich das Gefühl, nichts könne mich verletzen. Ich wurde locker, und die anderen schienen mich tatsächlich zu mögen.» Und im Trinken erwies sich Bruce leider als Meister. Seine Freunde bewunderten ihn dafür, daß er soviel vertrug. Beim Wett-Trinken, wo es darum ging, wer am meisten oder am schnellsten trinken konnte, war Bruce zum ersten Mal in seinem Leben ein Gewinner.

Bruce ging aufs College, bewahrte sich auch hier seinen Ruf, kein Kind von Traurigkeit zu sein, und versuchte nun auch Drogen. «Ich war bereit, alles zu probieren», bekannte er. «Ich wollte Spaß haben. Und ich hatte auch Spaß, aber tatsächlich war es so, daß ich ohne Alkohol und Drogen gar nicht mehr leben konnte. Ich brauchte sie, um mich zu entspannen und zu lockern, und ich brauchte sie, um mich aufzuputschen. Ich wollte nicht klar sehen, weil mir das, was ich sah, nicht gefiel. Darum sorgte ich dafür, daß ich immer wenigstens ein bißchen angesäuselt war.»

Bruce machte seinen Abschluß, heiratete und arbeitete sich zu einem gutbezahlten, verantwortungsvollen Posten hoch. Aber trotz seines Erfolgs fühlte er sich nur dann selbstsicher und in seiner eigenen Gesellschaft halbwegs wohl, wenn er getrunken oder «gekokst» hatte. «Ich glaubte nicht, daß ich süchtig sei», erklärte er. «Ich fühlte mich stark und glaubte, ich hätte alles im Griff.» Natürlich war das nicht der Fall. Tatsache war, daß er hohe Schulden hatte, und seine Frau drohte, ihn zu verlassen. Schließlich wurde er im Büro beim Sniffen ertappt und vor die Wahl gestellt – Entzug oder Entlassung.

«Die Wahl fiel mir schwerer, als man meinen sollte», sagte er. «Ich versuchte, es mir leichter zu machen, indem ich mir vornahm, während der Behandlung einfach so zu tun als ob und nach der Entlassung weiterzumachen wie vorher. Aber die Leute dort merkten das sofort und ließen es mir nicht durchgehen.» Während Bruce langsam von seiner Sucht genas, wurde er sich mit Schrekken seines bisherigen Verhaltens bewußt. Er war bereit gewesen, alles, was er besaß, und alles, was er an eigenen Möglichkeiten hatte, aufs Spiel zu setzen, nur um den Schmerz abzuwehren und die innere Leere zu füllen, die lang vergangene Erfahrungen des Scheiterns, des Verspottetwerdens und der Demütigung hinterlassen hatten.

Die meisten von uns haben sich – ob als Kinder oder als Erwachsene – irgendwann einmal einen Zaubertrank gewünscht, der alle Gedanken an Unangenehmes und Schmerzliches vertreiben würde. Ganz gleich, wann oder wie wir verletzt wurden, unsere erste instinktive Reaktion war, den Schmerz zu vermeiden. Und nachdem uns das einmal gelungen war, neigten wir dazu, es immer wieder zu tun. Jedes Mittel war uns recht, um unangenehme Gefühle zu vertreiben und zu betäuben.

Unzählige Menschen vergraben ihren Schmerz unter Bergen von Arbeit – vielleicht gehören Sie zu ihnen. Andere lenken sich mit irgendeiner Art von Kitzel ab – Sex, Glücksspiel oder auch Einkaufsorgien. Vielleicht betäubt man seinen Schmerz mit Beruhigungsmitteln oder steigert sein Selbstbewußtsein mit Aufputschmitteln. Und Sie sind gewiß nicht allein, wenn Sie Angst und Einsamkeit mit übermäßigem Essen stillen, also die innere Leere mit allem zu füllen suchen, was Sie in Ihrem Barschrank, dem Apothekerschränkchen oder dem Kühlschrank finden können.

Und wenn der Schmerz oder die Leere wiederkommen – wie das stets zu sein scheint –, dann nehmen Sie einfach eine weitere Dosis Ihres bevorzugten Betäubungsmittels, laufen immer wieder auf demselben Weg davon. Bis Sie eines Tages erkennen müssen, daß der Schmerz immer noch da ist, daß Sie ihm nicht entkommen, sondern Jahre Ihres Lebens damit vergeudet haben, im Kreis zu laufen und sich dabei Schwierigkeiten und Probleme eingehandelt haben, die noch schmerzlicher sind als jene, die Sie ursprünglich quälten. Sie wollten nur dem Schmerz ein Ende bereiten – das ist verständlich und das will wohl jeder –, aber der Weg, den Sie wählten, führte in eine Sackgasse der Einsamkeit und der Selbstzerstörung.

An dem Tag, an dem Sie «ganz unten» angekommen sind – wie immer dieses «ganz unten» für Sie auch aussehen mag –, werden Ihre Verachtung für und Ihre Zweifel an sich selbst wahrscheinlich so tief sein wie nie zuvor. Sie wissen nicht, ob Sie die Kraft finden werden, aus dieser Situation herauszukommen, ob Sie etwas Besseres überhaupt verdienen. Weil Sie verletzt wurden, haben Sie vielleicht niemals an sich selbst geglaubt und sich selbst niemals gemocht.

Mangelnde Selbstachtung

Eine der schlimmsten Folgen früher Verletzung ist das getrübte Bild, das wir durch Zurückweisung, Enttäuschung, Verspottetwerden, Verrat oder Mißbrauch von uns selbst gewinnen. Die Verletzungen, die andere uns antun, schädigen uns unweigerlich in unserer Selbstachtung. Wie Melinda, als sie von ihrem Freund zurückgewiesen wurde, glauben wir, «nicht gut genug» zu sein; sind überzeugt, nur deshalb überhaupt verletzt worden zu sein, weil uns etwas fehlt. Das ist, unserer Erfahrung nach, eine weitverbreitete Reaktion auf Verletzungen jeglicher Art.

Wenn man wie Bruce wegen der Fehler, die man machte, oder wegen des Versagens vor den gestellten Aufgaben kritisiert, gedemütigt oder verlacht wurde, lernte man, sich selbst als untüchtig oder unzulänglich zu sehen, insgesamt als Versager. Viele, die als

Kinder mißbraucht wurden, sind überzeugt, «von Natur aus» schlecht zu sein und daher den Schmerz und die ungerechte Behandlung selbst verschuldet zu haben. Andere sehen sich als «beschädigte Ware», kommen sich beschmutzt, verdorben, anders als «normale» Menschen vor. Hat man immer nur zu hören gekriegt, man sei häßlich, dumm, faul oder werde es bestimmt nie zu etwas bringen, so hat man unter diesen Werturteilen nicht nur gelitten, sondern man hat sie übernommen, so daß sie zu einem integralen Bestandteil der eigenen Identität wurden. Sie bestimmen noch heute, für wie liebenswert oder fähig man sich selbst hält. Wurde man von dem Mann oder der Frau, die man liebte, zurückgewiesen, so nahm man den realen oder imaginären Makel, mit dem man sich die Zurückweisung zu erklären suchte – nicht gut genug im Bett, nicht hübsch genug, zu sehr auf die eigene Karriere bedacht, schlechte Hausfrau –, in sein Selbstbild auf. Wurde einem gesagt, man habe irgend etwas nicht ordentlich gemacht, so interpretierte man das als Beweis dafür, daß man auch als Mensch nicht in Ordnung ist, und nahm auch diese Wahrnehmung in sein Selbstbild auf.

Unser Mangel an Selbstachtung äußert sich in Bemerkungen wie «Ich kann doch wirklich nichts richtig machen», «Ich hab echt zwei linke Hände», «Natürlich war ich zu blöd, um zu merken, was vorging», und «Das klappt bestimmt wieder nicht. Ich bin nicht das, was sie suchen. Ich bin nicht kreativ genug» – oder hübsch, gescheit, komisch oder kräftig genug.

Abgesehen davon, daß wir wenig von uns und unseren Fähigkeiten halten, benehmen wir uns auch fast immer so, daß unsere Selbstwahrnehmung bestätigt wird. Sandy zum Beispiel, die, wie wir im vorigen Kapitel hörten, als Säugling von ihrer Mutter ausgesetzt wurde, sah sich als Ausgestoßene, ohne Wurzeln, ohne Heimat, vollkommen wertlos. Und als Sandy in die Pubertät kam, wurde sie tatsächlich zur Ausgestoßenen. Durch ihr ganzes Verhalten von der Kleidung bis zu ihrer Weigerung, mit ihren neuen Eltern oder dem Therapeuten zu sprechen, schreckte Sandy andere Menschen ab und inszenierte genau das, was ihrem Bild von sich selbst entsprach: Sie war die Alleingelassene, die niemand haben wollte.

Wenn es sich auch nicht immer so drastisch äußert, so beeinflußt doch die Selbstachtung ständig unser Verhalten. Vor allem zeigt sich das in der unglückseligen Neigung, sich selbst zu verletzen, weil man sich selbst nicht mag. Man vernachlässigt sich, schädigt sich, begeht gewissermaßen systematisch Selbstmord. Man achtet nicht auf seinen eigenen Körper. Man ißt Dinge, die einem nicht gut tun. Man geht nicht regelmäßig zur ärztlichen oder zahnärztlichen Untersuchung, schnallt sich im Auto nicht an, schützt sich nicht vor Krankheiten, die durch Geschlechtsverkehr übertragen werden können. Man isoliert sich von den Menschen, die einen mögen, läßt sich, wenn man von der Arbeit nach Hause kommt, nur noch aufs Sofa fallen und sieht sich Fernsehsendungen an, die einen im Grunde überhaupt nicht interessieren. Sehr oft wird man abhängig von den zuvor beschriebenen Mitteln, die den Schmerz betäuben oder die Leere füllen sollen. Man lebt ganz allgemein wie hinter einer Wand, sieht die Schönheit nicht, die einen umgibt, kann sich nie richtig freuen, engagieren, spürt niemals einen Anreiz, etwas zu tun. Das, was wir infolge mangelnder Selbstachtung tun oder nicht tun, tötet jedesmal einen kleinen Teil von uns ab, verkürzt unser Leben, macht unsere Tage weniger reich oder befriedigend, als sie sein könnten.

Da mangelnde Selbstachtung einen außerdem veranlaßt, die Erwartungen an sich selbst zu dämpfen, neigt man zum Pessimismus. Sowohl neuen Situationen als auch bestehenden Problemen tritt man mit Gedanken gegenüber wie «Das schaffe ich ja doch nicht» oder «Ich kann das nicht ändern». Diese Worte besitzen eine ungeheure Macht. Reagiert man fast ständig mit «Das kann ich nicht», so landet man unweigerlich in einer beruflichen Stellung, in der man nicht weiterkommt, behält schlechte Gewohnheiten bei, verharrt in zerstörerischen Beziehungen, läßt sich vom Partner mißbrauchen, findet endlose Vorwände, um nur ja keine Änderung herbeiführen zu müssen. Die Bemerkung einer Frau, die einmal im Flugzeug neben uns saß, scheint uns bezeichnend dafür, wie Menschen mit mangelndem Selbstwertgefühl das Leben sehen. «Ich sehe das so», sagte sie, «daß man nur die Karten ausspielen kann, die einem bei der Geburt gegeben wurden. Ich kann's nicht ändern, daß ich ein mieses Blatt bekommen habe.» Sie glaubte – und wenn Sie in Ihrem Selbstwertgefühl geschädigt sind, werden auch Sie das glauben –, daß man vom vorbestimmten Leben nicht mehr erwarten kann als das absolute Minimum, um zu überleben, und daß man froh sein muß, wenn man das irgendwie schafft.

Menschen, die durch frühere schmerzliche Erfahrungen in ihrer Selbstachtung verletzt wurden, sind überzeugt, daß man sich abfinden muß; daß man keine Möglichkeit hat, sich selbst und sein Leben positiv zu ändern. Eine solche Einschätzung der eigenen Lage, im Verein mit nicht verheilten Wunden und unerledigten Problemen aus der Vergangenheit, führt uns in eine Sackgasse. Diesen Weg schlagen alle diejenigen ein, die auf keinen Fall weitere Verletzungen riskieren wollen.

Auf Nummer Sicher gehen

«In meiner ganzen Kindheit», sagte Mark, ein achtundzwanzigjähriger Physiotherapeut bitter, «gab es nicht einen Feiertag, Geburtstag oder sonstwie für mich wichtigen Tag, den mir mein Vater nicht verpatzte. Was ich gern wollte, bekam ich nicht, und was ich bekam, nahm er mir weg.»

Marks Vater war ein kräftiger Hüne von einem Mann, der sich ständig angegriffen oder verfolgt fühlte. «Er bildete sich ein, jeder habe es nur darauf abgesehen, ihm etwas anzutun», erklärte Mark, «und aus diesem Gefühl heraus sah er immer zu, daß er den anderen zuerst was antun konnte.» Wir wissen nicht, wodurch Marks Vater ein so eifersüchtiger und mißtrauischer Mann geworden war; so war er jedenfalls schon lange vor Marks Geburt, und sein beinahe paranoid zu nennendes Verhalten prägte praktisch Marks ganze Kindheit. Der Vater mißtraute jedem, mochte keinen, und so wuchs Mark in dem Gefühl völliger Isolation und Entfremdung von anderen Menschen auf. Nicht einmal zu den

Verwandten durften Mark und seine Schwester innige Beziehungen entwickeln.

«Mein Vater haßte seinen Bruder», erzählte Mark. «Wir bekamen von ihm immer nur zu hören, was für ein unmöglicher Mensch Onkel Dan sei, was für eine aufgeblasene Pute seine Frau. Wie schlimm seine Kinder seien. Daß sie sich alle miteinander für etwas Besseres hielten.» Diese dauernden Tiraden gegen seinen Onkel verwirrten Mark, denn die Verwandten waren «immer besonders nett zu uns. Wir freuten uns stets auf das Zusammensein mit ihnen, aber wir bekamen fast nie Gelegenheit dazu.»

Jedes Jahr zum Erntedankfest, zu Weihnachten und zu Ostern luden die Verwandten Marks ganze Familie zu sich ein. Jedesmal nahm Marks Vater die Einladung an und sagte dann in letzter Minute ab. «Ich weiß nicht mehr, wie viele Feiertage wir fein gemacht in der Küche hockten und Reste aßen, weil mein Vater sich plötzlich einbildete, Onkel Dan hätte uns nur eingeladen, um ihm eins auszuwischen.»

Verschlimmert wurde die ganze Situation noch dadurch, daß Marks Vater, obwohl er gelernter Elektriker war, es niemals lange in einer Stellung aushielt. Wenn er arbeitete, machte er große Anschaffungen, kaufte Möbel, neue Autos, Stereoanlagen, Spielsachen, Kleidung, sogar Fernsehgeräte für seine Kinder. «Wenn er dann seine Stellung verlor», berichtete Mark seufzend, «trug er alles wieder zurück.» Was auf Raten gekauft war, wurde wieder abgeholt. Mark und seine Schwestern mußten das, was sie bekommen hatten, wieder hergeben. Ihre Kleider, Spielsachen und andere Kleinigkeiten wurden auf dem Flohmarkt verkauft.

Es gab für Mark und seine Schwestern keine Möglichkeit, ihrer Enttäuschung und Unzufriedenheit Ausdruck zu geben. «Einmal, ich war ungefähr acht Jahre alt, machte ich den Fehler zu sagen, was ich dachte, und mein Vater warf mich hinaus. Er stieß mich buchstäblich zur Tür hinaus und sagte, wenn ich Onkel Dan so gern hätte, könne ich ja zu dem ziehen. Er jedenfalls wolle mich nicht mehr sehen.» Der Vater verriegelte Türen und Fenster und ließ Mark mehrere Stunden lang draußen. «Ich glaubte, er würde mich nie wieder ins Haus zu meiner Mutter und meinen Schwestern lassen.»

Irgendwann im Lauf seiner Kindheit gelangte Mark an einen Punkt, wo er weiteren Schmerz und weitere Enttäuschung einfach nicht mehr erdulden wollte. In dem Chaos und der Verwirrung, die sein Vater schuf, mit einer Mutter, die genauso schweigend litt wie die Kinder, ohne Freunde oder Verwandte, bei denen er hätte Zuflucht suchen können, überlegte sich Mark, daß nichts mehr ihn würde verletzen können, wenn er einfach aufhörte, Gutes oder Schönes zu erwarten – gewiß eine durchaus logische Überlegung für einen verletzten und verletzlichen kleinen Jungen. Er gewöhnte es sich an, sich nicht mehr auf seine Geburtstage oder andere Feiertage, auch nicht mehr an Geschenken zu freuen.

Marks Entschluß war natürlich weit mehr eine instinktive Reaktion als eine durchdachte Entscheidung. Tief im Inneren war er zu der Überzeugung gelangt, daß es sinnlos sei, etwas Gutes zu erwarten.

Als wir Mark kennenlernten, fiel uns sofort auf, daß er in jeder Situation immer das Schlechteste erwartete. Er war einfach nicht bereit, sich erneut enttäuschen zu lassen. Bei jeder Gelegenheit rechnete er mit einer Katastrophe und wappnete sich so gegen Enttäuschung. Er füllte beispielsweise Aufnahmeanträge für mehrere Universitäten aus, reichte sie aber gar nicht erst ein, weil er, wie er sagte, «ja doch nicht genommen werden würde». Jedes Jahr, wenn der Urlaub sich näherte, ging er ins Reisebüro und holte sich Prospekte über verschiedene exotische Länder, in die er schon immer einmal hatte reisen wollen. Aber er unternahm niemals eine dieser Reisen. «Ist doch sowieso alles nur Reklame», pflegte er zu sagen. «So schön, wie sie in den Prospekten aussehen, sind diese Orte nie im Leben.» Als er in unser Seminar kam, mußte er sogar fürchten, seinen Arbeitsplatz in einem Rehabilitationszentrum zu verlieren, das für seine erfolgreichen Bemühungen um die Wiederherstellung der Bewegungsfähigkeit bei Unfall- oder Krankheitsgeschädigten bekannt war.

«Die sehen das da alle im rosigsten Licht», erklärte Mark, «aber meiner Meinung nach machen sie den Leuten viel zu große Hoffnungen.» Ihm selbst fiel es schwer, seinen Patienten hohe Ziele zu setzen oder sie auch nur zu ermutigen, die Ziele anzustreben, die er ihnen tatsächlich setzte. «Mein Chef nennt das eine negative Einstellung», sagte Mark. «Ich nenne es realistisch sein.»

Wenig zu erwarten und sich gegen Enttäuschung zu schützen, war durchaus realistisch, solange Mark im Schatten eines unberechenbaren und zum Jähzorn neigenden Vaters aufwuchs. Es half ihm damals überleben. Aber heute ist es ihm nicht mehr dienlich. Seine Entschlossenheit, sich nie wieder verletzen zu lassen, und seine Einstellung, immer nur das Schlimmste zu erwarten, schützen ihn jetzt nicht mehr. Sie bewirken, ganz im Gegenteil, daß er weit weniger vom Leben hat, als er haben könnte.

Viele von uns, die das Leben so angehen, sind sich dessen, was sie versäumen, wohl bewußt. Wir blicken zurück auf die Gelegenheiten, die wir verpaßten, weil wir auf Nummer Sicher gingen, oder stellen uns das Leben vor, das wir hätten führen können, wenn wir nur einen anderen Weg als den des geringsten Widerstands gegangen wären, und fühlen genau den Schmerz und die Enttäuschung, die wir vermeiden wollten.

Mauern bauen

Der innere Entschluß, von nun an auf Nummer Sicher zu gehen und nie wieder das Risiko einer Verletzung einzugehen, manifestiert sich am häufigsten in unserer Art, mit anderen Menschen umzugehen, insbesondere in der Art und Weise, wie wir uns andere vom Leibe halten und uns mit Mauern umgeben, um zu verhindern, daß sie uns nahe genug kommen, um uns verletzen zu können. Es ist einleuchtend, daß wir das Bedürfnis haben, sicheren Abstand zu halten. Schließlich waren ja unsere Widersacher traurigerweise gerade die Menschen, denen wir uns am nächsten fühlten. Daraus haben wir vielleicht den Schluß gezogen, daß sie uns niemals so tief hätten verletzen können, wenn wir sie nicht so nahe an uns herangelassen, wenn wir uns ihnen nicht in unserem innersten Wesen offenbart, wenn wir sie nicht «in unser Herz gelassen» hätten. Und so fanden wir, oft ohne uns bewußt zu sein, was wir taten, Mittel und Wege, um dafür zu sorgen, daß nie wieder jemand uns so nahe kam.

Vielleicht hat man sich die Überzeugung zu eigen gemacht, daß Angriff die beste Verteidigung ist, und wurde, wie Patricia, die heute noch unter dem Spott leidet, den sie als Kind ertragen mußte, kalt, zynisch und manchmal sogar grausam. Vielleicht neigt man zum Sarkasmus, kritisiert gern, hat immer eine herabsetzende Bemerkung parat, die den anderen in die Schranken weist, oder einen gewissen Blick, der dem anderen sagt, daß er sich gefälligst in acht nehmen soll. Und das tun die anderen dann auch. Wie eine Arbeitskollegin von Patricia es formulierte: «Sie hat eine Ausstrahlung, die klar und deutlich sagt, komm mir ja nicht in die Quere. Ich wäre ja blöd, wenn ich's versuchen würde. Ich habe sie in Aktion gesehen. Die macht dich fertig. Und da ich keine Lust habe, mich fertigmachen zu lassen, halte ich Abstand.»

Es gibt aber auch solche unter uns, die andere nicht aktiv zurückstoßen. Statt dessen zieht man sich zurück und verschließt sich vor jeder menschlichen Berührung, sei sie nun körperlicher oder seelischer Art. Oder man hält Abstand, indem man für sich bleibt und allenfalls kurze, unpersönliche Gespräche zuläßt. Man vermeidet vielleicht jegliche Art geselligen Beisammenseins, beschränkt sich in der Arbeit darauf, seine Pflicht zu tun, und meidet private Kontakte mit den Kollegen. Manchmal, wenn andere den Versuch machen, einen näher kennenzulernen oder ein Gespräch anzufangen, fühlt man sich irritiert, manchmal ist man nur erstaunt. Was will die Person von mir? fragt man sich und wehrt die Annäherung ab, vielleicht nicht so rabiat wie Patricia das tut, aber eben doch – indem man kühl bleibt, einsilbige Antworten gibt oder einen Vorwand gebraucht, um sich der «Gefahr» zu entziehen.

Wer vor Nähe flieht, isoliert sich nicht unbedingt ganz, doch es fällt ihm schwer, ist ihm vielleicht sogar unmöglich, gewisse Aspekte des eigenen Wesens anderen mitzuteilen. Ja, gerade in den Zeiten, wo man andere Menschen am dringendsten braucht, zieht man sich für gewöhnlich am tiefsten ins eigene Schneckenhaus zurück. Man kann und darf sie nicht wissen lassen, daß man leidet. Man schafft es nicht, sie um Hilfe zu bitten, und wenn sie einem Hilfe anbieten, so versichert man ihnen entweder, es gehe einem gut, oder es gehe einem zwar nicht gut, aber man wolle nicht darüber sprechen. Das verletzt die anderen. Sie beschuldigen einen, kein Vertrauen zu haben, und damit haben sie gewöhnlich recht.

Pessimismus, Selbstmitleid und grollende Feindseligkeit machen einen nicht gerade zu einem Menschen, dessen Gesellschaft andere suchen. Freunden und Kollegen geht allmählich die Geduld verloren, und sie werden es leid, einen dauernd jammern und klagen zu hören.

Einige von uns wiederum kommen mit jedermann glänzend aus. Nur kommen wir keinem wirklich nahe. Wir sind in ständigem Kontakt, zeigen aber nur sehr wenig von uns selbst. «Wenn sie mich wirklich kennten, würden sie mich nicht mögen», lautet die Lektion, die frühere schmerzliche Erfahrung uns gelehrt hat, deshalb umgeben wir uns mit einem Geheimnis. Wir spielen eine Rolle, von der wir glauben, daß sie akzeptabler ist, als «man selbst» zu sein. Wir sind witzig, spritzig, hinreißend und bringen jede Party in Schwung. Oder wir sind die perfekten Helfer, hören uns jedermanns Probleme an, sprechen aber niemals über unsere eigenen, leihen Geld aus, nehmen andere im Auto mit, springen kurzfristig als Babysitter ein, schaffen es immer, als Retter in der Not zur Stelle zu sein. Man wird zum Experten im leichten Geplauder, zum Witze-Erzähler oder zum großen Diskussionsredner, der dafür sorgt, daß jeder vor so viel Intelligenz in die Knie geht und die weniger beeindruckenden Aspekte dieser Person übersieht. Um diese Fassade aufrechtzuerhalten, braucht man eine Menge Energie und bezahlt dafür mit einer Menge Angst. Irgendein Geschehnis in der Vergangenheit, irgendeine nicht verheilte Verletzung hat einen zu der Überzeugung gebracht, daß es verheerende Folgen haben wird, wenn die Maske auch nur einen Moment gelüftet wird und andere entdecken sollten, daß man leidet, von Selbstzweifeln geplagt wird, irgendwie «nicht in Ordnung» ist.

Wieder andere unter uns richten fühl- und sichtbare Barrieren gegen Nähe auf. Das kann sich darin äußern, daß man laut und derb ist und sich einer deftigen Sprache bedient. Man vernachlässigt die persönliche Hygiene. Oder, das kommt am häufigsten vor, man verkriecht sich hinter einer Mauer aus Fett. Studien über Fettleibigkeit zeigen, daß insbesondere Frauen ihren Körper für sich sprechen lassen und durch ihn die Botschaft übermitteln: «Komm mir ja nicht zu nahe!» Das gilt vor allem für Frauen, die sexuell mißbraucht, vergewaltigt oder auf andere Weise verletzt wurden.

Schließlich gibt es noch die, die sich mit einer Pseudonähe begnügen, die den Sex suchen, wenn sie in Wirklichkeit Liebe wollen, die jede Begegnung zu einer Verführungsszene machen, sich auf unzählige flüchtige Abenteuer einlassen, mit Partnern, die praktisch austauschbar sind und ihnen nichts oder wenig bedeuten.

Wie wir es auch anstellen, welche Art von Mauer wir auch bauen, das Resultat ist immer das gleiche. Am Ende fühlen wir uns einsam, isoliert, in einer Zelle gefangen, die wir selbst gebaut haben. Wir wollten verhindern, daß andere uns nahe genug kommen, um uns zu verletzen. Wir glaubten, das tun zu müssen, um überleben zu können. Aber am Ende, wenn alle Mauern zur Verhinderung von Nähe hochgezogen und einzementiert sind, erkennen wir, daß wir damit die anderen auch daran gehindert haben, uns nahe genug zu kommen, um uns das geben zu können, was wir so dringend brauchen, um ein reiches und erfülltes Leben zu führen: Liebe, Wertschätzung, Trost, Ermutigung und emotionale Unterstützung. Wieder einmal erfahren wir Schmerz und Leid, obwohl wir gerade das vermeiden wollten.

Zerstörung bestehender Beziehungen

Da wir alle auf unterschiedliche Weise verletzt wurden und unterschiedliche Muster entwickelten, um mit dem Schmerz umzugehen, enden wir nicht alle in Isolation und Einsamkeit. Viele von uns haben Freunde und Lebensgefährten oder sind verheiratet. Wir schließen die anderen Menschen nicht ganz aus unserem Leben aus, doch unsere nicht geheilten Verletzungen können die Qualität und die Dauer unserer Beziehungen stark beeinflussen und bestimmen, was alles wir zu ertragen bereit sind, um sie aufrechtzuerhalten. Gerade unsere intimsten Beziehungen bieten uns leider oft den Rahmen, in dem wir alte Szenen mit neuen Hauptdarstellern neu inszenieren können.

Ein Beispiel: Obwohl Stan und Amy noch nicht einmal ein Jahr verheiratet sind, sind sie bereits überzeugt davon, daß es ein Fehler war zu heiraten. «Diese Ehe sieht mir mehr und mehr nach einer Reprise meiner letzten Ehe aus», sagt Stan seufzend, und Amy stimmt ihm zu. «Ja, manchmal, wenn wir uns streiten, habe ich das Gefühl, genau das gleiche schon einmal erlebt zu haben – mit meinem geschiedenen Mann.»

Stan und Amy lernten sich ziemlich bald nach dem Scheitern einer Ehe kennen, und ihre ersten Gespräche drehten sich denn auch um die Leiden und Probleme der Scheidung, die in beiden Fällen von endlosen schmerzlichen Auseinandersetzungen über Untreue, seelische Grausamkeit und finanzielle Fragen begleitet waren. Aber sie waren sich beide nicht bewußt, daß sie mit einem gefährlichen Programm in die neue Beziehung hineingingen. Obwohl keiner von beiden bewußt vorhatte, den anderen mit dem ehemaligen Partner zu vergleichen, oder die gegenwärtige Beziehung mit früheren, taten sie genau das. Und sobald sie das Gefühl bekamen, hier nur die Vergangenheit von neuem durchzuspielen, wollten beide nur noch eines – möglichst schnell raus aus diesem Circulus vitiosus.

Wie Stan und Amy kann es auch uns ergehen. Man nimmt den alten Schmerz und die unverarbeiteten Probleme mit in neue Beziehungen hinein und muß hilflos zusehen, wie die eigene Angst vor neuer Verletzung einen daran hindert, zu vertrauen und Intimität zu erleben. Ja, es ist vielleicht gerade die Intimität, die einem Heidenangst macht.

Zurückweisung, Verrat, Täuschung, Mißbrauch, Untreue und insbesondere Verlassenwerden sind Verletzungen, die unsere Fähigkeit zu vertrauen schwer beeinträchtigen. Die Folge ist, daß es uns schwer, wenn nicht gar unmöglich wird, vorbehaltlos zu glauben, daß die anderen uns nicht verletzen werden, daß wir uns auf sie verlassen können, daß sie dasein werden, wenn wir sie brauchen, daß sie uns auch dann noch mögen, wenn sie entdecken, daß wir nicht perfekt sind, daß sie die Dinge, die wir ihnen anvertrauen, nicht dazu verwenden werden, uns zu schaden. Da Vertrauen und aufrichtige Kommunikation Voraussetzungen der Intimität sind, kann unsere Vergangenheit uns sehr wohl daran hindern, neue intime Beziehungen aufzubauen oder uns in ihnen wohlzufühlen.

Wenn man in einem chaotischen Haushalt oder in einer Familie aufgewachsen ist, in der die Eltern übermächtig oder übermäßig behütend waren, bringt man in eine intime Beziehung Einstellungen und Verhaltensweisen mit, die ebenso wirken wie die Unfähigkeit zu vertrauen. Nähe löst dann alte Ängste aus. Man fürchtet, daß einem die Kontrolle aus der Hand genommen wird, daß man erdrückt wird, daß mehr von einem verlangt wird, als man zu geben bereit ist oder meint, geben zu können.

Was auch immer der Grund sein mag, wenn unser Bedürfnis nach Distanz unser Bedürfnis nach Nähe überwiegt, leiden unsere Beziehungen. Wir können uns der Person, die wir lieben, nicht öffnen. Es kommt zu Auseinandersetzungen darüber, was Intimität überhaupt ist, zu unlösbaren Konflikten über die Frage, wer nicht genug gibt und wer zuviel verlangt. Die sexuelle Beziehung versandet. Wir konzentrieren den größten Teil unserer Zeit und unserer emotionalen Energie auf unsere Kinder oder unsere Arbeit, entfernen uns weiter und weiter vom Partner, bis jeder völlig sein eigenes Leben führt, auch wenn wir noch unter einem Dach leben.

Unverheilte alte Verletzungen können aber auch genau entgegengesetzt wirken. Vergangene Zurückweisung, frühes Verlassenwerden oder andere Verletzungen und Ungerechtigkeiten haben vielleicht ein verzweifeltes Verlangen nach Nähe hinterlassen und eine Bereitschaft, bis zum Äußersten zu gehen, um Geborgenheit zu finden und Vertrauen zu erwerben.

Wendy zum Beispiel, 26 Jahre alt, Zahnarzthelferin, wurde von ihrem Vater verlassen, als sie noch ein Baby war. In den folgenden 15 Jahren machte der Vater keinen Versuch, mit seinen Kindern Kontakt aufzunehmen, und zahlte auch keinen Unterhalt. Wendy fühlte sich dadurch ungeborgen und «nicht in Ordnung».

«Andere Kinder hatten auch geschiedene Eltern», sagte sie, «aber ihre Väter kümmerten sich um sie. Ich kannte meinen nicht einmal. Er hatte so wenig für mich übrig, daß er einfach auf und davon gehen und mich aus seinem Leben streichen konnte. Eigentlich glaube ich erst seit dem letzten Jahr nicht mehr, daß ich etwas an mir habe, das ihn veranlaßte, so zu handeln.»

Wie so viele andere, die von einem Elternteil oder einem Partner verlassen wurden, war Wendy niemals sicher, ob nicht ein Aspekt ihrer Persönlichkeit daran schuld war, daß sie verlassen worden war, und sie fürchtete daher ständig, daß andere Menschen, die ihr wichtig waren, sie ebenfalls verlassen würden. «In der Schulzeit habe ich bestimmt ein halbes Dutzend Freunde gehabt», berichtete sie und lachte. «Ich habe jeden von ihnen die Wände hochgetrieben. Ich wollte dauernd mit ihm zusammensein. Und wenn wir gerade erst zusammen gewesen waren, rechnete ich mir aus, wie lange er bis nach Hause brauchen würde, und rief ihn dann an und quasselte ununterbrochen, nur damit er nicht auflegte. Und wenn er zu einer Verabredung auch nur fünf Minuten zu spät kam, ging ich völlig aus dem Leim.»

Erstaunlicherweise wurde Wendy mit dem Ende ihrer Beziehung immer bemerkenswert gut fertig. «Ich zog sofort los und suchte mir den nächsten Freund und ‹klammerte› noch mehr als zuvor. Wie es mir je gelungen ist, einen Mann zu finden, der mich heiratete, ist mir ein Rätsel», bekannte sie.

Sie heiratete tatsächlich, aber es dauerte nicht lange, da drohte auch diese Beziehung in die Brüche zu gehen.

«Ich war wirklich unmöglich. Zehnmal am Tag habe ich Jack im

Büro angerufen. Wenn ich Mittagspause hatte, besuchte ich ihn im Büro, und wenn er keine Zeit hatte, weil er gerade in einer Besprechung war oder so was, nahm ich automatisch an, er hätte keine Lust, mich zu sehen, und machte ihm einen Riesenkrach, sobald er nach Hause kam. Jedesmal, wenn er Überstunden machte, flippte ich völlig aus. Einmal machte ich ihm eine Szene, weil er den Reiseteil der Zeitung las. Ich behauptete, er wolle nur sehen, wohin er sich davonmachen könne, wenn er mich verließe.»

Ganz gleich, wie oft Jack Wendy versicherte, daß er sie liebe und nicht die geringste Absicht habe, sie zu verlassen, es nutzte nichts. Als ihm schließlich der Geduldsfaden riß, überredete er, zu ihrer beider Glück, Wendy dazu, mit ihm einen Eheberater aufzusuchen. Die beiden sind jetzt seit fast einem Jahr in Therapie, und obwohl Wendy als erste zugeben würde, daß sie noch nicht aus dem Gröbsten heraus sind, sieht es ganz so aus, als wird ihre Geschichte ein Ende nehmen, das glücklicher ist als jenes, das die alten Muster diktiert hätten.

Sicher hatten nicht alle von uns solches Glück. Was man aus Angst vor Zurückweisung und Verlassenwerden tat, trieb Partner und Freunde von einem weg. Man «klammerte» zu sehr und stand am Ende mit leeren Händen da. Die schlimmsten Befürchtungen erfüllten sich, wie das so oft geschieht, wenn alter Schmerz spätere Verhaltensweisen diktiert.

Für manche von uns wäre es besser gewesen, wenn die Beziehung geendet hätte. Aber das geschah nicht. Angst vor Zurückweisung und Verlassenwerden zwangen uns, in einer Beziehung auszuhalten, die uns schadete oder in der wir körperlich und seelisch mißbraucht wurden. Indem man an alten Verletzungen festhielt, hielt man auch an dem fest, was sie einen gelehrt hatten: daß es immer noch besser ist, geschlagen, mißachtet und entwürdigt zu werden als allein zu sein. Und damit stand man wieder einmal gelähmt am Ende einer Sackgasse und mußte sich im Gefühl tiefster Wertlosigkeit sagen, man habe es eben nicht anders verdient und verfüge nun mal nicht über das, was nötig sei, um sich aus einer schädigenden Situation zu befreien.

Wiederholung der Vergangenheit und Aufrechterhaltung des Kreislaufs des Mißbrauchs

Die dreißigjährige Marcy, die wir im 1. Kapitel vorstellten, ist in der medizinischen Forschung tätig, verheiratet und Mutter einer zweijährigen Tochter. Meistens schafft sie es gut, Haushalt und Familienleben, wo sie absolute Ordnung, Pünktlichkeit und perfekte Organisation erwartet, und berufliche Arbeit, die höchste Aufmerksamkeit und Präzision verlangt, unter einen Hut zu bringen. Aber hin und wieder tritt irgendein unvorhergesehenes oder unkontrollierbares Ereignis ein, das den von ihr sorgfältig geplanten Ablauf der Dinge über den Haufen wirft. Ob sie in einen Verkehrsstau gerät oder an der Kasse im Supermarkt in eine Schlange, wo nichts vorwärtsgeht – Marcy dreht durch. Noch mehr nerven sie die Fehler, die sie selbst macht. Der kleinste Irrtum, ganz gleich, wie unbedeutend andere ihn finden mögen, bringt sie an den Rand der Tränen und wirft sie in eine Depression, die tagelang dauern kann, löst unter Umständen sogar Selbstmordgedanken aus.

Warum reagiert Marcy so extrem auf diese Dinge? Weil Verzögerungen, Störungen, Unterbrechungen und ihre eigenen Fehler Gefühle auslösen, die sie als Kind alkoholabhängiger Eltern, deren periodische Alkoholorgien jedesmal die ganze Familie ins Chaos stürzten, nur zu gut kennt. Schon sehr früh in ihrem Leben setzte sich in Marcy die Überzeugung fest, daß der kleinste Fehler von ihr das prekäre Gleichgewicht in ihrem Zuhause zerstören würde; daß sie nur dann nicht den Verstand verlieren und umkommen würde, wenn es ihr gelang, alles vorauszusehen und zu kontrollieren, was ihre Eltern vielleicht aus der Ruhe bringen und ihnen einen Vorwand zum Trinken liefern würde. Natürlich tranken Marcys Eltern trotz all ihren Bemühungen, aber sie glaubte weiterhin, sie müsse nur alles richtig machen, dann würden sie schon aufhören. Bis heute strebt sie nach Perfektion und reagiert auf die kleinste Unregelmäßigkeit immer noch so, als würde sie zu dem gleichen Chaos führen, das sie als Kind erlebte.

Obwohl sie längst in ganz anderen Verhältnissen und nicht mehr bei ihren Eltern lebt, obwohl ihr Vater inzwischen tot ist und ihre Mutter seit vier Jahren keinen Tropfen Alkohol mehr getrunken hat, lebt Marcy noch immer in dem gleichen Zustand von Schmerz, Furcht und Angst wie in ihrer Kindheit. Sie hat sich in einer Situation eingerichtet und sich eine Lebensauffassung zu eigen gemacht, die genau jenen Schmerz lebendig erhalten, den sie als Kind und junges Mädchen durchlitten hat. Ihr Perfektionismus und ihr Bestreben, jeden Aspekt des täglichen Lebens zu kontrollieren, lassen die alten Wunden immer wieder aufbrechen und verhindern ihre Heilung. Obwohl das gewiß niemals Marcys Absicht war, hat sie sich ihr Leben so arrangiert, daß es eine fortwährende Wiederholung ihrer Vergangenheit ist.

Wenn Sie sich Ihr eigenes Leben genau und ohne Furcht ansehen, werden Sie wahrscheinlich feststellen, daß viele Umstände und Situationen, an denen Sie heute leiden, Wiederholungen alter Verletzungssituationen sind. Ohne es zu wollen und meist ohne sich dessen bewußt zu sein, haben Sie, genau wie Marcy, die Konstellation geschaffen, immer wieder auf die gleiche Weise verletzt zu werden.

Das scheint, genau wie der Verlust an Selbstachtung, eine generelle Reaktion auf frühere schmerzliche Erfahrungen zu sein. Offenbar sagen wir uns jedesmal, wenn wir eine neue Beziehung eingehen oder an eine neue Situation herangehen, völlig unbewußt, daß wir es diesmal «richtig» machen oder daß wir diesmal bekommen werden, «was wir brauchen» (das nämlich, was wir in der Vergangenheit nicht bekommen haben). Da wir jedoch das Geschehen, das uns in der Vergangenheit verletzte, nicht richtig verstanden und später nicht verarbeitet haben, machen wir es nicht richtig, sondern wieder falsch, bekommen nicht das, was wir brauchen, sondern genau das Gegenteil. Es geht wieder alles schief, wir bekommen wenig oder nichts von dem, was wir brauchen, und wir werden natürlich wieder verletzt.

Melinda, die immer noch an Steves Zurückweisung litt, suchte sich Männer, die selbst an den Nachwirkungen einer zerbrochenen Beziehung litten. Steve hatte ihr vorgeworfen, sie sei nicht da gewesen, als er sie gebraucht hatte, also gab sie sich alle Mühe, für diese neuen Männer «da» zu sein. Sie half ihnen über ihren Schmerz hinweg. Aber als die Männer, die sich von ihrer Bereitschaft zu trösten angezogen gefühlt hatten, keinen Trost mehr brauchten, sahen sie kaum eine gemeinsame Grundlage zum Aufbau einer Beziehung und verließen Melinda schließlich. Heute ist Melinda klar, daß diese Beziehungen nur «in Zurückweisung enden» konnten, damals jedoch wurde sie von diesen Männern angezogen und damit auf einen Weg gelenkt, der immer wieder nur zur Zurückweisung führen konnte.

Ähnlich liegt der Fall bei Darlene. Von einem Vater, der sie immer wieder dadurch enttäuschte, daß er sie nicht besuchte und seine Versprechungen nicht einhielt, lernte sie, daß «auf keinen Menschen Verlaß ist», und sie glaubt heute noch, daß das stimmt. Wenn immer möglich, übernimmt sie neben ihren eigenen Pflichten die anderer. Delegiert sie an ihrem Arbeitsplatz Aufgaben an Mitarbeiter, so erledigt sie sie unweigerlich selbst, ehe die anderen überhaupt dazu kommen, sie anzupacken. Bittet sie ihren Mann, auf der Heimfahrt noch etwas einzukaufen, so macht sie die Einkäufe dann doch selbst und sagt ihm, es sei schon erledigt. Hilft sie ihren Kindern bei der Arbeit an einem Projekt für die Schule, so heißt das im allgemeinen, daß sie die ganze Sache allein auf die Beine stellt. Die Liste zusätzlicher Aufgaben, die sie übernimmt, weil sie anderen nicht zutrauen kann, etwas richtig oder schnell genug zu erledigen, ist endlos. Verständlicherweise ist Darlene überfordert und erkennt mindestens einmal am Tag, daß sie es ist. Sie kocht vor Bitterkeit und Groll. Wieder einmal ist sie «in einer miesen Situation», weil alle anderen pflichtvergessen und unzuverlässig sind. «Wieso kann ich das alles schaffen und sie nicht?» Die Antwort ist einfach: Darlene erlaubt es ihnen nicht, und indem sie es ihnen nicht erlaubt, sorgt sie dafür, daß der Schmerz aus der Vergangenheit weiterlebt.

Wie in Darlenes Fall bestärkt uns jede Wiederholung einer früheren Verletzung oder Ungerechtigkeit in unserer ursprünglichen Wahrnehmung. Es kann Jahre dauern und zahllose schmerzliche Erfahrungen brauchen, ehe man aufhört, die immer gleichen Lebenssituationen zu arrangieren, und endlich anfängt, sich das alte Leid genau anzusehen und es zu verarbeiten.

Das schlimmste Beispiel für den Wiederholungszwang findet sich fraglos in den gründlich dokumentierten Fakten über Kindesmißhandlung. Es gibt hinreichend Beweise dafür, daß eine immens große Zahl von Eltern, die heute ihre Kinder mißhandeln, selbst als Kinder mißhandelt wurden. Sie erfuhren am eigenen Leib, wie gut man Frustration, Verwirrung und Wut an denen abreagieren kann, die einem am nächsten stehen und die am wehrlosesten sind; daß ein Vater oder eine Mutter ihren Kindern Schmerz zufügen, wenn sie den eigenen Schmerz nicht mehr ertragen können. Die gleiche Lektion lernten viele Männer, die ihre Frauen schlagen, beinahe jeder, der zu Gewalt und Jähzorn neigt. Und der Wiederholungszwang zeigt sich auch bei den Eltern, die ihre Kinder mit Kritik heruntermachen, so wie sie selbst einst mit Kritik heruntergemacht wurden, oder die ihre Kinder in Fürsorge ersticken, so wie sie selbst von ihren Eltern in Fürsorge erstickt wurden. Immer wieder tun wir anderen das an, was uns einst angetan wurde, und erhalten damit, ohne es zu wollen, einen verhängnisvollen Kreislauf aufrecht.

Zum Glück ist es möglich, den Kreislauf zu durchbrechen, den Kreislauf der Mißhandlung ebenso wie jeden anderen Kreislauf, in dem man sich heute noch gefangen sieht. Man kann seinen Weg ändern.

Es gibt eine Alternative zu den alten Mustern, die in diesem Kapitel beschrieben sind. Diese Alternative ist der Heilungsprozeß, den wir in den folgenden Kapiteln beschreiben.

4 Der Heilungsprozeß – Der Weg zur Ganzheit

Sie verstehen jetzt besser, wie Sie verletzt wurden. Enttäuschung, Zurückweisung, Verlassenwerden, Verrat, Täuschung, Spott, Demütigung und Mißbrauch wurden Ihnen angetan, obwohl Sie es nicht wollten. Aber Sie können auch dadurch verletzt worden sein, daß Sie etwas, das Sie sich wünschten, von Ihren Eltern, Partnern, Freunden oder anderen Ihnen wichtigen Menschen nicht bekamen.

Sie wünschten sich:

Liebe
Nähe
Geborgenheit
Wärme
Aufmerksamkeit
Orientierung
Ermutigung
Verbindlichkeit
Würdigung

Einer oder mehrere dieser wesentlichen Bestandteile des emotionalen Nährbodens wurden Ihnen nicht gewährt oder gingen Ihnen verloren, als das Band des Vertrauens, der Liebe oder der Freundschaft zwischen Ihnen und dem Menschen, der Sie verletzte, durchtrennt wurde. Und Sie betrauerten die unerfüllt gebliebenen Erwartungen, Sie betrauerten den Mangel in Ihrem Leben, den Verlust, der mit der Verletzung einherging.

Genau wie jemand, der einen geliebten Menschen verliert, mußten Sie trauern. Sie konnten die Gefühle von Traurigkeit und Schmerz gar nicht verhindern. Aber zugleich spürten Sie instinktiv das Bedürfnis, diese Gefühle zu kontrollieren, um nicht von ihnen überwältigt und vernichtet zu werden. In Reaktion auf ein äußeres Ereignis machten Sie einen inneren Prozeß durch. Dieses äußere Ereignis war in Ihrem Fall die Verletzung oder Ungerechtigkeit, die Ihnen angetan worden war. Sie begannen den Prozeß der Heilung unmittelbar im Moment der Verletzung, aber an irgendeiner Stelle blieben Sie stecken. Auch Menschen, die trauern, bleiben manchmal in einer Trauerphase stecken; bei Ihnen konnte das um so leichter geschehen, weil der Verlust in Ihrem Fall weder so konkret noch so endgültig war wie der Tod eines geliebten Menschen.

Was Sie verloren, war die Möglichkeit der Erfüllung eines lebenswichtigen Bedürfnisses durch einen Menschen, der es Ihrer Überzeugung nach hätte erfüllen müssen. Und die Tatsache, daß Sie die emotionale Wärme und Unterstützung nicht von den Menschen erhielten, von denen Sie sie erwarteten, änderte nichts an Ihrem Bedürfnis an sich. Daher suchten Sie andere Wege, um diese Bedürfnisse zu stillen, und griffen vielleicht zu den in Kapitel 3 beschriebenen Mitteln, um den Schmerz zu betäuben und die Leere zu füllen. Wie wir ebenfalls bereits erläuterten, verhinderte vieles von dem, was Sie taten, um Ihren Verlust zu kompensieren, die Heilung der alten Verletzungen. Manches davon schadete Ihnen sogar. Auf jeden Fall kamen Sie nicht weiter.

Wie man bekommt, was man braucht, ohne sich selbst oder andere zu verletzen

Die Hoffnung, daß uns die Menschen, die wir liebten und von denen wir wiedergeliebt werden wollten, eines Tages doch die Liebe, die Aufmerksamkeit, das Lob, die Ermutigung oder Anerkennung geben würden, die sie uns in der Vergangenheit nicht geben konnten, lebte auch nach der Verletzung weiter. Zehn, fünfzehn, vielleicht sogar dreißig Jahre, nachdem wir den Verlust emotionaler Wärme und Zuneigung erfahren haben, versuchen wir vielleicht immer noch, sie «zurückzugewinnen». Einer der Gründe, daß wir noch nicht geheilt sind, ist, daß wir Heilung von den Menschen erwarten, die uns verletzten – indem sie ihr Handeln und unseren Verlust wiedergutmachen.

Wenn das nicht geschieht – und es geschieht nie –, sind wir enttäuscht und ernüchtert, leiden an unseren unerfüllten Erwartungen ebensosehr wie an der ursprünglichen Verletzung oder dem ursprünglichen Unrecht. Wir können den alten Schmerz erst ruhen lassen, wenn wir die Tatsache akzeptieren, daß die Menschen, die unsere Erwartungen in der Vergangenheit nicht erfüllten, sie auch heute nicht erfüllen werden.

Man brauchte Liebe und bekam sie nicht. Man brauchte Nähe, Geborgenheit, Wärme und lobende Worte der Ermutigung, die das Selbstwertgefühl gestärkt hätten, aber das alles wurde einem gerade von den Menschen, von denen man es sich wünschte, nicht gegeben; gerade von den Menschen, die es einem eigentlich hätten geben «müssen».

Man hat diese Bedürfnisse heute noch, und man muß *neue Wege* finden, um sie zu befriedigen. Die alten Methoden funktionieren nicht. Sie haben nie funktioniert. Man kann sich ein Leben lang mit Alkohol, Drogen, Essen, Arbeit, Sex oder Einkaufsorgien zu betäuben versuchen – das, was man von Eltern, Partnern, Freunden oder anderen, die einen verletzten, nicht bekam, bekommt man auch dadurch nicht. Man muß die Vorstellung aufgeben, daß diese Menschen ungeschehen machen können, was sie getan haben, oder daß sie alles wiedergutmachen können. Sie sind kein Kind mehr. Ihre Eltern können nicht mehr «heile, heile Segen» machen wie früher, wenn Sie sich das Knie aufgeschlagen oder in den Finger geschnitten hatten. Sie können sich nur selbst heilen.

Vielleicht sind Sie im Augenblick an einem Punkt, wo Ihr ganzes Leben Ihnen entgleitet. Oder vielleicht ist es auch einfach nicht so produktiv, befriedigend oder friedlich, wie Sie es sich wünschen würden. Ganz gleich, ob Ihr Leben einer Generalüberholung oder nur einer Richtungskorrektur bedarf, es ist wahrscheinlich, daß Sie in einer der frühen Phasen des Heilungsprozesses stecken geblieben sind. Egal, wo Sie gerade stehen, es ist an der Zeit zu akzeptieren, daß die Vergangenheit vorbei ist. Sie ist vorüber, und Sie können sie nicht zurückholen. Um in Ihrem Heilungsprozeß vorwärtszukommen, müssen Sie Ihre Aufmerksamkeit den Bedürfnissen zuwenden, die Sie *jetzt* haben, und der Frage, wie Sie sie *jetzt* befriedigen werden. Als Erwachsener haben Sie die Aufgabe, selbst die Verantwortung für Ihr Leben zu übernehmen und das zu tun, was für Ihre körperliche Gesundheit und Ihr seelisches Wohlergehen das Beste ist; die Entscheidungen zu treffen, die es Ihnen ermöglichen werden, die alten Verletzungen zu heilen und sich ein neues, produktiveres und erfülltes Erwachsenenleben zu schaffen.

Genau das taten die Menschen, von denen dieses Buch berichtet. Sie entschieden sich für die Heilung. Leicht fiel ihnen diese Entscheidung nicht, und leicht war es auch nicht, auf dem gewählten Weg zu bleiben. Auch für Sie wird es nicht leicht werden, darum möchten wir Ihnen in diesem Kapitel einige Wegweiser, Warnungen und Ermutigungen anbieten.

Entscheidung für die Heilung

Im Verlauf Ihres Heilungsprozesses werden Sie immer wieder vor diese oder jene Wahl gestellt. Schon im Moment der Verletzung war die erste Entscheidung von Ihnen gefordert, und seither kamen immer mehr Entscheidungen auf Sie zu. Sie entschieden sich vielleicht dafür, unangenehme Gedanken und Gefühle zuzudekken und zu vergraben, den Schmerz mit Alkohol, Drogen, Essen oder Arbeit zu betäuben. Später entschieden Sie sich möglicherweise dafür, sich einzureden, die alten Verletzungen berührten Sie nicht länger oder hätten auf Ihr Leben keinen Einfluß mehr. Und da Sie das nun glaubten, entschieden Sie weiter, daß Sie Hilfe nicht nötig hätten. Sie organisierten Ihr Leben auf eine Weise, die gewährleisten sollte, daß Sie mit der Vergangenheit nicht mehr konfrontiert werden würden und ähnlichen Problemen in Zukunft aus dem Weg gehen konnten.

In den meisten Fällen haben diese Entscheidungen Ihnen geschadet. Aber Sie trafen nicht willentlich oder wissentlich Entscheidungen, die Ihnen Schmerz verursachen oder Ihre Heilung verhindern würden. Ihre Entscheidungen waren auf der Grundlage des Wissens und der Möglichkeiten, die Ihnen zu einer Zeit zur Verfügung standen, als Sie verletzlich waren und von Schmerz gequält, die besten, die Sie treffen konnten.

Viele von uns waren noch sehr jung, als sie Entscheidungen trafen, die ihr Leben auf Jahre hinaus bestimmen sollten, und sie trafen ihre Wahl meist ohne große bewußte Überlegung. Es kann sogar sein, daß man sich einer Wahl überhaupt nicht bewußt war.

Wenn wir beginnen, *bewußte* Entscheidungen zu treffen, die uns befähigen, unsere Bedürfnisse zu erfüllen und unser Selbstwertgefühl zu stärken, nimmt unser Heilungsprozeß eine neue Richtung. Er gelangt auf eine Bahn, die zu Verzeihung und einem besseren Leben führt. Wir entscheiden uns vielleicht dafür, eine Therapie anzufangen, in eine Selbsterfahrungsgruppe zu gehen, eine für uns schädliche Beziehung zu beenden oder eine unbefriedigende berufliche Stellung aufzugeben, an Seminaren zur Persönlichkeitsentwicklung teilzunehmen, eine selbstzerstörerische Gewohnheit aufzugeben, uns aus einer Abhängigkeit zu befreien oder vielleicht sogar, mit einem Menschen Kontakt aufzunehmen, der uns verletzte, und zu versuchen, eine neue Beziehung herzustellen. Jede Entscheidung wird nach sorgfältiger Erwägung aller verfügbaren Alternativen und allen möglichen Konsequenzen getroffen – zu denen auch die mögliche Erfahrung von Schmerz, Demütigung und innerer Not gehören. Weil wir uns bewußt sind, daß wir wählen, und wissen, was und warum wir es wählen, wird mit jeder Entscheidung der Heilungsprozeß gefördert, auch wenn unsere Entscheidung nicht genau das Ergebnis bringt, das wir uns erhofft hatten.

Die Entscheidungen, die Sie auf dem Weg zur Heilung an den

verschiedenen Gabelungen und Wendepunkten treffen, werden Ihre Antworten auf die folgenden Fragen widerspiegeln:

Wo stehe ich jetzt?
Wo stünde ich lieber?
Welchen Schritt muß ich als nächstes tun, um dorthin zu gelangen?

Wo stehe ich jetzt?

Sicher werden Sie sich mit einem Teil dessen, was in diesem Buch über Menschen berichtet wird, die sich für Heilung und Verzeihen entschieden haben, identifizieren können, aber gewiß nicht mit allem. An manchen Stellen einer Geschichte werden Sie denken: Das könnte ich sein, so ist es mir auch schon ergangen. Ja, ich tue genau das gleiche. Anderes wieder wird Ihnen völlig fremd sein. Sie werden sich vielleicht fragen, warum um alles in der Welt Suzanne, Sandy, Bruce oder Melinda so handelten, wie sie es taten, und werden gleichzeitig Angst, Ärger oder Groll in sich aufwallen spüren. Sie werden vielleicht sogar denken, kein Mensch kann mir weismachen, daß die Schweine, die mich so verletzt haben, es nicht absichtlich taten.

Ihre Reaktionen zeigen, in welchem Stadium Ihres Heilungsprozesses Sie sich gerade befinden. Gedanken, Gefühle und Verhaltensweisen, die Sie aus eigener Erfahrung kennen, können Sie verstehen, aber noch nicht die der anderen «Partei». Welche Phase des Heilungsprozesses haben Sie denn nun erreicht? Wohin hat der Schmerz aus der Vergangenheit Sie geführt? Diese Fragen sind schwer zu beantworten. Es fällt schon schwer, über sie überhaupt nachzudenken. Wenn man anerkennt, daß diese alten Verletzungen und Ungerechtigkeiten bestimmend auf den Weg wirkten, den man einschlug, dann muß man auch der Tatsache ins Auge sehen, daß ein weit, weit zurückliegendes Ereignis den Lauf des ganzen Lebens veränderte und heute noch auf einen wirkt. Ein solches Eingeständnis wird wahrscheinlich Gefühle der Scham, der Reue und der Empörung auslösen. Man fängt vielleicht sogar zu weinen an, wenn man sich klarmacht, daß man sein Leben verpfuscht hat oder daß es zumindest nicht dem entspricht, was man sich erhofft hat, weil man sich vom alten Schmerz immer wieder in Sackgassen hineintreiben ließ. Aber auch wenn es schwer ist, sehen Sie sich genau an, was aus Ihnen geworden ist, seit Sie so tief verletzt wurden.

Sie können diese Frage beantworten, indem Sie sich noch einmal die verschiedenen Sackgassen vor Augen führen, die wir in Kapitel 3 beschrieben haben, und sich mutig fragen, was Sie getan haben oder immer noch tun, um den Schmerz zu betäuben und die Leere in Ihrem Leben zu füllen, um auf Nummer Sicher zu gehen und Abstand zu halten. Sie können genau feststellen, wohin der alte Schmerz Sie geführt hat, wenn Sie sich klarmachen, wie es um Ihr Selbstwertgefühl bestellt ist, wie Ihre Beziehungen zu anderen Menschen aussehen, auf welche Weise Sie die Vergangenheit wiederholen und ob Ihre Einstellungen und Verhaltensweisen auf andere verletzend wirken. Wenn Sie bereit sind, noch genauer hinzusehen, können Sie Verständnis dafür gewinnen, warum Sie so handeln, wie Sie handeln, und können sich überlegen, was Sie anders machen sollten.

Wir möchten Sie in diesem Buch immer wieder ermutigen, ein klares Verständnis Ihrer eigenen Reaktionen, Prinzipien und Gefühle zu entwickeln. Zu diesem Zweck haben wir mehrere *Klärungsstrategien* eingebaut – Fragen, die zum Nachdenken auffordern, und schriftliche Übungen wie die folgende. Sie haben vielleicht keine Lust, die Lektüre zu unterbrechen, um die Übungen zu machen, aber Sie sollten es tun. Die Übungen werden Ihnen helfen, das, was Sie lesen, auf Ihr eigenes Leben anzuwenden, und sie werden Ihnen vielleicht Dinge über Sie offenbaren, deren Sie sich bisher nicht bewußt waren.

Klärungsstrategie Nr. 1: Sackgassen

Ziehen Sie auf einem linierten Blatt in der Mitte eine senkrechte Linie, so daß zwei Spalten entstehen. Teilen Sie die rechte Spalte durch zwei weitere senkrechte Linien auf, so daß insgesamt vier Spalten entstehen – eine breite und drei schmale.

In die breite Spalte links schreiben Sie die «Sackgassen», in die Sie im Laufe Ihres Lebens geraten sind, alles, was Sie je gebrauchten, um Schmerz zu betäuben und Leere zu füllen, alle Verhaltensweisen, die Ihr körperliches und/oder seelisches Wohlergehen beeinträchtigten. Hier sind einige Möglichkeiten:

Alkohol
Süßigkeiten
Koffein
Isolierung
Hungern
Hektische Betriebsamkeit
Glücksspiel
Exzessives Geldausgeben
Zuviel/zuwenig Schlaf
Essen
Gefühle hinunterschlucken
Abhängigkeit in einer Beziehung
Körperliche und seelische Mißhandlung Ihrer Kinder
Körperliche oder seelische Mißhandlung des Partners
Streitsucht

Tabletten
Nikotin
Exzessive Arbeit
Freßorgien
Promiskuität
Perfektionismus
Verbotene Drogen
Risikovermeidung
Vernachlässigung der eigenen Gesundheit
Zuviel Fernsehen
Selbstmitleid
negative Einstellung zum Leben
«Bummelstreik» bei der Arbeit

Zweifellos fällt Ihnen dazu noch mehr ein. Wenn Sie die Abwehrmechanismen und Verhaltensweisen aufgeschrieben haben, die Sie irgendwann einmal angewendet haben, dann kreuzen Sie diejenigen darunter an, die Sie immer noch anwenden.

Machen Sie dann in der zweiten Spalte bei all denen ein Kreuzchen, die Sie anwenden, wenn Sie an vergangene Verletzungen oder Ungerechtigkeiten denken oder alte Gefühle unterdrücken wollen. Wenn es Ihnen schwerfällt, diese Verbindung herzustellen, dann denken Sie an Zeiten, als Sie wütend, verbittert, frustriert, verletzt waren oder das Gefühl hatten, ungerecht behandelt worden zu sein. Zu welchen Mitteln oder Verhaltensweisen griffen Sie?

Bezeichnen Sie jetzt in der dritten Spalte die Punkte, die Sie angekreuzt haben, mit A, B oder C. Geben Sie einem Drittel dieser Punkte ein A – zum Zeichen, daß Sie *sofort* anfangen wollen, etwas zu verändern. Ein zweites Drittel bezeichnen Sie mit B – zum Zeichen, daß hier *in Kürze* Veränderungen anstehen. Und dem letzten Drittel geben Sie das C – das sind die Punkte, an denen Sie irgendwann einmal etwas verändern wollen, die aber im Moment nicht dringend sind.

Ordnen Sie schließlich in der vierten Spalte Ihre A-Punkte nach Priorität – also Nr. 1 für den Punkt, bei dem Ihnen eine Veränderung am wichtigsten erscheint, Nr. 2 für den nächstwichtigen und so weiter, bis alle A-Punkte numeriert sind.

Diese Klärungsstrategie ermöglicht es Ihnen, sich damit zu konfrontieren, was Sie infolge alter Verletzungen heute noch tun, Sie gibt Ihnen aber auch Gelegenheit, sich dafür zu loben, daß Sie gewisse selbstzerstörerische Verhaltensweisen bereits aufgegeben haben. Und sie liefert Ihnen den Ausgangspunkt für die Entscheidung darüber, welche Schritte Sie unternehmen können, um sich selbst und Ihr Leben positiv zu verändern.

Gehen Sie freundlich mit sich um

Wenn Sie festgestellt haben, an welchem Punkt Sie sich heute befinden, fühlen Sie sich hinterher vielleicht entmutigt und deprimiert. Für keinen von uns ist es ein Vergnügen, sich den holprigen Weg anzusehen, den er einschlug, um mit seinem Schmerz fertig zu werden, und der immer weiter bergab führte. Der Zensor in Ihnen wird Sie vielleicht mit destruktiver Kritik überhäufen.

«Schau dir an, was du mit dir gemacht hast», sagt er. «Und das nennst du Leben! Du bist nichts als ein Schwächling, dumm, untüchtig und kein bißchen liebenswert. Du hast genau das bekommen, was du verdienst.»

Und das Opfer, das auch in Ihnen lebt, wird vielleicht antworten: «Aber ich wurde tief verletzt. Schau dir doch an, was sie mit mir gemacht haben! Wie kann man da mehr von mir erwarten? Das ist nun mal mein Schicksal. Ich werde es nie ändern können.»

Beide Denkweisen sind gleichermaßen zerstörerisch.

Wir haben Sie nicht aufgefordert, darüber nachzudenken, wo Sie heute stehen, damit Sie sich mit der gewonnenen Erkenntnis selbst niedermachen. Das trägt weder zur Heilung bei, noch gibt es Auftrieb weiterzugehen. Solches Verhalten ist ganz im Gegenteil genau einer der Gründe, warum Sie bisher *nicht* vorwärtsgekommen sind.

Gehen Sie also freundlich mit sich um. Ja, Sie haben Fehler gemacht. Wie wir alle. Aber Sie haben sich genug gestraft. Sie haben genug Zeit damit vertan, sich mit anderen zu vergleichen und ständig daran zu erinnern, daß Sie «nicht genügen». Aber lassen Sie es uns noch einmal mit allem Nachdruck sagen: Sie wurden eben auf diese Weise verletzt. Sie taten eben das, was Sie taten. Sie sind dort, wo Sie sind, und Sie können in diesem Moment gar nicht anderswo sein. Die besonderen Umstände Ihrer persönlichen Geschichte und die besonderen Erfahrungen Ihres Lebens, das mit keinem anderen identisch ist, haben Sie an diesen Punkt gebracht, und ganz gleich, wo dieser Punkt ist, es ist der einzige Ausgangspunkt für Ihren persönlichen Weg zur Heilung und zum Verzeihen.

Wo stünden Sie lieber?

Um diese Frage beantworten zu können, müssen Sie sich erst eine andere, noch schwierigere stellen: Was habe ich davon, wenn ich nicht verzeihe? Was bringt es mir und was fürchte ich zu verlieren, wenn ich Groll und Ressentiment aufgebe?

Das Festhalten am Schmerz und die Verhaltensweisen, die Sie sich zu eigen machten, weil Sie verletzt wurden, waren Ihnen zu verschiedenen Zeiten Ihres Lebens hilfreich. Sie haben den Schmerz vorübergehend erträglich gemacht, Furcht und Angst in Schach gehalten, vor Enttäuschung, Zurückweisung, Verrat oder anderer neuerlicher Verletzung geschützt. Aber sie haben Ihnen auch geschadet. Sie haben neue, gleichermaßen schmerzhafte Probleme geschaffen und Sie häufig genau in solche Situationen gebracht, die Sie zu meiden hofften.

Jetzt, an diesem Punkt in Ihrem Leben, in dieser Phase Ihres Heilungsprozesses, müssen Sie entscheiden, ob der Gewinn, den Sie daraus ziehen, daß Sie nicht verzeihen, wirklich das wert ist, was Sie dafür aufgeben. Wollen Sie behalten, was Sie haben, oder wollen Sie mehr erreichen? Werden Sie aus Angst, Stolz oder Wut an Ihrem Groll und Ihren Ressentiments festhalten, oder werden Sie sich für die Heilung entscheiden?

Vielleicht glauben Sie, daß jeder, wenn er gefragt wird, ob er lieber Schmerzen leiden oder geheilt werden möchte, die Heilung wählen würde. Und vielleicht würde das wirklich jeder tun – *wenn* man seine Ängste und Bedenken schnell und leicht überwinden könnte. Bei dem Gedanken an Veränderung – und Heilung ist eine Form von Veränderung – melden sich augenblicklich zwei Arten von Angst: die Angst, erneut verletzt zu werden, und die Angst vor dem Unbekannten. An der Angst vor neuer Verletzung arbeiten Sie schon, seit Sie verletzt wurden, und werden während des gesamten Heilungsprozesses weiter an ihr arbeiten. Die Angst vor dem Unbekannten – die Ungewißheit, wie sich das eigene Leben durch den Heilungsprozeß gestalten wird, und ein manchmal überwältigendes Bedürfnis, bei dem zu bleiben, was man hat, was einem vertraut ist, auch wenn es nicht sonderlich beglückend ist – kann man überwinden, indem man sich eine Vision des Ziels schafft, das man zu erreichen hofft.

Diese Vision des anderen Lebens und ein Bild des Menschen, der man werden möchte, sind Grundvoraussetzungen für die Heilung. Der Wunsch, woanders zu sein als da, wo man jetzt ist, ist die motivierende Kraft, die einen beflügelt, eine neue Richtung einzuschlagen, und die Vision des Ziels, das man erreichen möchte, ist das Leitbild, das einen führt. Diese Vision gibt uns die Beharrlichkeit, selbst an jenen Tagen nicht die Flinte ins Korn zu werfen, wo innerer Friede weiter denn je entfernt zu sein scheint.

Wenn Sie sich darüber klar geworden sind, wo Sie jetzt stehen, müssen Sie sich als nächstes fragen: Wo möchte ich lieber sein? Und Ihre Antwort muß über den Wunsch hinausgehen, dem Schmerz ein Ende zu bereiten, vor ihm zu fliehen, ihn nicht mehr fühlen zu müssen. Genau das haben Sie vielleicht die ganzen vergangenen Jahre gewünscht und zu erreichen versucht, aber es hat nichts geholfen. Die Vorstellung, diejenigen zu bestrafen, die einen verletzt haben, sie um Verzeihung betteln zu sehen, sie beteuern zu hören, daß sie den Rest ihres Lebens daran verwenden werden, wiedergutzumachen, was sie an einem verbrochen haben, ist auch eine Vision. Aber es ist keine heilende Vision. Heilend wirkt nur eine Vision, die die positiven Merkmale beschreibt, die man entwickeln möchte: wie man sich gern fühlen, was man gern haben oder gern tun möchte, wenn die alten Verletzungen verheilt und die alten Probleme erledigt sind. Alle, von denen in diesem Buch berichtet wird, entwickelten ihre heilende Vision, lange bevor sie tatsächlich jemandem verziehen. Nehmen Sie sich deshalb die Zeit und entwerfen Sie für sich eine Vision der Heilung. Denken Sie über folgendes nach:

- Gewohnheiten, die Sie gern ablegen möchten;
- Positive Veränderungen bestehender Beziehungen und die Entwicklung neuer Beziehungen;
- Positive Veränderungen im Beruf, im Familienleben, Ihrer körperlichen oder seelischen Verfassung;
- Probleme, die Sie lösen, Abenteuer, die Sie erleben, Risiken, die Sie eingehen möchten;
- wie Sie sich im Ablauf Ihres Alltags fühlen möchten;
- was Sie sich abends vor dem Einschlafen (oder morgens beim Aufstehen) gern sagen würden.

Noch werden Sie vielleicht Schwierigkeiten haben, eine genaue

Beschreibung Ihrer Zukunft zu geben oder sich überhaupt eine freundlichere Zukunft vorzustellen. Das ist in Ordnung. Wenn man sich am Anfang eines langen, dunklen Tunnels befindet, ist es schwer, das Licht am anderen Ende zu sehen, und noch schwerer, sich vorzustellen, was einen auf der anderen Seite erwartet. Mit der fortschreitenden Heilung wird die Vision klarer werden. Auf dem Weg durch die verschiedenen Phasen wird der Nebel sich heben, der Sie so lange eingehüllt hat, und Sie werden das Ziel, das Sie anstreben, klar bis ins Detail vor sich sehen. Fürs erste reicht eine allgemeine Vorstellung.

Eine gute, die Phantasie anregende Methode, sich seine Vision zu schaffen, ist folgende: Man versetzt sich im Geist zwei, drei oder fünf Jahre in die Zukunft und erzählt einem Freund oder einer Freundin, mit der man lange keinen Kontakt mehr hatte, von seinem Leben. Man schreibt diesem Freund oder dieser Freundin einfach einen Brief, um ihn oder sie aufs laufende zu bringen. Es kann ein Brief sein wie dieser hier, der von einer unserer Seminarteilnehmerinnen geschrieben wurde.

Liebe Grace,
unglaublich, schon wieder sind zwei Jahre um. So vieles hat sich in dieser Zeit verändert. Was war ich damals für eine alte Trauerweide, aber ich kann Dir sagen, ich habe mich total verändert – zum Guten! Ich bin damals ja ständig herumgelaufen wie hinter einer Wand, heute nehme ich wahr, was um mich herum vorgeht. Und ich bin meinen Kindern gegenüber viel aufmerksamer und verständnisvoller. (Die Kinder haben den Schock darüber immer noch nicht ganz überwunden!) Ich lasse meinen Frust nicht mehr an ihnen aus, ich brülle längst nicht mehr so viel, und ich schlage sie überhaupt nicht mehr. Ich bin zwar sicher nicht der Welt beste Mutter, aber ich bin auch nicht die schlechteste, und selbst wenn ich es früher immer geglaubt habe, so übel war ich auch damals nicht. Du siehst, ich habe gelernt, mich zu mögen, und das schlägt sich in allem nieder, was ich tue.

Ich bin als Lehrerin viel kreativer geworden und interessiere mich wirklich für meine Schüler. Ich gehe sogar selber wieder zur Schule, und wenn ich in ein, zwei Jahren fertig bin, habe ich es bis zur Schulberaterin gebracht. Einen Mann gibt es jetzt auch wieder in meinem Leben, obwohl ich mich doch früher dauernd darüber aufgeregt habe, daß kein Mann mit einer Frau mit Kindern was zu tun haben will. Ich bin einfach mal in eine Gruppe für Alleinerziehende gegangen und habe dort prompt jemanden kennengelernt. Ich weiß, daß ich noch einen langen Weg vor mir habe, ehe ich wirklich wieder vertrauen und an die Liebe glauben kann, aber ich mache Fortschritte. Joe ist zwar für mich immer noch ein Schwein, aber wenigstens schaffe ich es jetzt, höflich mit ihm zu reden, wenn er die Kinder abholt. Ach ja, ich habe aufgehört zu rauchen und bin jetzt in einem Fitneß-Klub. Es hat anscheinend geholfen, ich bin nämlich dieses Jahr nur einmal krank gewesen und habe nicht wie sonst immer jeden Virus aufgeschnappt, der irgendwo herumschwirrte.

Vor zwei Jahren beschloß ich, daß ich mich endlich gut fühlen möchte, wohl, glücklich, gesund und lebendig; daß ich abends mit dem Gedanken zu Bett gehen möchte, heute war ein schöner Tag, ich habe jede Minute wirklich gelebt, und ich habe weder andere noch mich selbst schlecht behandelt. Und morgen wird es noch besser. Jeden Abend schaffe ich das nicht, aber es kommt schon. Alles Liebe,

Beverly

Dieser Brief, in dem Beverly ihre Zukunft ausspinnt, gibt eine klare Vorstellung von den Zielen, die sie sich setzte, als sie beschloß, an der Heilung ihrer alten Verletzungen, auch jener, die sie durch die Scheidung erlitt, zu arbeiten.

Schreiben Sie auch so einen Zukunftsbrief!

Sie sollten sich darüber im klaren sein, daß Ihre Vision sich von Zeit zu Zeit verändern wird. Ihnen ist sicher aufgefallen, daß Beverly nichts davon schrieb, daß sie ihrem geschiedenen Mann verziehen habe, oder auch nur den Wunsch habe, ihm zu verzeihen. In einer späteren Phase des Heilungsprozesses wurde es ihr stärkster Wunsch, ihren Groll gegen Joe aufzugeben und damit die emotionale Bindung an ihn zu lösen. Doch zu dem Zeitpunkt, als sie diesen Brief schrieb, konnte sie sich das nicht einmal vorstellen, geschweige denn, es sich zum Ziel setzen. Das Entscheidende ist, daß Beverly ein Bild ihres Ziels hatte, und Sie brauchen das auch. Es muß ein für Sie positives und sinnvolles Bild sein, das für Sie so erstrebenswert ist, daß Sie bereit sind, an seiner Verwirklichung hart und beharrlich zu arbeiten.

Wie kommt man zum Ziel?

Jeder von uns braucht die ihm gemäße Zeitspanne zur Heilung, und keiner von uns weiß im voraus, wie lang er brauchen wird, bis dieser Prozeß abgeschlossen ist.

Es dauert so lang, wie es dauern muß

Die Heilung ist ein innerer Prozeß, der sich nicht nach willkürlichen äußeren Faktoren, einschließlich Kalendern, einteilen oder von solchen Faktoren beherrschen läßt. Unmöglich zu beschließen, daß man nächstes Jahr um diese Zeit alle alten Verletzungen geheilt und allen, die einen verletzt haben, verziehen haben wird; oder daß man an einem bestimmten Tag in der nahen Zukunft sämtliche Probleme gelöst, seine gesamte Einstellung zum Leben verändert haben und von nun an glücklich und zufrieden bis ans Lebensende sein wird.

Die Heilung braucht ihre Zeit. Geduld ist erforderlich, aber damit meinen wir beileibe nicht, daß Sie sich hinsetzen und geduldig darauf warten sollen, daß die Heilung geschieht. Sie müssen fortwährend daran arbeiten.

Aber es ist wichtig, daß Sie Ihren eigenen Rhythmus und Ihr eigenes Maß achten. Stellen Sie sich den Heilungsprozeß als einen Fluß vor, der in Ihnen fließt. Wenn Sie Ihren Bestimmungsort erreichen wollen, müssen Sie Ihr Boot steuern, und Sie müssen rudern, aber Sie werden weniger Energie verbrauchen und sich weniger frustriert fühlen, wenn Sie nicht gegen den Strom, sondern mit dem Strom rudern.

Der Weg zum Verzeihen verläuft nicht in einer geraden Linie

Als wir die sechs Phasen des Heilungsprozesses vorstellten, wiesen wir darauf hin, daß keine der Phasen klar umrissen und scharf abgegrenzt ist und daß man nicht Schritt für Schritt in gerader Linie von einer zur anderen marschiert. Es wäre angenehm, wenn das so wäre, aber leider ist es nicht so. Mitten in der fortgesetzten Arbeit an der Bereinigung Ihrer unerledigten Probleme werden Momente kommen, wo Sie das Gefühl haben, die Wolken hätten sich endlich gelichtet, herrliche Momente, wo der Fortschritt, den Sie gemacht haben, greifbar ist; Stunden, Tage, sogar Wochen, in denen Sie sich im Frieden mit sich selbst fühlen und alter Schmerz Ihre Seele nicht einmal streift. Aber dann kommen wieder Wegstrecken, auf denen Sie vielleicht tieferen Schmerz und Momente tieferer Niedergeschlagenheit erleben als je zuvor. Es werden sogar Zeiten kommen, wo Sie sich fragen, ob Sie sich nicht immer weiter vom Seelenfrieden entfernen, anstatt sich ihm zu nähern. Die Höhen und Tiefen, die Momente des Friedens, des Triumphs und der Qual sind alle Teil des Prozesses.

Es kann Ihnen außerdem passieren, daß Sie, wie Ihnen scheinen wird, eine Ewigkeit in dieser oder jener Phase verharren. Das ist gewiß entmutigend und löst vielleicht Traurigkeit, Angst und Frustration aus, aber es bedeutet nicht, daß der Heilungsprozeß zum Stillstand gekommen ist oder daß Sie die nächste Phase niemals erreichen werden. Selbst wenn Sie zu stagnieren scheinen, befinden Sie sich im Prozeß der Heilung.

Wenn Sie an einen toten Punkt kommen – vielleicht merken, daß Sie noch nicht bereit sind, Ihren Groll aufzugeben, oder Schwierigkeiten haben, Ihre Angst, sich anderen Menschen zu zeigen, zu überwinden –, dann nehmen Sie sich das nicht übel. Erlauben Sie sich, da zu sein, wo Sie gerade sind. Versuchen Sie, vorübergehende Rückschläge nicht als Zeichen Ihres Versagens zu sehen. Sagen Sie sich lieber, daß dies eben Dinge sind, an denen Sie noch arbeiten. Keiner von uns ist vollkommen; wir alle arbeiten an irgend etwas. Und wenn Sie wirklich vorwärtskommen wollen, dann müssen Sie weiterarbeiten, auch wenn Sie gerade mal keine sichtbaren Zeichen des Fortschritts erkennen können. Der Fortschritt wird kommen.

Abgesehen davon, daß Sie von Zeit zu Zeit und aus verschiedenen Gründen in einer Phase stecken bleiben können, kann es auch geschehen, daß Sie in eine Phase zurückrutschen, von der Sie meinten, Sie hätten sie abgeschlossen. Fast jeder von uns, ganz gleich, wie weit er schon gekommen ist, rutscht beispielsweise hin und wieder in die Opferphase zurück, insbesondere in Zeiten starker seelischer Belastung oder innerer und äußerer Krisen. Man hält es dann für sein gutes Recht, sich gehen zu lassen, sich selbst zu bemitleiden, wie früher die Opferhaltung einzunehmen. Aber dieser momentane Rückschritt macht die Arbeit, die wir geleistet haben, nicht zunichte. Im Gegenteil, dank der Fortschritte, die wir gemacht haben, können wir den Rückschritt erkennen und nehmen unseren Weg bald an der Stelle wieder auf, wo wir ihn für diesen kurzen Abstecher verlassen haben.

Man braucht die Heilung nicht ganz allein zu vollbringen

Jede Last wird leichter, wenn man sie teilt. Sie müssen im Heilungsprozeß nicht der starke Einzelkämpfer sein. Sie können sich Hilfe holen – in einer Therapie, in einer Selbsterfahrungs- oder Selbsthilfegruppe, bei Vereinigungen wie den Anonymen Alkoholikern oder anderen Organisationen, die man bei Beratungsstellen erfragen kann. Sie können Hilfe auch bei Menschen im Kreis Ihrer Verwandten, Freunde oder Arbeitskollegen finden, die bereit sind, Sie zu ermutigen und zu stützen. Sie glauben vielleicht, in Ihrem Kreis gebe es keinen, der Ihnen helfen kann. Aber ziehen Sie wenigstens einmal die Möglichkeit in Betracht und sehen Sie sich um. Sie werden angenehm überrascht sein, was die Menschen Ihrer Umgebung Ihnen zu bieten haben.

Sie können außerdem Ihr Verständnis vertiefen und Neues

dazulernen, indem Sie lesen, Kurse und Vorträge besuchen, an Seminaren teilnehmen, sich Kassetten anhören oder ein Tagebuch führen.

Was ist der nächste Schritt?

Um Ihnen bei der Beantwortung dieser Frage zu helfen, bieten wir Ihnen in den folgenden sechs Kapiteln – die sich mit den sechs Phasen des Heilungsprozesses befassen – Hinweise und Vorschläge an, Hilfestellungen und Strategien sowie das Wissen, das wir und andere aus eigener Erfahrung geschöpft haben. Die Beschreibung jeder einzelnen Phase soll Ihnen Hilfe sein auf Ihrem Weg zum Verzeihen und zu einem intensiveren Leben.

5 Verleugnen

Erinnern Sie sich an den Koffer voller Leid, den wir ständig mit uns herumschleppen? Jetzt ist es Zeit, ihn zu öffnen und hineinzusehen. Schmerzliche Erinnerungen werden zum Vorschein kommen, und es wird sehr schwer sein, an sie zu denken. Diejenigen, die das stärkste Unbehagen verursachen, die man am liebsten sofort hinunterdrücken möchte, wenn der erste Gedanke aufsteigt, sind im allgemeinen die, welche wirklich von Bedeutung sind – diejenigen, die man lange, lange verleugnet hat.

Aber jetzt ist es an der Zeit, sich zu fragen: Wer hat mich verletzt? Wann? Und – das Wichtigste – wem habe ich nicht verziehen? Manchmal scheint die Antwort auf diese Fragen auf der Hand zu liegen, aber schürfen Sie tiefer und identifizieren Sie die Menschen, die Ihnen so übel mitgespielt haben, auf differenziertere Weise. Sehen Sie sich an, wie Sie mit den Menschen umgehen, von denen Sie einmal verletzt wurden. Sind die Beziehungen zu ihnen gespannt, von Streit gekennzeichnet, belastend, deprimierend? Verhalten Sie sich diesen Menschen gegenüber aggressiv oder nachtragend, strafen Sie sie mit Schweigen? Warten Sie darauf, daß sie Wiedergutmachung leisten, um Verzeihung bitten, daß der andere genauso leidet, wie Sie gelitten haben?

Vergessen Sie nicht die Menschen, die nicht mehr zu Ihrem Lebenskreis gehören – solche, die tot sind, ehemalige Geliebte, Freunde oder Spielgefährten, von denen Sie vielleicht seit Jahren nichts mehr gehört haben. Wenn die Gedanken an sie immer noch Schmerz, Groll oder Angst auslösen, liegt genau an dieser Stelle wahrscheinlich ein unerledigtes Problem begraben.

Klärungsstrategie Nr. 2: Namen nennen

Nehmen Sie sich Zeit, um über die Fragen nachzudenken, die ich Ihnen soeben gestellt habe. Holen Sie sich dann ein Blatt Papier, denken Sie zurück, soweit es Ihnen möglich ist, und schreiben Sie jeden auf, der Sie irgendwann einmal verletzt hat. Geben Sie die Namen an, oder notieren Sie, wenn Sie die Namen nicht mehr wissen sollten, ein paar bezeichnende Merkmale, um die betreffende Person zu charakterisieren. Schließen Sie auch die Menschen mit ein, die Ihnen nur kleine Kratzer zufügten, und selbstverständlich die, welche Ihnen tiefe Wunden schlugen. Schreiben Sie alle auf, auch die, denen Sie schon verziehen zu haben glauben. Und vergessen Sie nicht die «Institutionen», von denen Sie verletzt wurden – Schulen, Gerichte, die Presse und so weiter. Die Liste muß nicht unbedingt sehr lang sein, aber sie wird wahrscheinlich länger werden, als Sie zu Beginn glaubten.

Gehen Sie nun die Liste durch und markieren Sie jeden Menschen und jede Institution, denen Sie nicht verziehen haben, mit einem Kreuzchen. Wählen Sie dann drei aus, die Ihnen Verletzungen zugefügt haben, deren Heilung Sie am dringendsten wünschen oder brauchen, wobei mindestens eine dieser Institutionen für ein schmerzliches Erlebnis stehen sollte, das Sie seit Jahren unbedingt zu vergessen suchen. Kennzeichnen Sie die Verletzungen durch ein, zwei erklärende Sätze. Warren zum Beispiel, den wir in Kapitel 1 vorstellten, schrieb: «Mein Vater verletzte mich dadurch, daß er mich behandelte, als wäre ich nicht vorhanden, daß er mir niemals so etwas wie Liebe zeigte, niemals von etwas Notiz nahm, das ich tat, und dann noch Salz in die Wunde streute, indem er eine neue Familie gründete und seine anderen Kinder so behandelte, wie ich es mir immer umsonst von ihm gewünscht hatte.»

Harriet, eine 38jährige Malerin, die derzeit mit ihrem geschiedenen Mann einen erbitterten Kampf um das Sorgerecht für die Kinder führt, bezeichnete diesen Mann als den Urheber ihrer Verletzung und schrieb: «Larry verletzte mich dadurch, daß er mich betrog und sich nicht einmal die Mühe machte, diskret zu sein. Er blamierte mich vor unseren gemeinsamen Freunden und versuchte, die Kinder mit teuren Geschenken, großen Reisen zu bestechen und mit der Behauptung gegen mich aufzubringen, daß er geblieben wäre, wenn ich nicht so kalt gewesen wäre.»

Wenn Zorn und Groll noch frisch sind, ist es relativ einfach, wenn auch mit Schmerz verbunden, zu beschreiben, wie man verletzt wurde. Wenn man die schmerzlichen Gefühle jedoch jahrelang blockiert und ignoriert hat, stellt man möglicherweise fest, daß einem die Schilderung deswegen schwerfällt oder daß man sich nur dagegen sträubt, sie zu Papier zu bringen, weil man das Gefühl hat, einen Menschen zu verraten, den man noch liebt, auch wenn er einen noch so sehr verletzt hat. So ging es Marcy. Die Tränen, die sie so lange unterdrückt hatte, liefen ihr über das Gesicht, als sie schrieb: «Ich liebe meine Mutter, aber sie hat mich verletzt. Sie hat mich verletzt, weil sie Alkoholikerin war und meinen Geschwistern und mir, wenn sie betrunken war, was fast immer der Fall war, keine richtige Mutter sein konnte. Dann mußte ich alles in die Hand nehmen, doch nie hat sie sich dafür bedankt.»

Auch bei Ihnen werden vielleicht Gefühle aufsteigen, die Ihnen angst machen, wenn Sie diese Klärungsübung versuchen. Wenn diese Gefühle Sie zu überwältigen drohen, machen Sie eine Pause. Legen Sie die Liste weg und setzen Sie sich ein andermal wieder dran. Aber setzen Sie sich auf jeden Fall wieder dran!

Was man beim Namen nennt, erkennt man an – und das will man vielleicht gar nicht

Die Benennung und Beschreibung der Verletzung mit ihrer ganzen Geschichte sind äußerst wichtige Elemente des Heilungsprozesses. Aber oft fällt einem das ungeheuer schwer. In dieser Phase Ihres Heilungsprozesses sind Sie dazu vielleicht noch nicht bereit. Sie haben vermutlich sogar eine Anzahl starker Gründe, Ihre alten Verletzungen und unerledigten Probleme nicht zu Papier zu bringen.

Möglicherweise wollen Sie nicht wahrhaben, daß Ihnen gewisse Dinge wirklich geschehen sind. Wenn Sie vor dem Fernseher säßen und sähen, daß jemand so grausam oder demütigend behandelt wird, würden Sie einfach umschalten. Und genauso schalten Sie um, wenn Sie auch nur daran denken, daß an Ihnen auf eine Art gehandelt worden sein soll, die Sie unerträglich finden. Sie schalten alle Gedanken und Gefühle an das alte schmerzliche Erlebnis ab.

Oder man hat die Vorstellung, daß gewisse Erlebnisse einen als nicht lebenswert, unzulänglich und dumm brandmarken. Anzuerkennen, daß man einmal durch Mißbrauch, Zurückweisung, Verlassenwerden, Verrat oder sonst eine schmerzliche Erfahrung verletzt wurde, hieße anerkennen, daß man immer noch auf fundamentale Weise gedemütigt oder beschmutzt ist. In diesem Licht will man sich nicht sehen. Man will unbedingt glauben, daß man «in Ordnung» ist. Und da die Fähigkeit, das zu glauben, bedroht wird, wenn man zugibt, wie sehr man verletzt wurde und was man infolge dieser Verletzung getan hat, erkennt man sie nicht an.

Eine zusätzliche Bedrohung ist, daß die anderen Leute die «schreckliche Wahrheit» entdecken und einen darum weniger schätzen könnten. Es kann sein, daß man bereits Erfahrungen gemacht hat, die diese Wahrnehmung bestätigten. Man vertraute sich einem der Eltern oder Geschwister, einem Freund oder dem Ehepartner an und fand nicht das erhoffte Verständnis, weil man beim anderen mit seiner Geschichte Unbehagen hervorrief oder auch nur peinliche Verlegenheit.

«Was, damit schlägst du dich immer noch herum?» fragen sie vielleicht ungläubig. «Das ist doch Jahre her. Vergiß es einfach.»

Oder: «Du machst aus einer Mücke einen Elefanten. So schlimm kann das doch gar nicht gewesen sein. Dir geht's doch heute gut – oder?»

Oder: «Andere haben viel Schlimmeres erlebt. Freue dich doch an den schönen Dingen in deinem Leben, anstatt immer wieder in der Vergangenheit herumzuwühlen.»

Solche Erfahrungen haben Sie wahrscheinlich in Ihrem Entschluß bestärkt, Ihre alten Verletzungen zu verstecken – vor den anderen und vor sich selbst. Sie beginnen zu zweifeln, ob Sie überhaupt das «Recht» haben, sich verletzt zu fühlen.

Vor allem aber haben Sie wahrscheinlich *Angst* davor, sich mit den alten schmerzlichen Erfahrungen zu konfrontieren. Sie haben Angst, daß der Schmerz Sie überwältigen, daß Sie in Ihren Tränen ertrinken oder so außer sich geraten könnten, daß Sie nicht mehr fähig wären zu funktionieren. Sie haben Angst, weil Sie wissen, daß Sie sich verändern müssen, wenn Sie sich eingestehen, daß Sie verletzt wurden und wie Sie sich aufgrund dieser Verletzung verhalten haben. Sie werden anders als in der Vergangenheit handeln und reagieren müssen, und Sie wissen nicht, wie Sie das schaffen sollen. Sie wissen nicht, ob Sie überleben könnten, wenn Sie das täten.

Wenn Sie bei der Klärungsarbeit oder der Lektüre der vorausgegangenen Kapitel in Versuchung waren, bestimmte alte Erfahrungen zu ignorieren, zu übersehen oder sonstwie beiseite zu schieben, oder wenn Sie sich dabei ertappten, daß Sie sich sagten, die früher erlittenen Verletzungen und Ungerechtigkeiten seien

unwichtig
«olle Kamellen»
für Ihr heutiges Leben ohne Bedeutung
nicht wert, wieder hervorgezogen zu werden
ein für allemal vorbei
fast vergessen,

dann befinden Sie sich wahrscheinlich in der Verleugnungsphase des Heilungsprozesses. Und selbst wenn Sie jetzt nicht in dieser Phase sind, haben Sie sie in der Vergangenheit irgendwann einmal durchgemacht. Jeder, ohne Ausnahme, verweilt eine Zeitlang in der Verleugnungsphase, in die er im Moment der Verletzung eintritt, in die er periodisch zurückkehrt und in der er manchmal jahrelang steckenbleibt.

Zum eigenen Schutz: Verleugnen der Verletzung

«Mein Vater hat mir nie im eigentlichen Sinn verboten, über den Inzest zu sprechen. Er sagte nicht, daß es meine Mutter verletzen würde, wenn sie das Geheimnis erfahren sollte. Er sprach nie eine offene Drohung aus. Aber er sagte mir, er könne meine Gedanken lesen und wisse immer, wann ich ‹daran› denke.

Um mich vor diesem Eindringen in meine Gedanken zu schützen, bemühte ich mich, niemals an das zu denken, was vorging. Ich verbot mir jeden Gedanken ‹daran› und dazu viele andere Gedanken und Gefühle; im Grunde strich ich meine ganze Kindheit aus meinem Gedächtnis. Sie wurde zusammengepackt und unter der Überschrift ‹Zu gefährlich, um daran zu denken› abgelegt. Wenn doch einmal eine schmerzhafte Erinnerung oder ein unangenehmes Gefühl aufstieg, drückte ich es schleunigst wieder hinunter.

Das ermöglichte es mir, mir einzureden, der Inzest hätte mir nicht geschadet. Den Mißbrauch selbst verleugnete ich nicht und konnte mich daran erinnern, wenn ich es mir gestattete, aber ich gestand mir nicht ein, daß er irgendeine Wirkung auf mich und mein Leben hatte. Ich tat so, als wäre er völlig belanglos.»

Suzannes Heilungsprozeß begann in dem Moment, als sie verletzt wurde – genau wie der Ihre. In diesem Moment war es das Wichtigste, dem Schmerz ein Ende zu bereiten oder ihn wenigstens abzuwehren, bis man wieder klar denken konnte. Um das zu erreichen, bedienten Sie sich, genau wie Suzanne, einer Form der Verleugnung, eines psychologischen Abwehrmechanismus, der von Ihrem Unbewußten ausgelöst und mit einem zunächst positiven Ziel angewendet wurde – Ihnen zu helfen, mit Vorgängen fertig zu werden, auf die Sie nicht vorbereitet waren, und Sie vor Gefühlen zu schützen, die Sie zu überwältigen oder vernichten drohten.

«An das meiste kann ich mich überhaupt nicht erinnern», sagte Amy, eine 24jährige Studentin. Mit 19 wurde Amy von einem Bekannten, der Student war wie sie und dem sie seit einigen Monaten Nachhilfestunden gab, vergewaltigt.

«Ich erinnere mich, daß wir nicht im Aufenthaltsraum, sondern in seinem Zimmer im Wohnheim arbeiteten, und daß ich ihn mehr interessierte als seine Physikaufgabe», fuhr sie fort. «Aber als ich ihm sagte, er solle mich gefälligst in Ruhe lassen, schien alles in Ordnung zu sein.»

Am Ende der Stunde jedoch, als Amy gehen wollte, packte der junge Mann sie und warf sie auf sein Bett. «Ich weiß noch, daß ich dachte, das kann doch nicht wahr sein», berichtete Amy. «Danach habe ich anscheinend total abgeschaltet. Ich weiß nicht einmal mehr, wie ich in mein Zimmer zurückgekommen bin.» Obwohl seitdem fünf Jahre vergangen waren, fiel Amy nicht die geringste Kleinigkeit ein, wenn sie versuchte, sich zu erinnern. «Ab und zu blitzt mal was auf», erklärte sie, «aber da ich mir nicht sicher bin, ob das, was mir da in den Sinn kommt, wirklich passiert ist oder ob ich es mir nur einbilde, laß ich mich davon nicht verrückt machen und schiebe es einfach weg.»

In dem Moment, als man verletzt wurde, war man zu jung, zu erschrocken oder zu verwundet, um die Ereignisse und die eigenen Gefühle zu verstehen und angemessen mit ihnen umzugehen. Man mußte sich schützen, zurückweichen, einen sicheren Abstand zu der erschütternden Erfahrung herstellen. Man negierte, genau wie Amy, die Realität und glaubte fest daran, alles sei nur Einbildung, oder man verdrängte die verletzenden Erlebnisse, packte unangenehme Gedanken und unerwünschte Gefühle weg, manchmal so gründlich, daß man sie völlig vergaß.

«Ich redete mir ein, es wäre nicht weiter schlimm, es wäre ja nur eine einmalige Sache und würde nicht wieder vorkommen.» Darlene versuchte zunächst mit der Enttäuschung über ihren Vater fertig zu werden, indem sie jeden verpaßten Besuch als Ausnahmefall betrachtete. Alle Gedanken an frühere Enttäuschungen gleicher Art sicher weggepackt, setzte sich also Darlene das nächste Mal wieder voll freudiger Erwartung auf die Treppe vor dem Haus und wartete auf ihren Vater. Kam er, so nahm sie es als Beweis dafür, daß sie recht getan hatte, die anderen Male zu vergessen. Kam er nicht, so schützte sie sich davor, von ihrer

Enttäuschung überwältigt zu werden, indem sie sofort eine Erklärung für das Verhalten ihres Vaters fand und sich von neuem einredete, es würde nicht wieder vorkommen.

In dem Moment der Verletzung konnte man weder völlig begreifen, daß man von einem Menschen, den man liebte, dem man vertraute, auf den man sich verließ, verletzt worden war, noch konnte man mit dieser Tatsache angemessen umgehen. Infolge der Verletzung oder des Unrechts erhob sich die Möglichkeit, daß der «Täter» einen nicht liebte, und dieser Gedanke verursachte unerträglichen Schmerz oder höchste Verwirrung. Man mußte versuchen, irgendwie zu verstehen, was geschehen war, man mußte sich davor retten, in einer Flut von Gefühlen zu ertrinken. Also bagatellisierte man Bedeutung und Wirkung des Geschehens und der eigenen Gefühle; man wehrte die Gefühle ab, indem man rationalisierte, analysierte oder theoretisierte oder, wie Darlene, Entschuldigungen, Rechtfertigungen und Erklärungen für die Verletzung oder das Unrecht fand, damit man keinen Grund hatte, darüber außer sich zu geraten.

«Ich habe einfach zugemacht», sagte Bruce, um zu erklären, wie er sich vor der ständigen Kritik der Lehrer schützte, die ihn für faul hielten, vor den Nörgeleien und Drohungen der Eltern, die glaubten, er gäbe sich in der Schule absichtlich keine Mühe, und vor dem Spott der Schulkameraden, die ihn «Dummkopf» und «Spatzenhirn» nannten.

«Sobald sie loslegten, ging bei mir die Jalousie runter», sagte er. «Ganz automatisch. Ich ließ sie reden und dachte einfach an etwas anderes, an den Text eines Schlagers, eine Szene aus einem Film, das letzte Baseballspiel, bei dem ich mitgemacht hatte, was mir gerade einfiel. Hauptsache, es kam nichts durch.»

Sie werden sich erinnern, daß Bruce diese Gewohnheit, nichts «durchzulassen», die er sich als Kind zugelegt hatte, lange Jahre beibehielt, zumal er entdeckte, daß Alkohol und Drogen noch effektiver als seine eigene Phantasie verhinderten, daß unangenehme Realitäten «durchkamen».

Im Moment der Verletzung wurde einem klar – insbesondere,

wenn man schon vorher auf gleiche oder ähnliche Art verletzt worden war –, daß man sich weiteren Schlägen nicht aussetzen wollte. Man mußte dafür sorgen, daß Mißbrauch, Enttäuschung, Zurückweisung, Spott oder Demütigung beim nächsten Mal nicht mehr so weh tun würden. Wie Bruce sorgte man darum für Ablenkung – man wechselte das Thema oder sah zu, daß man immer zu beschäftigt, zu high war oder zuviel anderes im Kopf hatte, um an unangenehme Dinge zu denken oder irgend etwas zu fühlen. Oder man versteckte seine wahren Gefühle hinter falscher Fröhlichkeit, einem undurchdringlichen Panzer oder einer Schroffheit, die andere auf Distanz hielt.

Im Moment der Verletzung schützte man sich wie Amy, Darlene und Bruce instinktiv vor der Bedrohung der eigenen Sicherheit und Gesundheit. Das geschah automatisch, unbewußt und aus guten, praktischen Gründen. Man war nicht gerüstet, das schmerzliche Erlebnis in seiner ganzen Tragweite anzuerkennen, zu begreifen und angemessen damit umzugehen.

Aufrechterhaltung der Verleugnung

Hat man einmal auf Verleugnung und Verdrängung geschaltet, so ist es sehr schwer, wieder zurückzuschalten. Wie ein Computer, der darauf programmiert ist, bei Eingabe bestimmter Informationen bestimmte Aufgaben auszuführen, aktiviert das Unbewußte den Mechanismus der Verdrängung jedesmal wieder, wenn uns etwas geschieht, das der ursprünglichen Verletzung ähnlich ist – wenn wir uns an sie erinnern oder die mit ihr verbundenen Gefühle wieder erleben.

Aber mit dem automatischen Ausblenden gerade jener Dinge, die wir sehen müssen, um alte Verletzungen heilen und unerledigte Probleme bereinigen zu können, schadet uns letztendlich die Verdrängung – die uns ursprünglich überleben half –, weil sie uns daran hindert, wirklich von der Vergangenheit Abschied zu nehmen und aus unserem Leben das Beste zu machen.

Solange uns die Verdrängung von der Realität abschirmt, und das kann Jahrzehnte lang sein, können wir die Verbindung zwischen den alten Erlebnissen und unseren heutigen Lebensumständen nicht erkennen. Wir tun alte Verletzungen und altes Unrecht als «alte Geschichten» ab und sind aufrichtig überzeugt davon, daß sie uns damals nicht besonders berührten und heute absolut nicht berühren. Wir bilden uns ein, alles sei in bester Ordnung, und ignorieren die Tatsache, daß wir immer wieder in den gleichen unerwünschten Situationen landen oder auf gewisse Situationen oder Menschen in einer Art und Weise reagieren, die wir uns nicht erklären können. Andere sehen vielleicht, daß es uns gar nicht so gutgeht, wie wir glauben, aber davon wollen wir nichts hören.

Es ist nun aber gewiß nicht so, daß wir versuchen, die Leute zu täuschen, indem wir immer nur lächeln und vor unangenehmen Realitäten die Augen verschließen. Wir sind uns vielleicht nicht einmal bewußt, daß wir dies tun. Wir *tun nicht so*, als hätten alte Verletzungen uns nie berührt oder berührten uns zumindest jetzt nicht mehr, wir *glauben es*. Und es ist auch nicht so, daß wir willentlich die Dinge falsch darstellen oder uns hartnäckig weigern zu «kapieren». Wir präsentieren die «Tatsachen» unseres Lebens einfach so, wie wir sie sehen. Leider sieht man in die Wolke der Verdrängung eingehüllt nur sehr wenig.

«Ich heiratete ziemlich jung. Als ich Ende Zwanzig war, fing es in der Ehe ernstlich zu kriseln an. Ich quälte mich mit mysteriösen Schmerzen und Beschwerden und kam mit meiner Arbeit nicht mehr zurecht. Ich fühlte mich ständig allein gelassen. Ich kam mir allen anderen Menschen gegenüber entfremdet vor. Aber ich fühlte mich nicht nur isoliert, ich tat auch alles dafür, daß ich mich immer weiter so fühlte. Ich erlaubte mir keine Nähe zu anderen Menschen, weil ich fürchtete, sie würden dann mein Geheimnis entdecken. Ich stieß die Menschen förmlich von mir weg, wenn ich mir dessen auch nicht bewußt war. Ich selbst sah mich als die personifizierte Sanftmut, eine schwache Person, mit der jeder machen kann, was er will, aber auf die anderen wirkte ich aggressiv und kampfbereit. Ein ehemaliger Mitarbeiter beschrieb es einmal so: ‹Du kamst immer in einer Haltung daher, Suzanne, als wolltest du jeden, der dir auf die Zehen tritt oder in die Quere kommt, auf der Stelle umlegen.› Kein Wunder, daß die Leute Distanz hielten und ich isoliert blieb.

Ich mochte mich nicht. Ich hatte die größte Mühe, mich über Wasser zu halten, und keine Hoffnung, daß es je anders werden würde. Oft war mir alles so zuviel, daß ich an Selbstmord dachte.

Aber ich stellte niemals die Verbindung zwischen meiner aktuellen Notlage und der früheren Mißhandlung her. Ich verleugnete weiterhin seine Wirkung auf mein Leben und betrachtete ihn weiterhin als bedeutungslos. Das ging so weit, daß ich, als ich auf Anraten einer Freundin zu einer Beratungsstelle ging, von meiner Ehe, meiner Arbeit, meiner Gesundheit und meinem Leben im allgemeinen sprach, aber nicht mit einem einzigen Wort den Inzest erwähnte. Obwohl es mir damals gelang, einige meiner unmittelbaren Probleme zu lösen, ließ ich die wahren Verletzungen ungeheilt. Die ignorierte ich weiterhin, während ich versuchte, mein Leben irgendwie in den Griff zu bekommen. Sehr weit konnte ich damit nicht kommen. Ich wußte es damals nicht, aber ich war in der Verdrängungsphase des Heilungsprozesses steckengeblieben.»

Wenn man in der Verdrängungsphase steckenbleibt

Verleugnen und verdrängen – das ist so bequem wie ein altes Paar Schuhe, klebt wie ein Fliegenfänger, läuft so automatisch ab wie das Atmen und wird schnell zur lieben Gewohnheit. Darum kann es uns passieren, daß wir unendlich lange in dieser Phase steckenbleiben, obwohl wir uns damit von einer Sackgasse in die nächste hineinmanövrieren.

«So schlimm war es auch wieder nicht», sagte Marcy von dem Chaos, der Verwirrung und der emotionalen Verwahrlosung, die sie erlebte, während sie in einer Familie aufwuchs, die durch die Alkoholsucht der Eltern völlig zerrüttet war.

«Es hätte schlimmer sein können», behauptet Sandy und meint, sie hätte ja auch von einer Pflegestelle zur anderen wandern oder von ihren Adoptiveltern mißhandelt werden können, statt *nur* von ihrer leiblichen Mutter verlassen zu werden.

«Darüber bin ich seit Jahren hinweg», versichert Mark, obwohl er heute noch von jeder Situation das Schlimmste erwartet und so sehr im Bann der Erinnerungen an all die Feste war, die sein Vater ihm verpatzt hatte, daß er ernstlich daran dachte, seine Hochzeitsfeier abzublasen und sich heimlich von einem Friedensrichter trauen zu lassen.

«Es macht mir nichts mehr aus», behauptet Melinda und erklärt, sie denke überhaupt nicht mehr an Steve – außer wenn sie sich vorhält, wie naiv es sei zu glauben, daß Männer, die sie anziehend findet, auch sie anziehend finden könnten.

Marcy, Sandy, Mark und Melinda sind in der Verdrängungsphase des Heilungsprozesses steckengeblieben. Wie Suzanne wurden sie vor langer Zeit verletzt, aber es steht ihnen noch bevor, sich die Wirkung dieser Verletzungen auf ihre persönliche Entwicklung und ihren Lebensstil einzugestehen und sich ihren Verletzungen zu stellen. Wenn auch Sie in dieser Phase steckengeblieben sind, werden Sie das alte schmerzliche Erlebnis wahrscheinlich unter einer der vier Perspektiven sehen, die wir im folgenden beschreiben, und aus dieser Perspektive heraus überzeugt sein, daß zu Heilung und Verzeihen bei Ihnen im Grund kein Anlaß besteht.

Es ist nie geschehen

Diese Art der Verleugnung alter schmerzlicher Erlebnisse, nämlich zu glauben, die Verletzung sei nie geschehen, ist im allgemeinen so extrem traumatischen Erlebnissen vorbehalten wie Vergewaltigung, Inzest, körperliche Mißhandlung. Aber auch wenn einem etwas Unbegreifliches angetan wird, wenn man beispielsweise erfährt, daß der Partner einen betrogen hat, oder wenn man mitanhört, wie die beste Freundin böswillig über einen tratscht, kann man in dieser Weise reagieren. Was einem geschah, kann – besonders wenn man zu der Zeit noch ein Kind war – so schmerzlich oder erschreckend gewesen sein, daß man damit nur fertig werden konnte, indem man es vollkommen aus seinem Bewußtsein verbannte. Man hat also überhaupt keine bewußte Erinnerung mehr daran. Man kann sich gewisse Vorgänge bis zu einem bestimmten Punkt ins Gedächtnis rufen, aber danach herrscht gähnende Leere – wie bei Amy, die vergewaltigt wurde –, oder man hat an ganze Zeitspannen nur vage Erinnerungen.

Statt ein schmerzliches Erlebnis völlig auszublenden, tut man weit häufiger etwas anderes: Man konzentriert seine gesamte Aufmerksamkeit auf die Möglichkeit, wie entfernt auch immer sie sein mag, daß der Vorfall vielleicht gar nicht stattgefunden hat. Angenommen, Sie hörten gerade mit an, wie Ihre Freundin häßlichen Klatsch über Sie erzählte, dann werden Sie sich vielleicht einzureden versuchen, daß Sie nicht richtig gehört, daß Sie mißverstanden haben, was sie sagte, oder jenen Teil nicht mitbekamen, als sie Sie verteidigte und sagte, das Gerücht sei selbstverständlich erfunden. Vielleicht war das gar nicht Parfümduft am Hemd Ihres Mannes, sagen Sie sich, vielleicht war es gar nicht er, sondern nur jemand, der ihm ähnlich sah, der da eng umschlungen mit einer Frau, die aussah wie seine Sekretärin – aber es vielleicht gar nicht war – im Park spazierenging. Vielleicht haben Sie sich die schlimmen Dinge, die Ihre Mutter zu Ihnen sagte, nur eingebildet, und vielleicht haben Sie nur geträumt, daß Ihr Vater in Ihr Zimmer kam und Sie belästigte.

Sie hoffen, daß Sie die Dinge, denen Sie noch nicht ins Auge zu sehen wagen, geträumt, sich eingebildet, falsch aufgefaßt haben. Obwohl Sie im Innersten wissen, daß die Verletzung oder das Unrecht tatsächlich geschah, halten Sie an der Hoffnung fest, daß es nicht so war – Sie verleugnen Ihren Schmerz, Ihre Demütigung, Ihre Schuldgefühle, Ihre Verbitterung und Ihre Selbstzweifel und laufen vor ihnen davon. Das kann dazu führen, daß Sie nie aus der Verdrängungsphase herauskommen. Mit der Zeit werden die Erinnerungen, die Sie doch behalten haben, trüber und trüber, und es wird immer einfacher, sich einzureden, daß jener Vorfall eben doch nur ein böser Traum war.

Es ist geschehen, aber es hat mich nicht berührt

Bei dieser Art der Verleugnung werden nicht die schmerzlichen alten Erlebnisse selbst negiert, sondern die erschütternde Wirkung, die sie im Zeitpunkt des Geschehens auf einen hatten. Wie Suzanne kann man jahrelang an der Behauptung festhalten, daß Verletzungen und Ungerechtigkeiten, von denen man erwarten kann, daß sie Schmerz, Angst, Schuldgefühle, Demütigung oder andere quälende Reaktionen auslösen, diese Wirkung bei einem selbst nicht hatten.

«Da ich wußte, daß es für alle Beteiligten das Beste war, hat es mir nichts ausgemacht», sagen Sie und rationalisieren damit die Scheidung Ihrer Eltern oder Ihre eigene, die Freigabe Ihres Kindes zur Adoption, den Verzicht auf Ihr Studium, der nötig wurde, weil Sie anstelle Ihres arbeitslosen, alkoholabhängigen Vaters die Familie ernähren mußten. Das sind Erlebnisse und Erfahrungen, die schon ihrem Wesen nach eine Wirkung auf Sie haben mußten. Aber Sie behaupten, wenn Sie von Geschehnissen berichten, deren Schmerzhaftigkeit für jeden anderen Sie nicht leugnen würden, daß sie *Ihnen* nicht wehgetan haben! Sie rationalisieren den Verlust eines geliebten Menschen («Der Tod war eine Erlösung für ihn; wenigstens mußte er nicht mehr leiden») oder entschuldigen seelischen oder körperlichen Mißbrauch («Sie wußte ja nicht, was sie tat»). Ganz gleich, wie Sie es tun und ob Sie sich darüber im klaren sind, daß Sie es tun, Sie betrügen sich selbst damit, daß Sie immer noch Gründe finden, sich Ihre Verletzungen und den Einfluß, den sie auf Ihr Handeln hatten und haben, nicht zu vergegenwärtigen.

Es hat mich getroffen, aber es war nicht so schlimm

Wer schmerzliche Erlebnisse der Vergangenheit in dieser Weise verleugnet, ist bereit anzuerkennen, daß er verletzt wurde, glaubt aber, daß er nichts Unerledigtes zu bereinigen habe, weil die Sache ja «nicht weiter schlimm» war. Auch das ist eine Art, mit unangenehmen Realitäten umzugehen. Man sagt sich einfach, daß die gewissen Erlebnisse nicht so schmerzlich gewesen seien, wie sie das in Wirklichkeit waren, oder daß sie ohne Bedeutung seien, weil sie nicht so schmerzlich waren, wie sie unter anderen Umständen hätten sein können.

Marcy beispielsweise, die als Kind dauernd unter den Folgen der Alkoholsucht ihrer Eltern zu leiden hatte, konnte den Gedanken nicht akzeptieren, daß ihre Eltern – die doch gut sein, ihr Sicherheit und Geborgenheit geben sollten – Dinge tun könnten, die schlecht und verantwortungslos waren. Unfähig, das unberechenbare, irrationale und beängstigende Verhalten ihrer Eltern mit dem Bild in Einklang zu bringen, das sie von ihnen hatte, und unfähig, dieses Bild zu ändern, ohne sich in ihrer eigenen Sicherheit und Geborgenheit bedroht zu fühlen, blendete Marcy die schlimmen und verantwortungslosen Dinge, die ihre Eltern taten, aus ihrem Bewußtsein aus. Die Folge davon war, daß sie sich, wenn sie an ihre Kindheit dachte, bis vor kurzem kaum an etwas erinnern konnte, was über die wenigen, vereinzelten «schönen Zeiten» hinausging, die sie erlebte, wenn Vater oder Mutter oder beide gerade einmal nicht tranken. Viele Jahre lang erhielt Marcy diese Verleugnung aufrecht und behauptete im Brustton der Überzeugung, «so übel» sei ihre Kindheit nicht gewesen, es lohne sich daher gar nicht, heute noch «großen Wirbel» darum zu machen.

Und noch etwas – ganz gleich, wie schlimm die eigene Vergangenheit war, man findet immer Beispiele dafür, wieviel schlimmer sie hätte sein können, oder kann auf andere hinweisen, die viel Schlimmeres durchgemacht haben als man selbst. Sandy beispielsweise hielt sich immer vor, daß ihr Leben, nachdem ihre Mutter sie verlassen hatte, einen viel schlimmeren Verlauf hätte nehmen können, als es tatsächlich der Fall war. Sie negierte nicht nur den Schmerz und das Gefühl der Unzulänglichkeit, die sie quälten, weil sie ausgesetzt worden war, sondern auch die Jahre der Depression, der Isolation und des Drogenmißbrauchs, die sie infolge der Verletzung ihres Selbstwertgefühls durchgemacht hatte.

Es gibt immer Möglichkeiten, den eigenen Schmerz zu bagatellisieren oder zuzudecken. Wenn unsere Eltern sich scheiden ließen, konnten wir uns beispielsweise damit trösten, daß sie wenigstens nicht um das Sorgerecht stritten oder uns nicht prügelten oder nicht getrunken haben. Wenn der Partner einen immer wieder betrog, konnte man sich damit trösten, daß er wenigstens nicht trank, daß er einen nicht prügelte oder verließ oder das ganze Geld verjubelte, so daß man zum Sozialfall wurde.

Diese Wahrnehmung der Dinge hindert einen daran, vom Karussell der Verleugnung abzuspringen und sein Leben selbst zu bestimmen.

Früher hat es mich belastet, aber jetzt bin ich darüber hinweg

Das ist die bei weitem am häufigsten vorkommende Art der Verleugnung. Aber sich in dem Glauben zu wiegen, man sei über diese schmerzlichen alten Erlebnisse hinweg und habe alles Unerledigte bereinigt, macht einen nicht nur blind für den Schaden, der zum Zeitpunkt der Verletzung angerichtet wurde, sondern hält einen außerdem davon ab, sich seine heutigen Schwierigkeiten einzugestehen – nämlich all das, was man unter der Wirkung der alten Verletzung getan hat und immer weiter tut.

Diese Art der Verleugnung ist so verlockend, weil man ja wirklich glauben möchte, daß einen die schmerzlichen alten Erlebnisse nicht mehr berühren. Jeden Hinweis darauf, daß das Gegenteil der Fall ist, wird man zurückweisen und sich selbst und anderen versichern, daß alles «bestens» sei. Und selbst wenn es nicht so ist, hält man unerschütterlich an seiner Überzeugung fest, daß das eigene Suchtverhalten, die Beziehungen, die dauernd in die Brüche gehen, die sexuelle Wahllosigkeit, die Unfähigkeit, sich in einer Arbeitsstellung zu halten, Depressionen, Magengeschwüre und andere aktuelle Probleme mit den Geschehnissen der Vergangenheit absolut nichts zu tun haben.

Ja, wenn man überhaupt einmal an diese alten Verletzungen denkt, findet man sich höchstens albern oder überempfindlich und meint, man mache da viel Lärm um nichts. Angesteckt von der vorherrschenden gesellschaftlichen Einstellung, daß man Geschehenes schnell vergessen und vorwärtsstreben sollte, ohne sich mit Rückblicken aufzuhalten, sagt man sich, «darüber müßte ich inzwischen wirklich hinweg sein», und macht sich vor, man sei tatsächlich darüber hinweg. Man erklärt sich für «geheilt», obwohl man die alten Verletzungen niemals wirklich verarbeitet hat, niemals ein Verständnis für die eigenen automatischen Reaktionen auf gewisse Menschen und gewisse Situationen gewonnen hat und diese Reaktionen daher nicht ändern kann. Auch wenn man das Gegenteil behauptet - man hat das Unerledigte nicht bereinigt. Man hat es nur sehr geschickt hinter einer Mauer der Verleugnung versteckt.

Der hohe Preis der Verleugnung

Sie fragen sich inzwischen vielleicht, was eigentlich so verwerflich daran ist, alte schmerzliche Erlebnisse zu vergessen. Wenn man gern glauben möchte, daß man nicht verletzt wurde oder die Verletzung überwunden hat, warum sollte man das nicht tun? Wenn es klappt, warum nicht die Illusion aufrechterhalten, alles sei in bester Ordnung? Die Antwortet lautet: Weil es auf die Dauer eben nicht klappt. Früher oder später wendet sich die Verleugnung gegen uns und führt uns in eine Sackgasse, aus der wir nicht mehr herauskommen.

Als wir Terry, 36, Leiterin eines Rehabilitationszentrums für Alkoholiker, kennenlernten, fiel uns als erstes ihr Lächeln auf, das ihre grünen Augen blitzen machte und ihr ganzes Gesicht erleuchtete. Niemals haben wir sie seitdem ohne dieses Lächeln gesehen. Immer strahlend, immer zu Gelächter aufgelegt, wirkte Terry wie eine außergewöhnlich lebensfrohe und unbeschwerte junge Frau.

Wie Suzanne war Terry in ihrer Kindheit sexuell mißbraucht worden. «Aber das sind uralte Geschichten», versicherte sie uns mit diesem leuchtenden Lächeln, das sich während des ganzen Gesprächs nicht ein einziges Mal trübte. «Das hat auf mein heutiges Leben keinen Einfluß. Ich denke sogar, daß es mir in mancher Hinsicht bei meiner Entwicklung geholfen hat.» Angesichts ihres ganzen Verhaltens und des Selbstbewußtseins, das sie ausstrahlte, als sie das sagte, fiel es leicht zu glauben, sie habe dieses alte Erlebnis wirklich verarbeitet, mit der Vergangenheit Frieden geschlossen und dem Mann, der sie mißbraucht hatte, ihrem Großvater, verziehen. Aber stimmte das?

«Es gab nichts zu verzeihen», protestierte sie und sah uns an, als wäre es absurd, etwas anderes zu denken. Ihr Ton klang beinahe entrüstet, als sie erklärte: «Ich war Großvaters kleines Prinzeßchen. Er liebte mich abgöttisch. Niemals hätte er mir weh getan.»

Sie sind jetzt wahrscheinlich genauso perplex, wie wir es waren, aber Terry glaubte jedes ihrer eigenen Worte. Mit Hilfe von Verleugnung hatte sie sich diesen Blickwinkel geschaffen und mehr als zwei Jahrzehnte lang bewahrt. Sie hatte nicht, wie wir das ursprünglich vermuteten, ihre alten Verletzungen geheilt. Sie konnte es gar nicht, weil sie vollkommen überzeugt war, es gäbe nichts zu heilen, der sexuelle Mißbrauch durch den Großvater habe ihr in keiner Weise geschadet.

Als Kind war Terry Samstag nachmittags, wenn ihre Mutter und ihre Großmutter in einem Krankenhaus am Ort arbeiteten, immer mit ihrem Großvater allein, und zwei Jahre lang wurde sie jeden Samstagnachmittag von ihrem Großvater sexuell belästigt. Mit ihren sieben Jahren war sie zu jung, um richtig zu verstehen, was da geschah und warum. Wie die meisten Kinder geneigt, die Dinge nur schwarz oder weiß zu sehen, rannte sie gegen eine Mauer, als sie versuchte, die Situation zu begreifen und mit ihr fertig zu werden. Die Dinge, die ihr Großvater tat, und die Handlungen, die er von ihr verlangte, machten ihr Angst, verletzten und verwirrten sie. Gleichzeitig war sie jedoch überzeugt davon, daß ihr Großvater, weil er sie so innig liebte, wie sie das glaubte, ihr niemals etwas antun würde, was ihr Schmerz bereitete. Da er sie nicht gleichzeitig lieben und verletzen konnte und da sie seine Liebe brauchte, um sich gut zu fühlen, konnte es also gar nicht sein, daß er sie verletzte. Ja, sie interpretierte die verletzenden Handlungen des Großvaters sogar in der Weise um, daß sie glauben konnte, sie schadeten ihr nicht nur keineswegs, sondern seien sogar eine Auszeichnung. Diese Vorstellung, die sich gewissermaßen automatisch formte und den wahren Sachverhalt verdeckte, wurde Terrys Wahrheit.

Aber als nach zwei Jahren die sexuellen Beziehungen zum Großvater endeten, die Terry gestattet hatten, sich als seine abgöttisch geliebte kleine Prinzessin zu fühlen, vermißte sie dieses angenehme Gefühl. Indem sie unbewußt die Realität «ummodelte» und den sexuellen Mißbrauch zum Beweis dafür erhob, daß sie etwas Besonderes sei, bereitete Terry, ohne es zu wollen, den Boden für 26 Jahre Jagd nach Selbstbestätigung durch Sexualität. Sie leugnete, verletzt worden zu sein, aber die Verletzung war da und übte eine tiefgreifende Wirkung auf ihre persönliche Entwicklung und ihr Leben aus.

Schon als Dreizehnjährige schlief Terry mit einem Jungen. Danach begann ihre erste «Promiskuitätsphase», wie sie selbst es nannte. Sie dauerte sieben Jahre, bis Terry eine «richtige» Beziehung zu einem ihrer Collegedozenten einging. Nach zwei Jahren war die Beziehung zu Ende, und es folgte ein Jahr wilder sexueller Aktivität mit zahllosen kurzen Affären und «einmaligen Gastspielen». Danach kam eine neue längere Beziehung, die wiederum nach zwei Jahren zu Ende war und der eine weitere Phase der Promiskuität folgte.

Mit 26 begann Terry eine Therapie, entließ sich aber nach nur drei Sitzungen selbst als geheilt. «Ich meine, es ist ja schließlich nicht unbedingt ein Problem, wenn einem Sex Spaß macht und man gut im Bett ist», meinte sie lachend.

Terry flatterte also munter weiter ihre Sackgasse hinunter. Zwei Schwangerschaftsabbrüche, mehrmalige Infektion mit Geschlechtskrankheiten, das Risiko, sich mit Aids zu infizieren, und Bedrohungen von seiten eines Liebhabers, dem es nicht paßte, einfach abserviert zu werden, konnten sie nicht schrecken. Sie setzte sogar ihr berufliches Ansehen aufs Spiel, indem sie mit Patienten des Rehabilitationszentrums schlief, das sie leitete. Sie ignorierte alle Gefahren, die mit ihren Phasen der Promiskuität einhergingen. Und der Schmerz, den sie fühlte, wenn ihr klar wurde, daß wieder eine Beziehung in die Brüche ging, wurde bagatellisiert, der Sammlung «schöner Erinnerungen» einverleibt, die sie anzulegen begann, als sie für sich beschloß, der sexuelle Mißbrauch in der Kindheit sei keine schmerzliche oder beängstigende Erfahrung gewesen, sondern eine positive.

Terry wiederholte ständig ihre Vergangenheit. Das ging so weit, daß jede ihrer ernsthaften Beziehungen genauso lang dauerte wie das Inzesterlebnis. Sie verleugnete die Gefahren, auf die sie sich einließ, genauso wie sie die Verletzung durch den Mißbrauch des Großvaters verleugnete. Sie lächelte ständig, aber sie rauchte auch zwei Packungen Zigaretten pro Tag und hatte ein Magengeschwür. Das Leben war nicht so heiter und unbeschwert, wie sie es sich vormachte. Sie zahlte ununterbrochen dafür, daß sie den alten Schmerz verleugnete.

Wenn wir, wie Terry, alte schmerzliche Erlebnisse bagatellisieren, rechtfertigen, rationalisieren, uminterpretieren, beschönigen oder rundweg verleugnen, kann es nur bergab gehen. Solange wir uns unseren Schmerz ausreden, unseren Kummer ertränken, unsere Angst betäuben, unsere Gefühle begraben, uns ständig ablenken, ein fröhliches Gesicht aufsetzen und aller Welt versichern, daß es uns «glänzend» geht, sind in unserem Leben keine positiven Veränderungen möglich. Unsere Probleme werden nicht gelöst. Unsere alten Verletzungen heilen nicht.

Die Verleugnung ist ein allgemein wirkendes Betäubungsmittel. Betäubt man *ein* Gefühl, so betäubt man sie alle. Vertreibt man die unangenehmen Gefühle, so vertreibt man die angenehmen gleich mit. Es ist daher unmöglich, wahres Glück oder irgendein anderes positives Gefühl zu empfinden, wenn man den alten Schmerz nicht zuläßt. Die Flucht vor unangenehmen Realitäten bezahlt man unter anderem mit dem Verlust von Freude, Lebenslust und innerem Frieden.

Man bezahlt auch mit dem Verlust an Energie und Enthusiasmus dafür; ständiges Verleugnen schwächt und erschöpft. Nehmen Sie sich einen Moment Zeit und stellen Sie sich vor oder erinnern Sie sich, wie es ist, wenn man an einem körperlichen Schmerz leidet. Stellen Sie sich vor, Sie hätten starke Rückenschmerzen, einen verstauchten Fuß oder heftige Kopfschmerzen, wollen aber dem Schmerz nicht «nachgeben». Sie mögen noch so krampfhaft versuchen, ihn zu ignorieren, er plagt sie ständig, hindert Sie daran, sich auf Schreibarbeiten oder Telefongespräche zu konzentrieren, macht Sie übellaunig und reizbar. Der ganze Tag wird vom Schmerz bestimmt. Sie können sich nicht so frei bewegen, wie Sie gern möchten, Sie können gewisse Dinge überhaupt nicht tun, weil Sie fürchten, sich erneut zu verletzen und sich noch stärkere Schmerzen einzuhandeln. Sie können gerade das Nötigste tun, und wenn endlich der Abend kommt, sind Sie so erschöpft, daß Sie sich nur noch vom Fernsehprogramm berieseln lassen oder ins Bett sinken können. Dieses Leben «auf Sparflamme» entspricht genau dem, das viele von uns führen, solange sie seelischen Schmerz verleugnen. Und mit jedem Tag, der vergeht, wird es schwieriger, den Schmerz durch Verleugnen in Schach zu halten.

Obwohl Verleugnen so einfach ist und man so viele überzeugende Gründe hat, dabei zu bleiben, hört dieses Abwehrsystem irgendwann auf zu funktionieren. Die Gefühle, die man vorübergehend lahmgelegt hat, beginnen sich wieder zu rühren. Erinnerungen an alte Verletzungen und altes Unrecht überfallen einen und lassen einen nicht mehr los. Wenn es so weit ist, können die inneren Abwehrmechanismen allein einen nicht mehr schützen. Will man die Verleugnung über eine ausgedehnte Zeitspanne aufrechterhalten, so bedarf man der Unterstützung; sie bietet sich an in Form von Alkohol, Drogen, Essen, Promiskuität, Clinch-Beziehungen, exzessiver Arbeit, Glücksspiel, Einkaufsorgien, Fernsehen ohne Ende und zahllosen anderen zwanghaften Verhaltensweisen oder Ablenkungsmanövern. Wenn Rationalisieren, Bagatellisieren und Ausblenden die Gedanken nicht mehr abwehren und den Ansturm beängstigender Gefühle nicht mehr aufhalten können, greift man zu den in Kapitel 3 beschriebenen

Mitteln, die den Schmerz betäuben oder die Leere füllen sollen, und halst sich damit neue Probleme auf.

Diese neuen Probleme werden zu einem weiteren Mittel, die Konfrontation mit dem eigentlichen, dem «großen» Problem zu vermeiden. «Nur» das Übergewicht, die Sucht, die Arbeit, die schlechte Ehe, die finanziellen Schwierigkeiten, behauptet man, seien schuld am ganzen Unglück, und schaut nicht tiefer, sieht sich das niemals bereinigte alte Problem, das einen erst in diese Sackgasse geführt hat, nicht an. Aber da man die aktuellen Probleme als Schutz vor den alten schmerzlichen Erlebnissen braucht, denen ins Auge zu sehen man noch nicht bereit ist, kann man sie niemals wirklich lösen. Man fängt Hungerkuren an, aber fünf Pfund vor dem Ziel wirft man das Handtuch. Man beendet eine zerstörerische Beziehung und landet sogleich in der nächsten. Man hört auf zu trinken, aber nach einigen Wochen oder Monaten der Enthaltsamkeit wird man rückfällig und trinkt mehr denn je.

Man floh vor dem Schmerz, weil man leben wollte. Doch statt dessen ist man im Kreislauf der Verleugnung hängengeblieben.

Wie kann man den Kreislauf der Verleugnung durchbrechen?

«Als ich 33 war, gab es in meinem Leben weder Liebe noch Frieden. Ich war unfähig, etwas zu verändern, und fühlte mich völlig gefangen in dieser zermürbenden Existenz.

Hinzu kam, daß es mir zunehmend schwerer fiel zu leugnen, daß der Inzest mein Leben gravierend beeinflußt hatte. Es wurde immer offenkundiger, daß meine Vergangenheit in der Tat höchst lebendig war. Während ich immer heftiger versuchte, meine Gefühle zu unterdrücken, trieben sie mich einem Wendepunkt entgegen. Ich ahnte nicht, daß ich mich schon sehr bald würde entscheiden müssen, ob ich weiterhin ein von altem Schmerz gequältes Leben führen oder endlich den ersten Schritt zur Heilung tun wollte.

In dieser Zeit inneren Aufruhrs und innerer Verwirrung besuchten mich meine Schwester und ihre Familie. Bei diesem Besuch kam es zwischen meiner Schwester und mir zu einem Streit. Ich weiß nicht mehr, was den Streit auslöste, aber in dem Bemühen, ihn beizulegen, beschlossen wir, aus dem Haus zu gehen und einen Spaziergang zu machen. Zunächst schien das nicht gerade die beste Idee gewesen zu sein; der kleinliche Streit artete zu einem Riesenkrach aus. In meiner Wut beschuldigte ich meine Schwester, zu viel von mir zu verlangen. ‹Ich soll immer nur funktionieren›, schrie ich, ‹aber das kann ich nicht. Ich habe genug damit zu tun, mich mit Dingen herumzuschlagen, die mir angetan wurden, von denen du keine Ahnung hast.›

Da begann sie plötzlich und für mich völlig unerklärlich zu weinen. Sie schluchzte genauso bitterlich, wie ich das in den vergangenen Monaten und Jahren immer wieder getan hatte.

‹Was für Dinge?› fragte sie, aber ich konnte es ihr nicht sagen. Sie fragte noch einmal und fügte diesmal eine zweite Frage hinzu: ‹Hat es mit Vater zu tun?› Als ich nickte, sagte sie nur: ‹Mein Gott, du auch?›

So erfuhr ich, daß nicht nur ich von unserem Vater mißbraucht worden war, daß nicht nur ich jahrelang schweigend gelitten und das Geheimnis gehütet hatte. Zum ersten Mal in meinem Leben hatte ich eine Verbündete, einen Menschen, der meine Gefühle verstehen konnte, weil er sie aus eigener Erfahrung kannte. Meine Schwester hatte sich bereits eingestanden, daß sie durch den Mißbrauch tief verletzt worden war, und konnte mir darum als Vorbild dienen. Sie riet mir, die Therapie wieder aufzunehmen und diesmal über den Mißbrauch zu sprechen.»

Durch das Gespräch mit der Schwester, die als Kind wie sie vom Vater mißbraucht worden war, kam Suzanne an einen Wendepunkt ihres Heilungsprozesses. Aber das wäre früher oder später auch so geschehen. Es hätte vielleicht länger gedauert, denn sie hätte nicht die Schwester als Verbündete gehabt. Die folgenden Phasen ihres Heilungsprozesses wären vielleicht anders verlaufen, aber irgendwann hätte sie sich am Ziel gesehen. Wir weisen auf diese Tatsache deshalb so ausdrücklich hin, damit bei Ihnen nicht der Eindruck entsteht, es bedürfe eines äußeren Anlasses – über den Sie keine Kontrolle haben –, um die Veränderung zu schaffen. Ihr Prozeß innerer Heilung wird möglicherweise von den Geschehnissen um Sie herum *beeinflußt*, aber *bestimmt* wird er von diesen äußeren Kräften nicht. Sie können die Phase der Verleugnung hinter sich lassen, wann immer sie sich dafür entscheiden.

Von Bedeutung ist auch, daß Suzannes Gespräch mit der Schwester für sie nicht zum Wendepunkt geworden wäre, wenn sie sich nicht entschieden hätte, die Gelegenheit zu nutzen; wenn sie auf die Frage ihrer Schwester, ob ihre Not etwas mit dem Vater zu tun habe, verschwiegen hätte, was sie quälte, oder wenn sie gelogen hätte. In den zwanzig Jahren, die seit der Beendigung des Mißbrauchs vergangen waren, hatten sich Suzanne viele andere Gelegenheiten geboten, die Verleugnung aufzugeben, beispielsweise als sie die Beratungsstelle aufsuchte. Aber sie hatte keine dieser Gelegenheiten ergriffen, weil sie damals noch nicht bereit war, den Kreislauf der Verleugnung zu durchbrechen. Erst zum Zeitpunkt des Gesprächs mit ihrer Schwester hatte sie die Bereitschaft erreicht, die es ihr ermöglichte, dem alten schmerzlichen Erlebnis ins Auge zu sehen, auch wenn das für sie mit neuem Schmerz verbunden war.

«Meine Schwester gab mir den Anstoß, endlich etwas zu tun, aber wenn ich ehrlich sein soll, muß ich sagen, daß ich die ersten Schritte nur sehr widerstrebend unternahm. Ich stand an der Schwelle zur Veränderung, aber aus meiner Perspektive nahm es sich aus wie der Rand eines Abgrunds. Ich war überzeugt, der nächste Schritt, gleich, in welcher Richtung, würde mich in bodenlose Tiefen stürzen. Am liebsten wäre ich davongelaufen. Ich fand, ich hätte schon genug gelitten.

Als ich in das Zimmer der Therapeutin trat, zog ich gar nicht erst meinen Mantel aus, sondern fragte sofort: ‹Machen Sie Hypnose?› Sie bat mich, erst einmal Platz zu nehmen, aber ich wiederholte nur meine Frage. Ich wünschte mir nichts mehr, als hypnotisiert zu werden und suggeriert zu bekommen, der sexuelle Mißbrauch sei nie geschehen, und auf der Stelle geheilt wieder nach Hause gehen zu können. Sie können sich wahrscheinlich vorstellen, wie entsetzt ich darum war, als diese Therapeutin mir erklärte: ‹Der einzige Weg aus dem Schmerz führt durch ihn hindurch.› Ich wollte aber durch keinen Schmerz mehr hindurchgehen.»

Wenn man die Verleugnung aufgibt, verschlimmert sich der Schmerz, und man gerät dadurch in Versuchung, ihn von neuem zu verleugnen. Wenn es Ihnen so geht, sollten Sie daran denken, daß sich Ihre Gefühle durch Verleugnen nicht aus der Welt schaffen lassen. Wie Suzannes Therapeutin sagte: «Man kann Gefühle nicht unter den Teppich kehren. Sie bäumen sich auf und schlagen Falten, über die man stolpert.»

Sie brauchen nicht weiterhin über Ihre eigenen Gefühle zu stolpern. Sie können sie unter dem Teppich hervorholen und erkennen, daß Fühlen, selbst das Fühlen von Schmerz, ein Schritt zur Genesung ist.

Weitergehen

Wenn Sie bereit sind, die «wesentlichen» Verletzungen aufs Korn zu nehmen, die, welche Sie bis heute vor sich selbst verborgen gehalten haben, werden Ihnen die folgenden Strategien helfen, aus der Verleugnungsphase des Heilungsprozesses herauszufinden.

Sollten Sie dazu noch nicht bereit sein, sollte es Dinge geben, die anzuschauen immer noch zu schmerzlich für Sie ist, so ist auch das in Ordnung. Die Bereitschaft, sich mit ihnen zu konfrontieren, wird kommen, in der Ihnen gemäßen Zeit. Benützen Sie die nachfolgenden Strategien dann einfach dazu, Ihr Verständnis jener Verletzungen und Ungerechtigkeiten zu vertiefen, mit denen Sie im Moment besser zurechtkommen.

Wenn Sie die letzte Übung, in der es darum ging, Namen zu nennen, noch nicht abgeschlossen haben, dann kehren Sie jetzt zu ihr zurück. Denken Sie daran, wie Sie verletzt wurden, schreiben Sie die Personen und Institutionen auf, die Ihnen Schmerz bereiteten, kennzeichnen Sie die, denen Sie verziehen haben, und beschreiben Sie schriftlich und in aller Ausführlichkeit, wie drei dieser Personen oder Institutionen Sie verletzt haben. Wenn möglich, nehmen Sie wenigstens eine «wesentliche» Verletzung dazu.

Klärungsstrategie Nr. 3: Anerkennen statt Verleugnen

«Ich wurde verletzt.»

«Was mir angetan wurde, tut immer noch weh.»

«So hätte man mich nicht behandeln dürfen.»

«Es war unrecht.»

«Ich habe unter dem gelitten, was ich durchgemacht habe.»

«Ich habe es heute noch nicht überwunden.»

«Es war wirklich schlimm.»

Das sind Aussagen, die anerkennen statt zu verleugnen. Sie bestätigen die Tatsache, daß man verletzt wurde und daß die Verletzungen und das Unrecht, die einem angetan wurden, nicht ohne Wirkung geblieben sind. Fallen Ihnen noch andere solche Aussagen ein, so schreiben Sie sie auf.

Dann lesen Sie eine nach der anderen die Beschreibungen Ihrer Verletzungen durch, die Sie als Teil der Klärungsstrategie 2 niedergeschrieben haben. Sobald Sie eine Beschreibung fertiggelesen haben, lesen Sie die bestätigenden Aussagen. Lesen Sie sie laut. Schreien Sie sie heraus, wenn Sie wollen. Gestehen Sie sich endlich ein, daß der Mißbrauch, der Verrat, die Verspottung, die Zurückweisung oder die Demütigung wirklich erfolgten und wirklich verletzten, und bestärken Sie sich so in Ihrer Entschlossenheit, sie nicht mehr zu verleugnen.

Klärungsstrategie Nr. 4: Ein Brief mit der Bitte um Verzeihung

Jetzt sollen Sie einen Brief schreiben, einen Brief, der an Sie selbst gerichtet und von jemandem geschrieben ist, der Sie verletzt hat. Es soll eine Bitte um Verzeihung sein. Sie schreiben diesen Brief aus der Perspektive eines Menschen, der Sie verletzt hat und Sie jetzt um Verzeihung bittet.

Entscheiden Sie zuerst, von wem der Brief sein soll. Es kann einer der drei Menschen sein, der Ihnen eine der in Übung 2 beschriebenen schweren Verletzungen zugefügt hat. Es kann aber auch eine andere Person sein. Es spielt keine Rolle, daß diese Person Sie in Wirklichkeit vielleicht niemals um Verzeihung bitten wird. Entscheidend ist, daß dieser Mensch Sie verletzte und Ihnen eine Entschuldigung schuldet.

Sobald Sie sich entschieden haben, von wem der Brief sein soll, fangen Sie an, ihn aus der Perspektive der betreffenden Person zu schreiben. Es soll eine Entschuldigung sein, die dem entspricht, was Sie verdient haben, und die Worte sollen das ausdrücken, was Sie brauchen. Die folgenden Briefe, die von Teilnehmern unserer Seminare geschrieben wurden, können Ihnen vielleicht als Anregung dienen.

Lieber Vincent,
ich möchte Dir sagen, wie leid es mir tut, daß ich Dich nie wirklich kennengelernt habe, weil ich Dich weggegeben habe. Ich kann nicht von Dir erwarten, daß Du verstehst, daß ich Dich nicht bei mir behalten habe, weil ich mich so sehr schämte, nicht verheiratet zu sein. Ich kann nicht erwarten, daß Du verstehst, daß ich Dich nicht bei mir behalten konnte, weil meine Eltern um ihr Ansehen fürchteten. Ich kann nicht erwarten, daß Du verstehst, daß ich Dich niemals in den Armen halten und eine Bindung zu Dir herstellen konnte, weil ich es für das Beste hielt, daß die Hebamme Dich sofort wegbrachte. Nein, das ist nicht zu verstehen.

Ich wollte, ich könnte Dich sehen. Ich wollte, ich könnte Dich nur ein einziges Mal an mich drücken. Ich wollte, wir hätten zusammen alt werden können. Du sollst wissen, daß ich Dich nie verletzen wollte. Es geht mir gut, und ich bin glücklich. Das Leben war gut zu mir. Ich hoffe und vertraue darauf, daß Du glücklich bist und alle Deine Fähigkeiten entfalten kannst. Ich bin froh, daß ich dies geschrieben habe, froh, daß ich Dir endlich meine Liebe mitgeteilt habe.

Mutter

Lieber Jeffrey,
ich will versuchen, Dir mit diesem Brief zu erklären, warum ich Dich als Sohn zurückgewiesen habe.
Deine Mutter schien Dich abgöttisch zu lieben. Du warst ihre ganze Freude und ihr ganzer Stolz. Du bist zwischen sie und mich getreten. Im Grunde war ich stolz auf Dich, mein Junge, aber immer suchte ich bei Dir nach Fehlern und kritisierte Dich. Weil ich litt. Weil sie Dich mir vorzog.
Ich hätte wissen müssen, daß Du nichts dafür konntest, Du warst ja nur ein hilfloses Kind. Du warst intelligent, also machte ich mich über Deine schulischen Leistungen lustig. Du warst ein begabter Junge, und ich ignorierte Dich und Deine Leistungen, weil ich eifersüchtig war!
Ich wollte, ich könnte noch einmal von vorn anfangen und meinen Sohn wirklich würdigen. Aber damals litt ich zu sehr. Es tut mir leid, daß ich Dir wehgetan habe. In Liebe

Dein Vater

Liebe Laura,
ich hatte keine Ahnung, wie sehr ich Dich durch meine Erziehungsmethode verletzte. Ich wollte immer nur das Beste für Dich, und ich glaubte, das würde ich erreichen, wenn ich Dich beschützte, indem ich Dir vor allem und jedem angst machte. Genauso glaubte ich, wenn ich Dir nur immer sagte, du könntest es noch besser machen, würdest Du Deine Ziele noch höher

stecken – ach, ich glaube, ich wollte einfach, daß Du alles bekommst, was ich nie gehabt hatte.
Nie war es meine Absicht, so über Dich zu sprechen, als wärst Du nicht vorhanden, und niemals wollte ich egoistisch erscheinen, aber die Verantwortung als Mutter überforderte mich, und ich wollte auf keinen Fall Fehler machen. Darum konnte ich wohl niemals sagen, daß mir irgend etwas leid tat. Statt dessen wurde ich ärgerlich auf Dich, als wäre jeder Fehler, den ich als Mutter machte, Deine Schuld.
Ich glaube, das tue ich heute noch, und das muß schlimm für Dich sein. Vielleicht bin ich zu alt, um mich noch zu ändern. Aber ich möchte es versuchen. Ich hab Dich lieb!

Mama

Mit so einem Brief können Sie die Mauer der Verleugnung einreißen, die Sie um dieses besonders schmerzliche Erlebnis aus Ihrer Vergangenheit errichtet haben. Schon in dem Eingeständnis, daß ein solcher Brief geschrieben werden *könnte*, liegt das Eingeständnis, daß die Verletzung oder das Unrecht wirklich geschehen ist. Wenn Sie den Brief aber tatsächlich schreiben, gehen Sie noch einen Schritt weiter. Sie bestätigen damit – schriftlich –, daß Sie verletzt wurden und daß Sie sich dieser Tatsache bewußt sind. Sie verleugnen es nicht mehr.

Ob es Tage oder Jahrzehnte braucht, irgendwann werden Sie die Verleugnungsphase des Heilungsprozesses hinter sich lassen. Dieser Tag kommt, wenn Sie sich

- eingestehen, daß Sie verletzt wurden;
- eingestehen, daß Sie den Schmerz immer noch fühlen; sich bewußt sind, daß Sie über Ihre Erlebnisse sprechen können, ohne vernichtet zu werden;
- es nicht mehr nötig haben,
  Ihre Gefühle «abzuschalten»,
  unangenehme Gedanken wegzuschieben,
  den Zusammenhang zwischen Ihren heutigen Lebensumstän-

den und den alten schmerzlichen Erlebnissen zu ignorieren, zu bagatellisieren oder als bedeutungslos abzutun.

Sie müssen damit rechnen, daß Sie von Zeit zu Zeit in diese Phase zurückfallen, besonders wenn Sie sich von neuen Ereignissen oder alten Gefühlen überwältigt fühlen, wenn die Anforderungen des Tages vor der Auseinandersetzung mit gewissen Fragen Vorrang verlangen.

Wenn Sie merken, daß Sie längere Zeit nicht wieder aus dieser Phase herausfinden, sollten Sie sich fragen: Was geht *zur Zeit* in meinem Leben vor? Es ist anzunehmen, daß Sie sich anderen Belastungen ausgesetzt sehen und intuitiv wissen, daß *zur Zeit* nicht der geeignete Moment ist, sich mit dieser anderen «wesentlichen» Verletzung auseinanderzusetzen. Vielleicht macht man gerade eine Scheidung durch oder wechselt die Stellung oder zieht um, oder eines der Kinder ist ernstlich krank. Solche Situationen nehmen einen stark in Anspruch, und es bleibt wenig Energie, um sich mit alten Problemen zu befassen. In einem solchen Fall wäre es ganz vernünftig, sich von der Vergangenheit abzuschirmen und die Dinge vorübergehend aufs Abstellgleis zu schieben, während man seine Zeit und seine Kraft auf die aktuellen Probleme konzentriert.

Aber da Sie jetzt wissen, was Verleugnung ist, was man sagt und wie man handelt, solange man sich in der Verleugnungsphase befindet, ist es weniger wahrscheinlich, daß Sie nochmals über längere Zeit in dieser Phase verharren werden. Ihr Wissen, daß die Verleugnung Sie letztendlich wieder in eine Sackgasse führen wird, befähigt Sie, sich schneller als zuvor zu entschließen, wieder auf die Hauptstraße zurückzukehren.

Wenn Sie die Phase der Verleugnung hinter sich gelassen haben, werden Sie in eine von drei weiteren Phasen eintreten – die der Schuldübernahme, des Opfers oder der Empörung. Sie werden im Laufe Ihres Heilungsprozesses jede dieser Phasen durchlaufen. Obwohl die der Schuldübernahme nicht unbedingt die erste sein muß, wollen wir sie als nächste beschreiben.

6 Schuldübernahme

Unmöglich, dachte Harriet, als sie hörte, daß ihr Mann Larry sie betrog. Aber sie verleugnete den Sachverhalt nicht lange. Ihr Schmerz und ihre Verwirrung ließen sich immer nur für ein paar Stunden unterdrücken, und sehr bald versuchte sie gar nicht mehr, das Geschehen zu verleugnen, sondern war viel mehr daran interessiert, eine Erklärung dafür zu finden. Die Formulierung, die sie für ihre Frage nach der Erklärung wählte, ist jedem, der schon einmal verletzt wurde, nur zu vertraut. Was habe ich getan, um das zu verdienen? fragte sie sich immer wieder.

Da es in ihrer Ehe kriselte, seit sie ihre Teilzeitarbeit aufgegeben hatte, um eine eigene Werkstatt für Raumgestaltung zu eröffnen, hatte Harriet auf diese Frage gleich eine ganze Reihe von Antworten parat. Und als sie die Aussprache mit Larry herbeiführte, bestätigten seine Vorwürfe ihre bösen Ahnungen.

Wohl in der Annahme, Angriff sei die beste Verteidigung, sagte Larry ihr klipp und klar, daß seine Untreue im Vergleich zu ihren Sünden die reinste Bagatelle sei. Sie sei ja viel mehr an ihrer Karriere interessiert als an ihrer Ehe.

«Ich konnte verstehen, daß er diesen Eindruck hatte», erklärte Harriet. «Ich hatte wirklich eine Menge Zeit und Energie in meine Bemühungen gesteckt, meine Firma in Schwung zu bringen. Und ich fand meine berufliche Arbeit wirklich viel interessanter als Kochen und Putzen und mich auf Betriebsfesten mit seinen Kollegen zu unterhalten. Ich hatte ihn wirklich vernachlässigt.»

Larry, dessen eigene Karriere im Bankgeschäft stagnierte, warf Harriet außerdem vor, ihm dauernd ihren eigenen Erfolg «unter die Nase zu reiben». Er sah ihre Begeisterung für ihre Arbeit und die Berichte über die Anerkennung, die sie von vielen Seiten bekam, als Angriffe auf seine Männlichkeit. Und da sie häufig so müde war oder so viel anderes im Kopf hatte, daß sie keine Lust verspürte, mit ihm zu schlafen, sagte er, «im Bett sei auch nichts mehr los». Es sei von ihm vielleicht nicht in Ordnung gewesen, ein Verhältnis anzufangen, aber sie habe ihn dazu getrieben.

Eigentlich könnte es einen wütend machen, wenn man vom Ehepartner zu hören bekommt, man sei selbst schuld an seinem Seitensprung, aber Harriet nahm sich Larrys Vorwürfe zu Herzen, und da sie nicht ganz unbegründet waren, übernahm sie die gesamte Verantwortung für seine Untreue. Als die Auseinandersetzung endete, versprach Larry, die Affäre mit der anderen Frau zu beenden, und Harriet versprach, ihm eine bessere Ehefrau und Geliebte zu sein.

Monatelang strampelte sie sich in dem Bemühen ab, ihm die ideale Partnerin zu sein und gleichzeitig ihr Geschäft zu führen. Sie sagte eigene Termine ab, um an Larrys Seite bei geschäftlichen Veranstaltungen erscheinen zu können, und arbeitete in ihrer Firma tagsüber wie eine Wilde, damit sie nur ja abends keine Arbeit mit nach Hause nehmen mußte. Sie arrangierte romantische Abendessen bei Kerzenlicht, machte sich schön für ihn und schlief mit ihm, wann immer er wollte – auch wenn sie nicht dazu aufgelegt war.

«Ich habe mich fast verrückt gemacht, um nur ja die Frau zu sein, die er angeblich haben wollte», sagte Harriet seufzend. «Ich versuchte verzweifelt, alles wiedergutzumachen. Aber es war offenbar zu spät, um den Schaden wieder zu reparieren, den ich angerichtet hatte, oder ich hab's einfach nicht richtig gemacht. Jedenfalls habe ich's nicht geschafft.»

Zu dieser Schlußfolgerung kam Harriet, als sie erfuhr, daß Larry die Beziehung zu der anderen Frau wiederaufgenommen hatte. «Als ich das hörte, machte ich den größten Fehler meines Lebens», sagte sie. Sie stopfte nämlich Larrys Sachen in zwei Müllsäcke, fuhr zur Bank, marschierte schnurstracks in das Arbeitszimmer seiner Geliebten und knallte ihr Larrys Sachen auf den Schreibtisch.

«Sie können ihn haben, wenn Sie ihn wollen», sagte ich. Dann kam Larry, und ich fing an, ihn anzubrüllen. Ich machte eine fürchterliche Szene, die bestimmt das ganze Büro mitbekommen hat.»

Harriet begann zu weinen. «Es ist alles meine Schuld. Wäre ich ihm von Anfang an eine gute Frau gewesen, dann hätte er niemals etwas mit einer anderen Frau angefangen. Wenn ich mein Geschäft ein bißchen in den Hintergrund gestellt und mich ihm mehr gewidmet hätte, hätte ich ihn zurückgewinnen können. Und ich hätte natürlich niemals so ausflippen dürfen, wie ich das tat.

Nur meiner eigenen Dummheit habe ich es zu verdanken, daß er jetzt bei der Verhandlung über das Sorgerecht für die Kinder ein ganzes Regiment Zeugen präsentieren kann, die bereit sind zu schwören, daß ich verrückt sei und unfähig, meine eigenen Kinder großzuziehen. Und vielleicht hat er ja recht. Vielleicht bin ich wirklich so egozentrisch und kalt, wie er behauptet. Ich weiß es selbst nicht mehr.»

Nach kurzem Aufenthalt in der Verleugnungsphase reiste Harriet also geradewegs in die Phase der Schuldübernahme weiter. Sie richtete ihre ganze Aufmerksamkeit auf die Frage, inwieweit sie das Problem selbst verursacht haben könnte, fand eine Erklärung für den Grund der Verletzung, die ihr angetan worden war, und zugleich, wie sie meinte, eine Möglichkeit, das Problem zu lösen und neuerliche Verletzung zu vermeiden. Aber Harriets Schlußfolgerungen waren falsch – wie unsere Schlußfolgerungen immer falsch sind, wenn wir die Schuld an Verletzungen und an Unrecht übernehmen, die von anderen begangen wurden –, und die Maßnahmen, die sie ergriff, wirkten daher nicht. Sie wurde erneut verletzt und gab wieder sich selbst die Schuld daran. Sie geriet in einen Teufelskreis der Selbstvorwürfe und der Selbstbestrafung. Wenn sie nicht gerade über die schmerzliche und völlig unerwartete Wendung in ihrem Leben nachdenkt, quält sie sich mit Vorwürfen dafür, daß sie eine Situation herbeigeführt hat, die sie in Schmerz und Verwirrung stürzen mußte.

Schuldübernahme

Wenn wir nicht mehr zu verleugnen brauchen, was man uns angetan hat, haben wir einen großen Schritt auf unserem Weg zu Heilung und Verzeihen gemacht, aber damit werden wir auch mit Realitäten konfrontiert, die nicht nur schmerzhaft, sondern auch unbegreiflich sind. Schmerzliche alte Erlebnisse können uns in unseren tiefsten Überzeugungen von uns selbst und anderen Menschen erschüttern.

«In meinen schlimmsten Träumen hätte ich mir nicht vorgestellt, daß mir so etwas passieren könnte», sagte Harriet. «Natürlich betrügen Männer ihre Frauen seit ewigen Zeiten, aber niemals hätte ich geglaubt, daß mein Mann mich betrügen würde. Ich war immer überzeugt, daß unsere Ehe halten würde, auch wenn alle anderen Ehen rundherum in die Brüche gehen sollten. Und daß ich nun auch noch mit Larry um das Sorgerecht für unsere Kinder streiten muß, daß wir um die Liebe unserer Kinder konkurrieren – ich kann es einfach nicht fassen! Es ist völlig unverständlich.»

Ja, es ist unverständlich. Es ist immer unverständlich, wenn die Menschen, die man liebt, denen man vertraut, auf die man sich verläßt, einen verletzen, verraten oder enttäuschen. Mit dem Zustand der Verwirrung, in dem man sich nach einer Verletzung befindet, ist ebenso schwer fertig zu werden wie mit dem Schmerz.

Das ist der Grund, warum man in der Phase der Schuldübernahme verzweifelt versucht, das Unbegreifliche zu begreifen und Erklärungen für das Unerklärliche zu finden, indem man die ganze Verantwortung für die verletzenden Dinge übernimmt, die andere einem angetan haben.

«Warum geschieht das ausgerechnet mir?»

In der Phase der Schuldübernahme sagen Sie sich, daß Ihnen das Schlimme geschah

- weil Sie etwas taten, womit Sie es herbeiführten;
- weil Sie in irgendeiner Hinsicht nicht gut genug waren;
- weil Sie nicht alles taten, was Sie hätten tun können, um es zu verhindern;
- weil Sie die Verletzung selbst herausforderten, indem
- Sie zuviel erwarteten oder die Vorzeichen der kommenden Katastrophe nicht beachteten.

Sie machen sich selbst verantwortlich für die Handlungen anderer und sprechen diese von jeglicher Verantwortung frei, geradeso wie Marcy das mit ihren alkoholabhängigen Eltern tat.

Wenn man Marcy glauben darf, waren ihre Eltern in nüchternem Zustand «die normalsten, liebevollsten Eltern der Welt, und alles war in bester Ordnung.» Hatten sie aber getrunken, so wurde ihr Verhalten völlig unverständlich. «Sie lachten sich kaputt über Dinge, die überhaupt nicht komisch waren», erinnert sich Marcy. «Zum Beispiel, wenn das Essen so angebrannt war, daß man es nur noch wegwerfen konnte, oder wenn sie das Auto demoliert hatten oder einer von ihnen im Suff die Treppe hinunterfiel. Oder sie kriegten plötzlich einen Wutanfall, brüllten und fluchten und schmissen mit Gegenständen herum. Sie ‹vergaßen›, uns von der Schule abzuholen, für das Essen einzukaufen oder überhaupt nach Hause zu kommen. Sie kamen völlig betrunken zu Schulveranstaltungen oder klappten irgendwo im Haus zusammen und schliefen da ihren Rausch aus, oder sie ließen uns stundenlang im Auto sitzen, während sie in einer Kneipe verschwanden, um ‹schnell› einen zu kippen.»

Unzählige solcher Verwandlungen hatte Marcy bis zu ihrem zehnten Lebensjahr miterlebt. Sie hatte registriert, daß ihre Mutter jedesmal nach der Flasche griff, wenn irgend etwas sie aufregte. Sie hatte ihren Vater tausendmal wettern hören, daß er nur trinken müsse, weil ihn alles so «nerve». Sie hatte erlebt, daß ihre Eltern sich nicht wie normale Eltern verhielten, wenn sie betrunken waren, und sie war zu dem Schluß gekommen, daß sie nur tranken, wenn sie sich aufregten. Darum glaubte sie: «Wenn ich alles täte, um meinen Eltern jede Aufregung zu ersparen, würden sie nicht mehr trinken, und wir könnten ein normales Leben führen.»

In der Phase der Schuldübernahme macht man sich nicht nur selbst verantwortlich für die Verletzungen und für das Unrecht, das einem von anderen angetan wurde, sondern man richtet außerdem seine Aufmerksamkeit einzig auf die Frage, was man selbst tat, um «all das» zu verdienen, oder zu tun versäumte, um sie zu verhindern. Und selbst wenn man trotz großer Bemühungen nichts Bestimmtes entdeckt, was man sagte oder tat, um den anderen zu der verletzenden Handlung zu veranlassen, glaubt man dennoch, man sei schuld daran. Vielleicht glaubt man, wie Suzanne, man habe einfach irgend etwas an sich, das andere unwillkürlich reizte, ihr Gegenüber zu verletzen.

«In den sechs Jahren des sexuellen Mißbrauchs durch meinen Vater glaubte ich nie, daß ich etwas getan hätte, um den Mißbrauch herauszufordern. Aber ich glaubte fest, ich hätte etwas an mir, was seine Begierde auf mich lenkte. Mit meinen sechs Jahren wußte ich im Grund nur das über mich, was meine Eltern und andere Erwachsene mir sagten, und das einzige, was ich über mich selbst zu hören bekam, war: ‹Bist du aber ein hübsches kleines Ding!› Kein Mensch sagte je etwas davon, daß ich vielleicht auch brav oder gescheit oder phantasievoll oder sonst was sei, nein, immer nur hörte ich, wie hübsch ich sei. Damit stand für mich fest, daß nur hübsche kleine Mädchen von ihren Vätern mißbraucht werden. Wenn ich nicht hübsch wäre, dachte ich, würde Vater mich in Ruhe lassen.

Verständlicherweise wünschte ich mir aus tiefstem Herzen, anders auszusehen. Ich wünschte mir, ich würde eines Morgens aufwachen und häßlich sein. Als der Mißbrauch aufhörte, machte ich mir nicht mehr so viele Gedanken über mein Aussehen. Aber es blieb über Jahre hinaus die Überzeugung, daß etwas an mir nicht in Ordnung, daß ich irgendwie ‹verkorkst› sei und dadurch immer in irgendwelche Schwierigkeiten geraten würde. Sobald mir irgend etwas Unangenehmes oder Unerwartetes passierte, war ich überzeugt, es auf mich gezogen, es aufgrund eines angeborenen Fehlers, den ich nicht einmal benennen konnte, verdient zu haben, daß man mich verletzte, enttäuschte oder verriet.»

Unfähig zu glauben, daß Schlimmes manchmal auch guten Menschen geschieht, geben wir uns selbst – und einzig uns selbst – die Schuld an dem Geschehnis, auch wenn es überhaupt nicht von uns verursacht worden sein kann.

«Das wäre nicht geschehen, wenn ...»

So stark ist das Bedürfnis, die Schuld an der einem zugefügten Verletzung zu übernehmen, daß die Opfer schwerer Verbrechen – völlig wahllos überfallen von Kriminellen, die auf Vergewaltigung, Raub oder Mißhandlung aus waren – sich häufig dafür verantwortlich fühlen, daß sie zu Opfern wurden. «Wenn ich nur nicht durch diese Straße gegangen wäre, dann wäre mir nichts passiert», sagen sie. «Wenn ich nur früher aus dem Büro weggegangen, wenn ich mir nur einen näher gelegenen Parkplatz gesucht, wenn ich nur andere Kleidung getragen hätte. Wenn ich mich nur gewehrt oder geschrien, wenn ich mich nur nicht gewehrt und den Mund gehalten hätte ...»

Natürlich sind die Opfer schwerer Verbrechen nicht die einzigen, die solche Überlegungen anstellen. Infolge der unerwünschten Schwangerschaft seiner Freundin in eine Muß-Ehe gezwungen, von den Anforderungen des Medizinstudiums ausgelaugt, auf finanzielle Unterstützung der Eltern und Schwiegereltern angewiesen und dennoch immer gezwungen, sich nach der Decke zu strecken, war Warrens Vater keineswegs mit seinem Leben zufrieden und zeigte es. Warren merkte es. Er erlebte einen Mann, der kalt und distanziert war, der ständig an seiner Frau herumnörgelte, selten zu Hause war und wenn, seinen Sohn kaum beachtete. Warren sah das alles und glaubte, es sei seine Schuld. Ach, wäre ich doch nie geboren, dachte er, dann wären meine Eltern glücklich. Wenn sein Vater ihn behandelte, als sei er nicht vorhanden, oder ihn verscheuchte «wie eine lästige Fliege», glaubte Warren jedesmal, es nicht anders zu verdienen. Wenn ich nur ein besserer Sohn wäre, dachte er, dann würde mein Vater mich lieben.

«Wenn ich nur diese Szene nicht gemacht hätte», sagte Harriet, «dann würde Larry jetzt nicht versuchen, die Kinder gegen mich aufzuhetzen.»

«Wenn ich es nur meiner Mutter gesagt hätte», meinte Suzanne, «dann hätte sie eingegriffen.»

«Wenn ich nur alles besser im Griff gehabt hätte», sagte Marcy, «dann hätte ich meine Eltern davon abhalten können zu trinken.»

«Wenn nur» heißt das Zauberwort in der Phase der Schuldübernahme.

Wenn man nur

- nein gesagt,
- den Mund gehalten,
- seinem Instinkt vertraut hätte,
- ein besserer Sohn oder eine bessere Tochter, ein besserer Vater oder eine bessere Mutter oder überhaupt ein besserer Mensch gewesen wäre ...

Wenn man nur nicht

- so viel erwartet hätte,
- so naiv oder vertrauensselig gewesen wäre,
- den Mund gehalten hätte,
- so jung geheiratet hätte,
- so dick oder dünn, so arm, so dumm, so hübsch oder so empfindlich gewesen wäre ...

dann wäre einem das Schlimme nicht geschehen.

In diesen Aussagen – und Ihnen fallen sicher weitere ein – drückt sich aus, was Sie Ihrer Überzeugung nach hätten tun können, um die Verletzung zu vermeiden. Einige enthalten etwas Wahres.

Suzanne beispielsweise hätte sich ihrer Mutter anvertrauen können, Harriet hätte sich die Szene in der Bank, wo Larry arbeitete, verkneifen können, oder Sie hätten «nein» sagen können, wenn die Umstände es rechtfertigten. Andere «Wenn nur»-Aussagen enthalten auch nicht das kleinste Körnchen Wahrheit. Marcy hätte tun können, was sie wollte, durch nichts hätte sie ihre Eltern vom Trinken abzuhalten vermocht. Und daß man arm oder hübsch ist oder jung geheiratet hat, braucht überhaupt nichts damit zu tun zu haben, daß man verletzt wurde.

Im übrigen sieht man ja stets nur in der Rückschau, was man hätte tun können. Es hilft nichts, daß man sich vielleicht wünscht, man hätte damals schon gewußt, was man heute weiß. Man wußte eben nur das, was man wußte, und tat nur das, was man tat. Aber das kann einen nicht trösten, wenn man sich in dieser Phase des Heilungsprozesses befindet. In dieser Phase nämlich ist man davon überzeugt, daß man sich nicht nur anders hätte verhalten *können*, sondern daß man es hätte tun *müssen*.

«Ich hätte es kommen sehen müssen . . .»

Schuldübernahme ist eine fast ebenso automatische Reaktion wie Verleugnung, weil man uns von Kindheit an gelehrt hat, daß man Gefahr voraussehen und meiden kann. Wohlmeinende Erwachsene ließen uns in den Genuß ihrer eigenen Erfahrungen kommen. «Rühr das nicht an, sonst verbrennst du dich», sagten sie, «klettere lieber nicht auf den Baum, sonst fällst du runter und brichst dir den Arm», «Lauf nicht so schnell die Treppe rauf, sonst stolperst du und tust dir weh». Immer schienen uns die Erwachsenen mit ihren Warnungen vor möglichen Verletzungen zwei Schritte voraus zu sein und schufen bei uns den unauslöschlichen Eindruck, daß man mit Wachsamkeit und bestimmten Verhaltensweisen alle äußeren Ereignisse beherrschen könne – von der Erkältung bis zum Genickbruch.

Und wenn wir von Erwachsenen solche Dinge hörten wie, «Mach keinen Lärm, sonst wird dein Vater böse», «Zieh dich nicht so an, sonst halten dich alle für ein Flittchen» oder «Trag dein Herz nicht auf der Zunge, sonst nützen die anderen dich aus», setzte sich in uns mit der Zeit die Überzeugung fest, wir könnten auch die Reaktionen anderer auf uns voraussehen und beherrschen.

«Jedesmal, wenn mein Vater seinen Verfolgungswahn kriegte», berichtet Mark, «war das für mich wie eine eiskalte Dusche. Erst lief alles wunderbar. Wir kamen prima miteinander aus, er machte uns Geschenke, oder wir wollten zusammen irgendwohin oder irgend etwas unternehmen, worauf wir uns seit Wochen gefreut hatten, und plötzlich war mit großem Knall alles vorbei.» Marks Vater hatte wieder einmal seine Stellung verloren, stürzte sich in eine neue Schimpfkanonade über seinen Bruder Dan oder entdeckte irgend etwas anderes, das ihm bewies, daß man ihn oder seine Familie nicht für voll nahm – und seine Kinder mußten dafür leiden.

«Jedesmal dachte ich mir, ich hätte es kommen sehen müssen», erinnert sich Mark. «Ich hätte wissen müssen, daß er es irgendwie schaffen würde, wieder alles zu verpatzen. Ich krempelte die ganze Sache völlig um, und am Ende war nicht mehr er schuld, weil er so war, wie er war, sondern ich, weil ich erwartet hatte, daß er anders sein würde.»

Aufgrund dessen, was man gelernt hat, sagt man sich, wenn man verletzt wird, genau wie Mark ganz automatisch, man hätte es kommen sehen und etwas tun müssen, um es zu verhindern.

Wozu man die Schuldübernahme braucht

Blickt man aus der Perspektive des Selbstvorwurfs auf alte schmerzliche Erlebnisse zurück, so springt einen das, was man hätte tun können (aber nicht getan hat) förmlich an, während andere Aspekte des Erlebnisses weit in den Hintergrund zurückweichen. Ja, in der Phase der Schuldübernahme sieht man nur, daß man zu naiv, zu dumm oder zu vertrauensselig war, um die Verletzung zu vermeiden, oder daß ein «schlechter Zug», den man an sich hat, zu der Mißhandlung führte, die man erfuhr.

So quälend diese Perspektive ist, es gab eine Zeit, da war sie einem dienlich. Sie lieferte einem etwas, das man dringend brauchte – eine Erklärung für das, was einem widerfahren war. War auch diese Erklärung bestenfalls teilweise richtig und in manchen Fällen eklatant falsch, so war sie doch weniger bedrohlich und weniger schmerzhaft als andere Erklärungen, die man hätte in Betracht ziehen können.

«Die anderen können gar nicht schuld gewesen sein»

Die Schuldübernahme hatte ihren Nutzen, weil es zu einer bestimmten Zeit im Leben weniger bedrohlich und erschütternd war zu glauben, man habe sich den erlebten Schmerz selbst zuzuschreiben, als den Menschen für sein Handeln verantwortlich zu machen, der einem die Verletzung angetan hatte. Das gilt insbesondere, wenn es sich um einen Menschen handelte, den man liebte, als man noch sehr jung war oder sich von dem Menschen abhängig fühlte, der einen verletzt hatte.

Ein Beispiel: Marcy, die sich mit einer Apparatur, die sie in der vierten Klasse gebaut hatte, an einem Wettbewerb für «junge Naturwissenschaftler» beteiligt hatte, versuchte alles, um ihre Eltern davon abzuhalten, zur Preisverleihung zu kommen. Marcys Mutter jedoch wollte es sich nicht nehmen lassen dabei zu sein, wenn ihre «geniale Tochter den ersten Preis gewann». So betrunken, daß sie nicht mehr geradegehen konnte, fuhr die Mutter Marcy zu der Veranstaltung, zerrte unterwegs noch den Vater aus einer Kneipe, damit der auch dabei sein konnte, und mischte sich dann lautstark ein, als Marcy ihr Modell der Jury vorstellte. Erst versuchte sie mit weitschweifigen Geschichten, ihre geniale Tochter anzupreisen, dann stolperte sie, stürzte und fiel vornüber genau auf den Klapptisch, auf dem die «Erfindung» stand. Das Modell – Marcys ganzer Stolz – war in Trümmern. Marcy rannte in die nächste Toilette und weinte sich die Augen aus dem Kopf.

Man sollte annehmen, daß Marcy danach auf ihre Mutter wütend war. Aber so war es nicht. Um auf die Mutter wütend sein zu können, hätte Marcy sie ja für ihr Verhalten verantwortlich machen müssen, und das konnte sie nicht. Hätte sie es getan, so hätte sie sich auch eingestehen müssen, daß ihre Mutter eine Trinkerin war, die ihrer Tochter die Sicherheit, Geborgenheit und Liebe nicht geben konnte, die diese brauchte – die alle Kinder von ihren Eltern brauchen und erwarten.

Marcy erinnerte sich also daran, wie stolz ihre Mutter auf sie gewesen war, und sagte sich, sie habe ihrer Tochter nur helfen wollen. Ihre Mutter liebe sie über alle Maßen und würde ihr niemals wissentlich wehtun – und das hieß, daß die Mutter an dem demütigenden Erlebnis keinerlei Schuld trug.

«Ich gab mir selbst die Schuld», erinnert sich Marcy. «Ich sagte mir, ich hätte von Anfang an alles anders machen müssen. Ich hätte wissen müssen, daß sie sich nur aufregen würde. Wenn ich nicht so egoistisch gewesen wäre, nicht so versessen darauf, diesen blöden Preis zu gewinnen, hätte ich bei dem Wettbewerb gar nicht erst mitgemacht, und das alles wäre nicht passiert. Sie hätte sich nicht aufregen müssen, weil ich sie nicht dabeihaben wollte, sie hätte nicht getrunken, und die ganze Szene hätte nicht stattgefunden.»

Über diese verschlungenen Denkpfade fand Marcy einen Weg, sich selbst an dem Fiasko die Schuld zu geben und dadurch die Illusion aufrechtzuerhalten, ihre Mutter sei vertrauenswürdig, liebevoll und «normal». Das Bild des Menschen, den sie liebte, blieb unversehrt, und alles in ihrer Welt war so, wie es sein sollte – nur sie, Marcy, selbst nicht. Aber das war nicht so schlimm. Marcy war überzeugt, wenn sie sich nur kräftig genug bemühte, würde es ihr gelingen, sich selbst «in den Griff» zu bekommen, und wenn das geschafft war, würde alles wieder «gut» sein.

Ganz so kraß wie bei Marcy war es bei Ihnen vielleicht nicht, aber es ist zu vermuten, daß auch Ihnen einmal die Schuldübernahme in dieser Weise diente.

«Es wird nicht wieder vorkommen»

Die Schuldübernahme dient aber noch einem anderen Zweck: Durch sie bewahrt man sich die Illusion, seine Umwelt kontrollieren und weiteres Leid vermeiden zu können.

Erinnern wir uns an das Erlebnis des achtjährigen Mark, als er aus dem Haus geworfen wurde, weil er den Fehler gemacht hatte, seinem Vater die Meinung zu sagen. «Geh, zieh doch zu deinem Onkel Dan, wenn du den so gern hast. Ich will einen undankbaren, verzogenen Fratz wie dich jedenfalls nicht in der Familie haben», brüllte der Vater, bevor er die Tür zuwarf und absperrte.

Mark erinnert sich, wie er gegen die Tür trommelte und darum bettelte, hineingelassen zu werden. Er sah seine Schwestern, die aus dem Fenster schauten, bis sie vom Vater weggerissen wurden. Er hockte auf der Treppe vor dem Haus, solange er es in der Kälte aushielt, dann verkroch er sich ins Auto, bis bei Einbruch der Nacht endlich die Mutter kam und ihn wieder hereinholte.

«Solange ich da draußen saß», berichtete Mark, «habe ich ununterbrochen gebetet. Ich habe Gott angefleht, meinen Vater zu überzeugen, daß er mich wieder zu sich nimmt. Ich schwor, immer brav zu sein und nie wieder eine freche Antwort zu geben. Ich gelobte, nie wieder undankbar und nie wieder enttäuscht zu sein. ‹Wenn mich jemand wieder ins Haus holt›, versprach ich, ‹werde ich dafür sorgen, daß so etwas nie wieder vorkommt.›»

Wenn man verletzt wird, möchte man als erstes dem Schmerz ein Ende bereiten und als zweites dafür sorgen, daß man nie wieder so verletzt wird. Wie Mark verspricht man dem lieben Gott oder gelobt sich selbst, alles zu tun, um zu verhindern, daß etwas so Schlimmes je wieder passieren wird. So gewinnt man etwas wieder, das wir alle verlieren, wenn uns unbegreifliche Verletzungen oder Ungerechtigkeiten widerfahren – das Gefühl, daß man die Situation künftig besser unter Kontrolle haben werde.

Im Zeitpunkt der Verletzung und noch Jahre danach glaubt man, die Verantwortung – und wenn auch nur zum Teil – dem zuzuweisen, dem sie gebührt, dem Menschen nämlich, der einen verletzt hat, bedeute, diesem Menschen ausgeliefert zu sein. Er habe die Macht, einen immer wieder zu verletzen, ohne daß man irgend etwas dagegen tun könne. Hat man hingegen selbst die Schuld, so hat man auch die Kontrolle. Denn die *eigenen* Gedanken, Gefühle und Verhaltensweisen, die *eigenen* Erwartungen und Stimmungen, das, was man von sich selbst zeigt, dies alles ist ja viel leichter zu kontrollieren, und damit hat man auch die Kontrolle über die Munition, die andere möglicherweise gegen einen verwenden können.

Hinzu kommt, daß die Vorstellung, wir selbst hätten das Geschehene bewirkt, das Gefühl der Ohnmacht aufhebt, das uns im Moment des schmerzlichen Erlebnisses überkommt. Weil wir jung waren oder unvorbereitet, weil der andere uns geistig oder körperlich überlegen war oder psychologisch in der stärkeren Position, hatten wir in der Tat nicht die Macht, das Geschehen zu verhindern. Und Ohnmacht erzeugt Angst. Sie ist häufig sogar der beängstigendste Aspekt alter schmerzlicher Erlebnisse. Hätten wir damals das Gefühl der Ohnmacht zugelassen, so hätten wir zweifellos in ständiger Angst davor gelebt, immer wieder zum Opfer zu werden. Indem wir uns jedoch sagten, «Ich habe es bewirkt», und glaubten «Ich kann verhindern, daß es noch einmal geschieht», fühlten wir uns, zumindest vorübergehend, nicht mehr als hilflose Opfer.

Tatsächlich ist die Schuldübernahme nur eine vorübergehende Notmaßnahme, die uns ermöglicht, mit Schmerz und Verwirrung fertig zu werden. Wir müssen sie aufgeben, wenn wir unsere Verletzungen wirklich heilen und unser Leben verändern wollen. Das ist allerdings oft leichter gesagt als getan. Vielen von uns kann es wie Harriet ergehen, daß wir aufgrund der Entscheidungen, die wir trafen, und der Meinung, die wir von uns selbst haben, in einem Teufelskreis von Schuldgefühlen, Scham und Selbstbestrafung gefangen sind.

Denken Sie an die schlimmen Dinge, die Ihnen geschehen sind, an die alten Verletzungen, die Sie gern heilen, an die alten Probleme, die Sie gern bereinigen würden. Was haben Sie Ihrer Meinung nach getan, um dergleichen zu verdienen? Was, glauben Sie, hätten Sie tun können, um so etwas zu verhindern? Was, glauben Sie, hätten Sie zu der Zeit, als Sie verletzt wurden, wissen müssen?

Klärungsstrategie Nr. 5: Wie man aus der Phase der Schuldübernahme herauskommt

Lassen Sie sich die soeben gestellten Fragen einen Moment durch den Kopf gehen und schreiben Sie dann auf, was Sie früher sagten oder heute noch sagen, um sich die Schuld an Geschehnissen zu geben, die Sie verletzten. Kleiden Sie Ihre Aussagen in folgende Wendungen:

Hätte ich doch ...
Hätte ich doch nicht ...
Ich hätte ... müssen ...

Auch wenn Sie felsenfest an diese Darstellung der Dinge glauben und sie Ihnen in der Tat einmal von Nutzen war, dem realen Sachverhalt hat sie nie entsprochen. Und darum konnte das, was Sie aufgrund Ihrer Sicht der Dinge taten, um weitere Verletzungen zu vermeiden, auch nur selten, wenn überhaupt, Erfolg haben. Ob Sie Ihr Verhalten änderten oder sich bemühten, Ihre Umwelt bis ins kleinste zu kontrollieren, oder ob Sie Ihre eigenen Bedürfnisse negierten und in die Märtyrerrolle schlüpften, Ihre Anstrengungen waren zum Scheitern verurteilt. Jedesmal, wenn Sie erneut verletzt und mit Ihrer Ohnmacht konfrontiert wurden, hatten Sie Gelegenheit, der Tatsache ins Auge zu sehen, daß Sie nicht allein verantwortlich waren für das, was Ihnen geschah.

Wenn Sie dies nicht taten, wenn Sie statt dessen mehr denn je von Ihrer eigenen Unzulänglichkeit überzeugt waren und sich stärker denn je darum bemühten, alles gut zu machen, dann sind Sie in der Phase der Schuldübernahme steckengeblieben.

Fixe Ideen

Menschen, die in der Phase der Schuldübernahme steckenbleiben, entwickeln fixe Ideen. Sie verfolgen, manchmal mit einer wahren Besessenheit, ein einziges Ziel: den Makel auszumerzen, der ihrer Überzeugung nach die Ursache ihres Unglücks ist. Patricia zum Beispiel schrieb ihre unglückliche Kindheit einzig der Tatsache zu, daß sie als Kind dick gewesen war. Verständlicherweise, denn niemand hätte sie «Fettie» nennen können, wenn sie nicht wirklich dick gewesen wäre. Aber ihre Entschlossenheit abzunehmen, hatte bald nichts mehr damit zu tun, daß sie nicht mehr ausgelacht werden wollte; sie wurde zur fixen Idee. Heute hat sie mindestens fünf Kilo Untergewicht, aber sie bildet sich immer noch ein, sie würde den richtigen Mann kennenlernen, im Büro ernster genommen werden, mehr Energie entwickeln und alle anderen Schwierigkeiten spielend bewältigen, wenn sie noch ein paar Pfund abnehmen könnte. Patricia, die, während sie auf dem College war, Bulimie entwickelte, bekommt heute noch Anfälle von Freßgier, in denen sie wahllos in sich hineinstopft, was sie findet, um sich dann mit Abführmitteln und wiederholtem Erbrechen wieder zu entleeren. Sie treibt außerdem zwanghaft Gymnastik und Sport. Sie ist in der Phase der Schuldübernahme steckengeblieben.

Das kann auch bei Ihnen der Fall sein, wenn Sie immer noch versuchen, das an sich zu büßen, von dem Sie glauben, daß es an Ihrem Schmerz schuld ist; wenn Sie sich sagen, Sie könnten glücklicher sein, wenn Sie nur schlanker, athletischer, freundlicher, ruhiger oder vermögender wären; wenn Sie jeden Tag mehrmals über Ihre Mängel nachdenken und zwar immer dann, wenn Sie unter seelischer Belastung stehen; oder wenn Ihre Bemühungen, diese Mängel auszumerzen, Sie in anderen Lebensbereichen beeinträchtigen.

Perfektionismus

Menschen, die an der Vorstellung festhalten, sie hätten die Verletzung oder das Unrecht kommen sehen und etwas tun müssen, um sie zu vermeiden, werden häufig zu manischen Perfektionisten. Marcy beispielsweise, die längst nicht mehr dem chaotischen Verhalten ihrer alkoholabhängigen Eltern ausgesetzt ist, lebt heute noch in dem Glauben, daß nichts Unangenehmes ihr widerfahren wird, wenn sie nur alles richtig macht. Geht irgend etwas nicht nach Plan, oder macht sie gar selbst einen Fehler, so leidet Marcy heute noch an Schuld- und Schamgefühlen und hat den Eindruck, ihre ganze Welt breche zusammen. Manchmal gerät sie so außer sich, daß sie wünscht, sie könnte sich «in ein dunkles Zimmer einsperren und nie wieder herauskommen». Sie ist aus der Phase der Schuldübernahme nie herausgekommen.

Das kann auch bei Ihnen der Fall sein, wenn Sie

- auf Situationen, auf die Sie keinen Einfluß haben, oder auf eigene Fehler mit Panik oder heftiger Angst reagieren;
- bestimmte Szenen im Geist immer wieder durchspielen, um herauszubekommen, was schief ging;
- häufig deprimiert sind, sich an frühere Situationen erinnern, wo Sie versagt haben, und sich auf nichts anderes konzentrieren können als auf das, was Sie falsch gemacht haben;
- sich völlig überfordert fühlen und unter Kopfschmerzen, Magengeschwüren, Kolitis oder anderen durch Streß bedingten Krankheiten leiden.

Man fühlt sich für alles und jeden verantwortlich

Häufig begnügt man sich nicht damit, sich an einer bestimmten Situation die Schuld zu geben, sondern gewöhnt sich an, für alles und jeden im eigenen Umfeld Verantwortung zu übernehmen. Aus der Überzeugung, man hätte den eigenen Schmerz verhindern können, wächst die Überzeugung, man müsse auch alle anderen vor Schmerz bewahren.

Alison zum Beispiel, einziges Kind ihrer Eltern, die sie sehr liebten, war noch sehr jung, als sich in ihr die Überzeugung festsetzte, sie sei für das Glück ihrer Eltern verantwortlich. «Ich war der Mittelpunkt ihres Lebens», erinnert sie sich. «Ich konnte praktisch tun, was ich wollte, immer sagten sie mir, was für ein wunderbares Kind ich sei, und daß niemand sie so glücklich machen könne wie ihr ‹kleiner Engel›. Es schadete Alison sicher nicht, solche Dinge gesagt zu bekommen, aber es bereitete den Boden für ihre Reaktion in schmerzlichen Situationen.

Alisons Vater, ein hochbegabter Musiker, war manisch-depressiv, und wenn er sich in der depressiven Phase befand, litt Alison mit ihm, weil es ihr trotz aller Bemühungen nicht gelang, ihn «glücklich» zu machen. Als der Vater sich das Leben nahm, glaubte daher die damals zwölfjährige Alison, er hätte es getan, weil sie versagt hatte.

«Meine Mutter hat alles getan, um mir zu helfen», berichtet Alison. «Sie ließ mich sogar eine Therapie machen. Aber ich habe weder dem Therapeuten noch sonst einem Menschen gesagt, daß ich mich verantwortlich fühlte. Ich schämte mich zu sehr, das zu sagen.»

Die Folge war, daß Alison nie aus der Phase der Schuldübernahme herauskam. Überzeugt, ihr Vater habe sich das Leben genommen, weil es ihr nicht gelang, ihn glücklich zu machen, bekommt Alison heute noch starke Angstgefühle, wenn sie Menschen begegnet, die unglücklich sind, oder auf Umstände trifft, die jemandem Schmerz bereiten könnten. Weder im Büro noch zu Hause noch in Gesellschaft kann sie sich entspannen, solange sie nicht absolut sicher ist, daß jeder in ihrem Umkreis sich wohl fühlt und zufrieden ist. Sie leidet Höllenqualen, wenn ihre Arbeitskollegen streiten oder ihr Mann einen schlechten Tag hat. Sie kann nicht einmal ein gutes Essen genießen, wenn nicht jeder, der mit ihr am Tisch sitzt, es ebenfalls genießt.

Wenn Sie sich für alles und jeden verantwortlich fühlen; wenn Sie sich genötigt fühlen, jeden glücklich zu machen; wenn Sie ständig versuchen, unangenehme Realitäten zu vertuschen, oder wenn Sie sich für Dinge entschuldigen, die Sie unmöglich verursacht haben können – wie das Wetter, einen Stromausfall, die Grippewelle usw. –, dann sind Sie wahrscheinlich wie Alison in der Phase der Schuldübernahme steckengeblieben.

Märtyrertum

Carolines Tag beginnt morgens um fünf, wenn sie ihrem Sohn beim Zeitungsaustragen hilft, und setzt sich dann in einer nicht abreißenden Kette von Hilfsaktionen fort. Sie hilft ihrer Tochter und ihren vier Pflegekindern, sich für die Schule fertigzumachen. Sie hilft ihrem Mann sich entspannen, wenn der aus der Nachtschicht in der Fabrik nach Hause kommt. Sie hilft anderen Pflegeeltern, die Probleme haben, hilft ihren Geschwistern und Nachbarn kurzfristig als Babysitterin aus. Sie hilft ihrer alten Mutter im Haushalt. Kurz, sie kümmert sich von früh bis spät um alle anderen, nur nicht um sich selbst. Sie schneidert den Kindern hübsche Kleider, aber sie selbst läuft seit Jahren in den gleichen grauen Kitteln herum. Sie hört sich jedermanns Sorgen und Leiden an, hat aber nicht die Zeit, wegen ihrer Arthritis zum Arzt zu gehen. Sie glaubt ganz einfach nicht, daß sie Aufmerksamkeit verdient oder das Recht hat, irgend etwas für sich zu tun.

Warum gibt sich Caroline solche Mühe, den Bedürfnissen aller anderen gerecht zu werden, während sie ihre eigenen völlig mißachtet? Weil sie noch immer für eine Sünde Buße tut, die sie, wie sie meint, vor dreißig Jahren begangen hat – als sie die Polizei holte, weil ihr Vater ihre Mutter prügelte. Der Vater packte am nächsten Morgen seine Sachen und zog aus. Seine Frau und die fünf Kinder sahen ihn nie wieder. Von diesem Moment an fühlte sich Caroline für jede Notlage und jede schwierige Situation in ihrer Familie verantwortlich. Um den Verlust wieder gutzumachen, den ihre Mutter und ihre Geschwister erlitten, als der Vater ging, opferte sie sich für die Familie auf. Es gab nichts, was sie nicht für sie getan, kein Opfer, das sie nicht gebracht hätte. Und so ist es bis heute geblieben. Caroline wurde zur Märtyrerin.

Auch Sie gehören vielleicht zu den Märtyrern, wenn Sie sich selbst vernachlässigen, dauernd Opfer bringen, die Bedürfnisse aller anderen wichtiger nehmen als Ihre eigenen; wenn Sie jedermanns Mutter sind, für alles Verständnis und für jeden ein offenes Ohr haben, wenn Ihnen nichts zuviel wird oder wenn Sie keine Bitte abschlagen, ganz gleich, wie ungelegen sie Ihnen kommt.

Verinnerlichte Unterdrückung

Warren, der glaubte, sein Vater würde ihn lieben und seine Eltern würden nicht mehr streiten, wenn er nur ein besserer Sohn wäre, tat alles, um dafür zu sorgen, daß sein Vater auf ihn stolz sein konnte. Er lernte fleißig und war ein hervorragender Schüler, er war gut im Sport, er spielte in den Schüleraufführungen die Hauptrollen, gewann Schulpreise, bastelte seinem Vater die schönsten Geschenke – nichts davon konnte seinen Vater veranlassen, größeres Interesse an ihm zu zeigen. Die Folge davon war, daß Warren mit seinen eigenen Leistungen niemals zufrieden, geschweige denn stolz auf sie sein konnte. Sie gewannen ihm ja nicht die Liebe seines Vaters, also waren sie auch nichts wert.

Obwohl Warren die Phase der Schuldübernahme lange hinter sich gelassen hatte, blieb ihm das Gefühl, nicht gut genug zu sein, für den Rest seines Lebens, so wie uns allen die negativen Meinungen von uns selbst bleiben, wenn wir es zulassen.

Schuldübernahme zerstört die Selbstachtung. In dem Maß, wie wir uns die Schuld an altem Schmerz geben, verachten wir uns selbst, weil wir ja nicht genügen. Wir können unsere Einzigartigkeit nicht würdigen. Wie Sandy, die sich für wertlos und nicht lebenswert hielt, weil ihre Mutter sie verlassen hatte, wünschen wir uns vielleicht sogar, jemand anderer zu sein. Wir riskieren nichts, da wir überzeugt sind, daß wir nur scheitern oder enttäuscht werden würden. Wir können selten oder nie unsere eigenen Leistungen genießen. Wir isolieren uns, unterschätzen und vernachlässigen uns. Und das alles drückt unsere Selbstachtung noch mehr und hält den Schmerz lebendig, den wir damals fühlten, als wir verletzt wurden und uns ganz allein für diese Verletzung verantwortlich machten.

Der Mensch, der uns damals verletzte, verletzt uns heute nicht mehr. Er gehört vielleicht gar nicht mehr zu unserem Lebenskreis, ist vielleicht sogar inzwischen tot. Aber die Verletzung und der Schmerz sind lebendig, weil wir selbst sie am Leben erhalten und uns immer wieder mit den Dingen verletzen, die wir uns selbst antun und über uns sagen. Wir sagen uns, wir seien viel zu dick, dumm, häßlich, faul, inkompetent, nicht liebenswert, wertlos und vieles andere. Wir strafen uns, indem wir die Botschaften wiederholen, die die Menschen, die uns verletzten, uns durch ihr Handeln und ihre Worte übermittelt haben. Wir haben diese Botschaften verinnerlicht und zu einem Bestandteil unserer Identität gemacht: Wir wurden zu unseren eigenen Unterdrückern.

Marcy braucht nicht mehr das unberechenbare und chaotische Verhalten ihrer Eltern, um in Angst und Panik zu geraten; sie schafft sich diese Gefühle selbst jedesmal, wenn sie einen Fehler macht und sich sagt: Du kannst aber auch wirklich nichts richtig machen! Oder wenn ihre Planungen unerwartet über den Haufen geworfen werden, und sie sich sagt: Du hast es verpfuscht. Du hättest wissen müssen, daß das passieren würde.

Mark braucht seinen Vater nicht mehr, um ihm alles zu «verpatzen». Er verpatzt sich alles selbst, wenn er sich dauernd sagt: Mach dir nur keine allzu großen Hoffnungen. Da erlebst du nur eine Enttäuschung.

Alison braucht ihren depressiven Vater nicht um sich zu haben, um sich wie eine Versagerin zu fühlen. Sie fühlt sich jedesmal so, wenn jemand in ihrem Umkreis unglücklich oder unzufrieden ist.

Auch Sie werden das Gefühl, «nicht in Ordnung» zu sein, ewig mit sich herumschleppen, werden Ihre Selbstachtung mit Füßen treten und Ihren Schmerz nicht loswerden – wenn Sie sich nicht aus dem Teufelskreis der Schuldübernahme befreien.

Um der Heilung und der Fähigkeit zu verzeihen näherzukommen, müssen wir aufhören, uns an den Verletzungen, die andere uns antaten, die Schuld zu geben und uns dafür zu bestrafen. Das heißt natürlich nicht, daß wir unseren eigenen Anteil an dem Geschehen – wenn wir überhaupt einen daran hatten – verleugnen sollen. Wenn man Anteil hatte – indem man beispielsweise keinem Menschen sagte, daß man mißbraucht wurde oder den Ehepartner betrogen hatte, der einen daraufhin verließ, oder dem Sohn, der heute jeden Kontakt zu einem abgebrochen hat, nie ein ermutigendes Wort sagte –, dann kann man, wenn man will, diesen Teil bedauern. Aber ehe Sie jetzt auch nur einen einzigen weiteren Moment Ihres Lebens dem Bedauern widmen, sehen Sie sich die Ereignisse und Situationen, an denen Sie sich schuldig fühlen, ganz genau an. Es kann sein, daß Ihnen eine gewisse Mitschuld zukommt, aber höchst selten werden Sie so rundum schuldig sein, wie Sie zu sein glauben.

Klärungsstrategie Nr. 6: Beendigung der Phase

Holen Sie noch einmal die Liste mit den «Wenn ich doch» – und «Ich hätte ... müssen»-Aussagen hervor, die Sie für die letzte Übung niedergeschrieben haben, und versuchen Sie, jede Aussage objektiv zu sehen. Bemühen Sie sich um wirkliche Distanzierung. Vielleicht stellen Sie sich vor, die Verletzung sei einem anderen angetan worden, und dieser «andere» berichte Ihnen in Form einer Selbstbezichtigung über diese Erfahrung.

Fragen Sie sich dann von diesem Standpunkt des objektiven Beobachters aus: Welche dieser Aussagen sind schlicht und einfach *nicht* wahr? Suzannes Überzeugung zum Beispiel, «Wenn ich so ein hübsches kleines Mädchen gewesen wäre, hätte mein Vater mich nicht mißbraucht», fällt in diese Kategorie.

Streichen Sie die offenkundig unwahren Aussagen von Ihrer Liste.

Fragen Sie sich dann: Welche Aussagen zeigen, daß ich die Verantwortung für Handlungen anderer übernommen habe, über die ich in Wirklichkeit überhaupt keine Kontrolle hatte? Marcy beispielsweise fühlte sich für das Trinken ihrer Eltern verantwortlich – aber sie hatte damit überhaupt nichts zu tun, es war einzig die Verantwortung ihrer Eltern. Und Caroline machte sich dafür verantwortlich, daß ihr Vater die Familie verließ – aber er war erwachsen, und es war seine Entscheidung zu gehen. Sie zwang ihn nicht zu diesem Schritt. Ebensowenig veranlaßten Sie Ihren Vater, Ihre Mutter zu schlagen, oder verschuldeten die Scheidung Ihrer Eltern oder zwangen Ihren Sohn, drogenabhängig zu werden.

Streichen Sie auch diese Aussagen von Ihrer Liste.

Nächste Frage: Welche Aussagen beziehen sich auf Umstände oder Aspekte meiner Persönlichkeit, die ich, besonders zu der

Zeit, als ich verletzt wurde, unmöglich beeinflussen oder ändern konnte? Streichen Sie alle Aussagen, die sich auf Armut, Rasse, Religion oder Geschlecht beziehen, auf Ihr Alter zur Zeit der Verletzung, auf Tatsachen wie, daß Sie nicht vertrauen oder sich nicht verlieben konnten usw. Das alles waren bestehende Tatsachen, die Sie nicht geschaffen hatten.

Die Aussagen, die jetzt noch auf der Liste stehen, enthalten wahrscheinlich ein Körnchen Wahrheit. Dennoch müssen Sie auch diese genau prüfen. Wo haben Sie dadurch etwas verzerrt, daß Sie sich bei dem Geschehen eine wichtigere Rolle zuschrieben, als Sie tatsächlich spielten? Woraus haben Sie ein Pauschalurteil über sich selbst abgeleitet, indem Sie etwa eine Feststellung wie «Ich tat etwas, das, wie ich jetzt erkenne, dumm war» in das Urteil «Ich bin ein dummer Mensch» verwandelten? Und welche Erwartungen oder Forderungen, die Sie laut dieser Aussagen an sich stellten, erscheinen Ihnen heute, in der Rückschau, angemessen, konnten aber damals nicht erfüllt werden, weil Sie zum Zeitpunkt der Verletzung nicht das erforderliche Verständnis hatten – wahrscheinlich gar nicht haben konnten?

In Auseinandersetzung mit dieser Frage besuchte Suzanne den Ort, in dem sie aufgewachsen war.

«Ich wollte den Ort, wo es geschehen war, mit den Augen der Erwachsenen sehen. Ich klopfte an die Tür unseres alten Hauses, erklärte den neuen Eigentümern, daß ich früher einmal hier gewohnt hatte, und sie erlaubten mir, mich umzusehen.

Dann ging ich über die Straße zu Estelle, die immer noch im selben Haus wohnte wie früher. Eigentlich wollte ich ihr erzählen, warum ich gekommen war und was mir damals widerfahren war, aber ich tat es nicht. Mir wurde jedoch plötzlich klar, daß Estelle, die sich für das Wohl und die Rechte von Kindern eingesetzt und über Kindesmißbrauch Bescheid gewußt hatte, lange ehe die Presse darüber zu berichten begann, Verständnis für meine Situation gehabt hätte; daß sie mir geholfen hätte, wenn ich mich ihr anvertraut hätte, und daß mir Jahrzehnte der Schuldgefühle, der Scham und des Schmerzes erspart geblieben wären.

Aber ich hatte mich ihr nicht anvertraut, und als ich wieder abfuhr, mußte ich daran denken, was ich hätte tun können, aber nicht getan hatte. Mir kamen die Tränen, und ich fühlte wieder die gleiche Scham und die gleiche Unzulänglichkeit wie damals.»

Suzanne war vorübergehend in die Phase der Schuldübernahme zurückgekehrt. Aber sie verharrte nicht lange in ihr, weil sie begriffen hatte, daß man sich nichts Gutes tut, wenn man sich heute wegen etwas Vorwürfe macht, das man in der Vergangenheit hätte tun können oder sollen. Genau da müssen auch Sie begreifen und endlich akzeptieren, daß Sie heute an dem, was einst geschehen ist, nichts mehr ändern können. Sie können jedoch die Haltung oder die Verhaltensweisen ändern, die tatsächlich zum Problem beitrugen, indem Sie nicht mehr alles geheimhalten, indem Sie über ihre Gefühle sprechen anstatt sie in sich zu verschließen, oder indem Sie nicht so hartnäckig versuchen, alles unter Kontrolle zu haben. Sie können sich klarmachen, wie der Mechanismus der Schuldübernahme heute in Ihr Leben hineinwirkt, und was Sie darum heute tun oder nicht tun.

Überlegen Sie sich das jetzt einmal: Was haben Sie getan oder tun Sie immer noch, um jene Ihrer persönlichen Seiten zu ändern oder zu kontrollieren, denen Sie an alten Verletzungen und altem Unrecht, die Ihnen angetan wurden, die Schuld geben? Unter welchen Umständen und auf welche Weise übernehmen Sie Verantwortung für das Handeln anderer oder versuchen, es zu kontrollieren? Was für eine Meinung haben Sie von sich, und bestrafen Sie sich etwa weiterhin ständig?

Ist Ihnen irgend etwas davon heute noch von Nutzen? Ist es Ihnen eine Hilfe? Wir vermuten, nein. Wir vermuten, daß Sie mit Ihren Selbstvorwürfen und Selbstbezichtigungen lediglich Ihren Schmerz lebendig erhalten. Hören Sie auf damit, Sie können es. Nehmen Sie sich ein wenig Zeit und bemühen Sie sich aufrichtig, sich Ihre Fehler und Ihre menschliche Fehlbarkeit zu verzeihen. Sie können sich aus der Phase der Schuldübernahme auf die gleiche Weise verabschieden wie zuvor aus der Verleugnungsphase – nämlich mit einem Brief.

Klärungsstrategie Nr. 7: Ein Brief zum Abschied von der Schuldübernahme

Nehmen Sie ein Blatt Papier, datieren Sie es wie einen Brief und beginnen Sie das Schreiben mit folgender Anrede: Lieber innerer Ankläger.

Dann entschuldigen Sie sich bei der inneren Stimme, die Sie beschuldigt und kritisiert, in aller Form für die Handlungen oder Unterlassungen, an denen Sie tatsächlich Anteil hatten, und für jene, durch die Sie an der Verletzungssituation tatsächlich etwas hätten ändern können. Beziehen Sie sich dabei nur auf jene «Hätte ich doch» – und «Ich hätte . . . müssen»-Aussagen, die Sie bei der vorigen Selbstbefragung nicht gestrichen haben. Entschuldigen Sie sich nicht für etwas, das gar nicht Ihre Schuld war.

Danach schreiben Sie in großen Blockbuchstaben: «Aber ich habe mich genug gestraft», und führen Sie auf, was Sie taten, um für Ihre «Sünden» zu büßen. Wenn Sie wollen, können Sie die einzelnen Sätze in diesem Teil Ihres Briefs mit den Worten «Ich habe lange genug . . .» anfangen.

Wenn Sie alles niedergeschrieben haben, beenden Sie Ihren Brief mit einer oder mehreren der folgenden Erklärungen:

- Ich glaubte, ich hätte es verdient, verletzt zu werden, aber jetzt weiß ich, daß ich es nicht verdiente.
- Ich glaubte, ich hätte die Verletzung herbeigeführt, aber jetzt weiß ich, daß es nicht allein meine Schuld war, daß ich für einen Teil dessen, was mir widerfuhr, überhaupt nichts konnte.
- Ich glaubte, ich müßte diese Last aus Scham und Schuldgefühlen bis an mein Lebensende tragen, aber jetzt weiß ich, daß ich mich lange genug bestraft habe, und jetzt werde ich aufhören, Schuld zu übernehmen.

Der Brief wird Sie zwar genau wie Ihre Bemühungen, auszusortieren, wofür Sie mitverantwortlich waren und wofür nicht, dem Ausstieg aus der Phase der Schuldübernahme näher bringen, aber *einen* weiteren Schritt müssen Sie noch machen. Sie müssen beginnen, anders mit sich umzugehen als bisher.

> *Die Sorge um das «innere Kind»*
> Die Menschen müssen lernen, sich selbst zu heilen, das verletzte kleine Kind, das sie in sich tragen, anzunehmen und für sein Wohlergehen zu sorgen. Die meisten von uns tragen ein verletztes Kind in sich. Manchmal, wenn mein Mann und ich einen Streit haben, bekomme ich eine blitzartige Ahnung davon, wie er als Fünfjähriger war; dann erkenne ich, daß es bei unserem Streit nicht um das Heute geht. Es geht um etwas Altes, das mit seiner Mutter, seinem Vater oder seinen Schwestern zu tun hat und das in diesem Moment in ihm abläuft. Viele Menschen prügeln sich ihr ganzes Leben lang auf die gleiche Art, wie sie früher einmal geprügelt wurden.
>
> Marlo Thomas, Schauspielerin und Produzentin

Das verletzte, geängstigte Kind, das Sie waren (oder als das Sie sich fühlten), lebt in Ihnen weiter. Dieses innere Kind repräsentiert sowohl das kleine Kind, das Sie einmal waren, als auch jene Seite von Ihnen, die immer noch spielerisch, eigensinnig, albern und unglaublich weise sein kann. Ihr inneres Kind weiß, was Sie brauchen, um sich sicher, geborgen und geliebt zu fühlen. Es spürt und leidet, wenn diese Bedürfnisse nicht erfüllt werden. Wenn Sie auf Ihr inneres Kind hören, dann wissen Sie, wann es Zeit ist, für sich zu sorgen, anstatt sich zu opfern, um für andere zu sorgen; wann es Zeit ist, sich Ruhe zu gönnen, anstatt herumzusausen wie eine wildgewordene Hummel; wann es Zeit ist, zu weinen oder sich trösten zu lassen oder fünf gerade sein zu lassen und sich ein bißchen Spaß zu gönnen.

Aber solange Sie sich in der Phase der Schuldübernahme und der Selbstbezichtigungen befinden, hören Sie nicht auf Ihr inneres Kind. Im Gegenteil, Sie tun alles, um ja nicht zu hören, was es Ihnen zu sagen hat. Sie mißachten Ihr inneres Kind genauso, wie

Sie mißachtet wurden, als Sie ein Kind waren. Es ist wie Marlo Thomas sagt, Sie prügeln sich selbst Ihr Leben lang auf die gleiche Weise, wie Sie früher einmal von anderen geprügelt wurden. Wie Eltern, die ihren weinenden Kindern eine Ohrfeige geben und sagen: «So, jetzt hast du wenigstens Grund zu weinen», beladen Sie Ihr inneres Kind mit Schuld, Scham und Strafe, gerade wenn es Liebe und Zuwendung braucht.

Wenn Sie die Phase der Schuldübernahme für sich beenden wollen, müssen Sie anfangen, für Ihr inneres Kind zu sorgen, anstatt es zu vernachlässigen oder gar zu mißhandeln. Sie müssen auf die innere Stimme hören, die Ihnen sagt, daß Sie traurig sind, Angst haben oder sich verlassen fühlen, und müssen das verletzliche kleine Kind in sich trösten.

Wie man das macht? Nun, wie würden Sie denn ein leibhaftiges Kind trösten, das Kummer hat? Zunächst einmal könnten Sie einfach zuhören und darauf achten, was es sagt, sich bemühen zu verstehen, was es fühlt und warum. Dann könnten Sie

- Worte mütterlicher Fürsorge sprechen wie «Es ist ja gut. Ich bin ja bei dir!»;
- ihm ein kleines Geschenk machen;
- es an einen Ort bringen, den es gern hat, den es beruhigend oder gemütlich findet;
- ihm Zeit lassen;
- es weinen lassen;
- ihm zugestehen, daß es die Schularbeit liegenläßt, um ein Schläfchen oder einen Spaziergang zu machen oder ein Bild zu malen;
- ihm versichern, daß Sie es lieben, und es an all das erinnern, was es zu einem liebenswerten Menschen macht;
- ihm klarmachen, daß das Schmerzliche, das ihm geschehen ist, «nicht allein seine Schuld» war.

Um sich endlich aus der Verantwortung zu nehmen und den alten Schmerz nicht immer weiter zu nähren, müssen Sie genau diese

Dinge für sich selbst tun und sich endlich erlauben, so vergnügt, spielerisch und spontan zu sein, wie Sie es vielleicht in Ihrer Kindheit nie sein durften oder konnten. Sie können endlich Abschied nehmen von Selbstvorwürfen und Selbstbezichtigungen, wenn Sie für das verletzte und verletzliche innere Kind sorgen, das Sie solange nur bestraft haben.

Wenn Sie die Phase der Schuldübernahme hinter sich lassen, tun Sie einen weiteren Schritt auf dem Weg zur Heilung und zum Verzeihen. Der Fortschritt ist Ihnen gelungen, weil Sie

- sich nun nicht mehr die Schuld an dem geben, was Ihnen geschah;
- nicht mehr die Verantwortung für die Handlungen anderer oder für Umstände übernehmen, über die Sie keine Kontrolle hatten;
- sich nicht mehr für Ihre Fehler und Ihr Versagen ausschimpfen;
- sich nicht mehr dafür bestrafen, daß Sie nicht gut genug sind.

Es ist Ihnen klar geworden, «daß Sie für den Regen nicht verantwortlich sind, sondern nur für Ihre Reaktion auf ihn». Und die Reaktion braucht nicht in Selbstbestrafung zu bestehen.

Wenn Sie aber aufhören, sich selbst als den Schuldigen an den Ereignissen zu sehen, dann geben Sie damit auch die Illusion von Macht und Kontrolle auf, die Sie mit Hilfe der Schuldübernahme aufrechterhalten konnten. Jahrelang hat die Schuldübernahme Ihre Ohnmachtsgefühle kaschiert. Jetzt aber werden Sie erkennen, daß Sie das verletzende Geschehnis nicht verhindern konnten, auch wenn Sie sich tausendmal gesagt haben, Sie hätten es wenigstens versuchen müssen. Nein, Sie hatten nicht die Macht, es zu verhindern, Sie waren den Menschen, die Sie verletzten, ohnmächtig ausgeliefert. Wenn man sich das eingesteht, katapultiert man sich damit ohne große Mühe in die nächste Phase des Heilungsprozesses – die Opferphase. Leider ist sie ziemlich unangenehm.

7 Die Opferphase

«Ich erreichte einen Punkt, wo ich nicht mehr glaubte, daß ich mir die alten schmerzlichen Erlebnisse selbst zuzuschreiben hatte. Ich hatte keine Schuld daran, daß mein Vater mich mißbrauchte. Er hätte es einfach nicht tun dürfen. Aber er tat es – und seinetwegen war mein Leben verpfuscht. So wie ich nicht die Macht gehabt hatte, den Mißbrauch zu verhindern, so, meinte ich jetzt, hätte ich auch nicht die Macht, mein Leben zu verändern. Ich sagte mir, die Situation sei hoffnungslos. Ich hatte weder an dem, was mein Vater getan hatte, noch an irgend etwas anderem schuld. Ich war nur ein armes Opfer, und das war Grund genug, fand ich, nicht mehr zu tun, als sich mit Ach und Krach durchzuschlagen.»

Suzanne hatte die Phase der Schuldübernahme hinter sich gelassen und war in die Opferphase des Heilungsprozesses eingetreten. Das geschah, nachdem ihre Therapeutin sie davon überzeugt hatte, daß sie den Schmerz nur überwinden konnte, indem sie durch ihn hindurchging; nachdem sie mit der schwierigsten, aber letztlich lohnendsten Arbeit begonnen hatte, die sie je auf sich genommen hatte; nachdem sie sich einer Gruppe ehemals sexuell Mißbrauchter angeschlossen hatte. Sie ging mit der Absicht hin, eisern den Mund zu halten und sich «stillschweigend» helfen zu lassen, aber bald stieg sie aktiv ein und konnte den Gruppenmitgliedern sogar eingestehen, daß auch sie sexuell mißbraucht worden war. Ja, Suzanne hatte mit der Heilung ihrer Wunden begonnen. Aber als sie in die Opferphase geriet, hatte sie häufig das Gefühl, sich von dem angestrebten inneren Frieden immer weiter zu entfernen.

«Als ich meinen Schmerz endlich zuließ, ließ ich mich völlig in ihn hineinfallen und fand es mehr denn je gerechtfertigt, nur noch dahinzuvegetieren. Wer wollte mir einen Vorwurf daraus machen, daß ich nicht erfolgreich war, mit meinem Leben nicht zurechtkam, mich abends nach der Arbeit auf die Couch fallen ließ und vor der Glotze einschlief? Nach der grauenvollen Kindheit, die ich durchgemacht hatte, war es schon ein Wunder, daß ich überhaupt einer geregelten Arbeit nachgehen und mich über Wasser halten konnte.

Nachdem ich meine Erfahrung jahrelang verleugnet hatte, beschäftigte ich mich jetzt vierundzwanzig Stunden am Tag damit; nachdem ich jahrelang meine Gedanken und Gefühle in mir verschlossen gehalten hatte, sprach ich jetzt unablässig und mit jedem, der mir zuhörte, darüber. Das, was mir zwischen dem fünften und zwölften Lebensjahr geschehen war, machte meine ganze Persönlichkeit aus. Etwas anderes gab es nicht. Versuchte ich, mir zuzubilligen, daß ich schließlich noch andere Seiten hatte, so fiel mir immer nur ein, daß ich weder eine gute Mutter noch eine gute Lehrerin oder Freundin war. Wie hätte ich das auch sein können? Ich war schwer verletzt und geschädigt. Von mir konnte man gar nichts verlangen oder erwarten, meinte ich. Fast ununterbrochen deprimiert und verzweifelt, war ich praktisch überzeugt davon, daß es mein Los sei, bis ans Ende meiner Tage unglücklich zu sein.»

Selbstzerstörerische Impulse

Die Opferphase ist wahrscheinlich die Strecke auf dem Weg zu Heilung und Verzeihen, auf der man am tiefsten leidet und auf der die selbstzerstörerischen Impulse am stärksten sind. Solange man sich in dieser Phase befindet, fühlt man sich gelähmt und gefangen und glaubt, nichts werde jemals wieder besser werden.

Craig wurde, wie Harriet, durch Untreue verletzt. Gegen Ende ihrer achtjährigen Ehe hatte seine Frau zahlreiche Affären und gab sich keine Mühe, sie geheimzuhalten. «Sie hatte ein Abenteuer nach dem anderen», erzählte Craig. «Mit Männern, die ich als meine Freunde betrachtete; mit Männern, mit denen ich geschäftlich zu tun hatte; mit Männern aus meinem Fitneß-Klub. Eine Zeitlang hatte ich den Eindruck, daß ich, wo ich ging und stand, nur Männern begegnete, die mit meiner Frau geschlafen hatten.»

Es kam zu mehreren Trennungen und Versöhnungen zwischen den beiden, bis Craig eines Tages seine Frau mit einem anderen in ihrem gemeinsamen Schlafzimmer überraschte und endgültig den Schlußstrich zog.

Nach mehreren Tagen «intensiven Schmerzes» wich Craig in die Verleugnung aus. Entschlossen, die Vergangenheit hinter sich zu lassen und «sein Leben wieder in den Griff zu kriegen», nahm er mehrere drastische Veränderungen gleichzeitig vor: Er gab sein lukratives Geschäft auf, zog vom Mittleren Westen nach New York, in eine Wohnung, die er mit vier Männern teilte, und begann ein Jurastudium.

«Ich glaubte wahrscheinlich, wenn ich alles veränderte und ganz von vorn anfinge, würde ich meine Ehe vergessen und zugleich sicherstellen, daß so etwas nie wieder geschah», erklärte Craig.

Wie zu erwarten, konnten die drastischen Veränderungen Craigs Verletzungen nicht heilen. Mitten im ersten Semester seines Studiums geriet er in die Opferphase. «Ich mußte unentwegt daran denken, was meine Frau mir angetan hatte und was für ein Scherbenhaufen mein Leben ihretwegen geworden war», erinnerte er sich. «Ich war zweiunddreißig Jahre alt und stand finanziell schlechter da denn je zuvor. Ich besuchte jeden Tag meine Seminare, wo ich behandelt wurde wie ein unwissender Achtzehnjähriger, verkroch mich danach in der viel zu engen Wohnung, büffelte, bis ich nicht mehr konnte, und trank dann, bis ich benebelt genug war, um schlafen zu können. Während ich trank, ging ich immer wieder und immer wieder die alten schlimmen Geschichten durch, und jeden Tag passierte irgend etwas, das mich daran gemahnte, wie dreckig es mir ging. Ich konnte das Studium nicht einfach hinschmeißen, weil ich einen verpflichtenden Studienkredit aufgenommen hatte. Ich war mutterseelenallein und sah nirgends einen Hoffnungsschimmer. Es gab keinen Ausweg.»

Craig wurde, genau wie Suzanne, von den Gefühlen gequält, die uns mit am stärksten lähmen – Hilflosigkeit und Hoffnungslosigkeit. Irgendwann in Ihrem Heilungsprozeß wird es auch Ihnen so ergehen. Sie werden nichts weiter tun wollen, als Ihre Wunden lecken und sich bemitleiden. Sie werden sich von der Welt und den Anforderungen des täglichen Lebens zurückziehen, sich nachgeben, sich aufgeben und im Selbstmitleid versinken. Das alles gehört zur Opferphase. Jeder ohne Ausnahme gerät mindestens einmal in diese Phase, denn wer verletzt wurde, wurde zum Opfer gemacht.

Der Weg in die Opferrolle

Wenn man zum Opfer gemacht wird, so wird einem das zunächst von außen angetan. Ein bestimmtes Geschehnis oder eine Folge von Geschehnissen – Geschehnisse, über die man keine Kontrolle hatte – verletzten oder ängstigten einen oder raubten einem etwas, das man brauchte. Ob man von einem Babysitter sexuell mißbraucht, von alkoholabhängigen Eltern vernachlässigt oder gedemütigt, von einem Freund belogen oder verraten oder ob man sonstwie verletzt wurde, man litt und war nicht imstande, das Leiden zu verhindern. Das heißt, man wurde zum Opfer gemacht.

Wenn uns das einmal geschehen ist, vergessen wir es nie. Die Hilflosigkeit und die Hoffnungslosigkeit, die wir damals fühlten, werden von uns gewissermaßen gespeichert. Die Folge ist, daß wir uns wieder als Opfer fühlen, so oft wir in Situationen geraten, die uns aufgezwungen zu sein scheinen oder die verlangen, daß wir etwas tun, was wir nicht tun wollen – auch wenn diese Situationen vielleicht wenig oder gar keine Ähnlichkeit mit den Geschehnissen haben, die bei uns das erste Mal Opfergefühle hervorriefen. Wenn wir in Situationen geraten, von denen wir meinen, sie nicht beeinflussen zu können, schlüpfen wir unwillkürlich in die Opferrolle.

Sie haben sich wahrscheinlich in der Vergangenheit schon öfter wie ein Opfer verhalten, ohne sich dessen bewußt zu sein. Die Zeichen jedoch sind unübersehbar, wenn man sie einmal kennt. In der Opferphase kann so ziemlich alles, was wir sagen, negativ und zerstörerisch sein. Wir können uns einsam, traurig, matt, gefangen, ohnmächtig, zutiefst niedergeschlagen fühlen und voller Mißtrauen sein. Wir können uns für einen schwachen, hilflosen, bedürftigen und verschreckten Menschen halten, den unmöglich jemand lieben oder wertschätzen kann. Wir fürchten vielleicht, daß alle um uns herum böse Hintergedanken haben und uns sofort zu verletzen trachten, wenn wir uns auch nur einen Moment öffnen. Wir erwarten sehr wenig von uns und grübeln vielleicht ständig über die alten Verletzungen und unsere derzeitigen Schwierigkeiten.

Die Opferhaltung spiegelt sich natürlich in unserem Verhalten wider: Wir beklagen uns vielleicht über die Situation, tun aber nichts, um sie zu ändern; wir setzen uns nicht durch; wir werden teilnahmslos, überempfindlich oder aggressiv, attackieren alles und jeden – außer die wahre Quelle unserer Wut. Wir bringen es vielleicht zu einer wahren Meisterschaft darin, unsere Passivität und unsere selbstzerstörerischen Verhaltensweisen vor uns selbst und anderen zu rechtfertigen. Und vielleicht gehen wir so sehr in unserer Rolle auf, daß wir auch die entsprechende Haltung annehmen – eingezogener Kopf, gekrümmte Schultern, als erwarteten wir jeden Moment den nächsten Schlag.

Um sich die Situation, in der man sich total machtlos fühlt, erträglicher zu machen, oder um sich dafür zu belohnen, daß man sie aushält, bedient man sich gern eines der Trostmittel, die die moderne Gesellschaft in Hülle und Fülle für alle die bereithält, die sich als Opfer fühlen: Man läuft zum Barschrank, zum Kühlschrank oder ins Einkaufszentrum, man versorgt sich am Geldautomaten mit ein paar Scheinen und macht sich auf den Weg zur nächsten Rennbahn oder zum nächsten Spielkasino. Man macht es sich mit einer Schachtel Pralinen vor dem Fernsehapparat gemütlich oder geht in die nächste Disko und «reißt jemanden auf».

Wer die Opfer bedient, ob mit Alkohol, Süßigkeiten oder Versprechungen sofortiger Erleuchtung und innerer Befreiung, macht glänzende Geschäfte.

Sich als Opfer zu fühlen und sich entsprechend zu verhalten, ist eine automatische Reaktion, die leicht zur Gewohnheit werden kann, zu einer gefährlichen Gewohnheit. Jedesmal nämlich, wenn wir uns in die Opferrolle hineinbegeben, ergreift sie stärker von uns Besitz. Und ehe man es sich versieht, ist man in einer steil abwärtsführenden Spirale der Hilflosigkeit und der Hoffnungslosigkeit gefangen, in der die Tatsache, daß man einmal vorübergehend zum Opfer gemacht wurde, zu der Überzeugung wird, daß man ein für allemal Opfer ist und sonst nichts.

«Ich fühlte mich, als sei ich mit einem großen I für Inzest gebrandmarkt», sagte Suzanne.

Und so ist das vielleicht auch bei Ihnen. Sie haben sich vielleicht mit einem M für Mißbrauch oder einem S für Scheidung gebrandmarkt oder sehen sich einzig als nunmehr erwachsenes Kind alkoholabhängiger Eltern oder als nunmehr erwachsenes Würmchen, das zur Adoption freigegeben wurde. Gleich, welches Etikett Sie sich aufgeklebt haben, Sie definieren sich selbst in erster Linie als Opfer und richten sich im Leben entsprechend ein. Wenn es so weit ist, hat die Opferrolle völlig von Ihnen Besitz ergriffen.

Das drückt sich in unserer Lebenseinstellung, in unserer Beziehung zur Umwelt und zu uns selbst aus.

Drei Opferszenarien

Es gibt drei grundlegende Rollen, in die man hineinschlüpfen kann, um seine Opfergefühle «auszuleben». Häufig ist es so, daß man zwischen diesen drei Rollen hin und her wechselt, darunter jedoch eine Lieblingsrolle hat. Sie werden sicherlich erkennen, welche die Ihre ist – der Jammerlappen, der Selbstsüchtige oder der Wüterich.

Der Jammerlappen

«Liebes inneres Opfertier», schrieb vor kurzem einer unserer Seminarteilnehmer, «unzählige Male habe ich mich hingesetzt und mir solange alte Fotos angesehen und Bandaufnahmen deiner Stimme angehört, bis ich vor Schmerz und Selbstmitleid zerfloß. Ich habe kaum etwas anderes getan, als mich selbst zu bemitleiden. Wenn ich mich leer fühlte, beschwor ich den Schmerz herauf, weil ich die Leere nicht aushalten konnte und etwas Angenehmeres gar nicht tun oder fühlen wollte.»

Wenn Ihr Szenario das des Jammerlappens ist, sind Sie gewiß auch schon viele Male vor Selbstmitleid zerflossen, haben sich Stunden, Tage oder Wochen nicht an Essen oder Trinken, sondern an Selbstmitleid gelabt. Der Jammerlappen findet tausend verschiedene Arten kundzutun, wie arm und bedauernswert er ist, und kostet seinen Schmerz aus bis zum letzten. Oft verkündet er laut jammernd und klagend seine Not und weist alle Vorschläge, die ihm helfen könnten, etwas zu ändern, entschieden zurück. Er gehört meistens nicht zu den Leuten, mit denen andere gern zusammen sind, und ist daher häufig allein und einsam.

«Das Opfertier in mir stößt andere Menschen zurück», schrieb ein anderer Seminarteilnehmer. «Ich will immer alles selbst tun – nicht weil ich es so gut kann, sondern weil ich das Gefühl habe, daß ja doch keiner da ist, wenn ich ihn brauche. Wenn ich jemanden um Hilfe bäte, würde der mich bestimmt im Stich lassen, und das wäre für mich noch schlimmer als von vornherein allein dazustehen.»

Der Jammerlappen ist meist depressiv, passiv und monoman. «Ist schon in Ordnung. Ich komm schon zurecht. Geht nur ohne mich», sagt der Jammerlappen mit schmerzlicher Resignation, von Kopf bis Fuß der ewig leidende Märtyrer. Der Jammerlappen sitzt in seiner eigenen Falle, und infolge mangelnder Energie, mangelnden Auftriebs, mangelnden Leistungswillens und dürftigster menschlicher Beziehungen kommt er da auch nicht heraus.

Die Selbstsüchtige

Das wird wieder so ein mistiger Tag, denkt Darlene morgens um sechs, als sie aus ihrem Bett aufsteht und in die Küche geht. Am Vortag hatte ihre Sekretärin den Stapel Briefe nicht unverzüglich abgeschickt, nachdem Darlene sie darum gebeten hatte, also mußte Darlene das wieder einmal selbst erledigen. Überzeugt, daß ihr Mann vergessen würde, die Sachen aus der Reinigung abzuholen, wie sie ihm aufgetragen hatte, machte sie einen Umweg von zehn Meilen, um auch das selbst zu erledigen – und mußte entdecken, daß er es nicht vergessen hatte und bereits vor ihr dagewesen war.

«Du hättest mich wenigstens anrufen können, um mir Bescheid zu sagen», erklärte sie empört, als sie nach Hause kam.

«Aber ich habe dir doch gesagt, ich würde es erledigen», protestierte er, und schon gab es wieder Krach. Sie warf ihm vor, wie unzuverlässig er sei, er sagte, es mache ihn verrückt, daß sie ihn ständig um Dinge bitte, die sie dann doch selbst erledigte.

Kein Wunder, daß Darlene danach ziemlich gereizt war, als sie daran ging, den Kuchen für die Geburtstagsfeier ihrer Tochter zu backen. Eigentlich sollte sie ihrer Tochter, die selbst backen wollte, nur Hilfestellung leisten, aber es erschien ihr einfacher, gleich alles selbst zu machen. «Ich versteh wirklich nicht, warum sie sich darüber so aufgeregt hat», murmelt Darlene hinterher seufzend. «Und dieses Theater, nur weil ich rosa Guß genommen habe statt blauen. Gut, sie wollte blauen haben, aber der Geschmack ist schließlich der gleiche. Sie kann froh sein, daß ich ihr geholfen habe.» Sie schneidet den von der Tochter abgelehnten Kuchen an, probiert ihn, während sie sich fragt, womit sie ein so undankbares Kind verdient habe. «Ich mach mich halb verrückt, um jedem was Gutes zu tun, und was bekomme ich dafür? Nichts als Undank.»

Sie zögert kurz, ehe sie sich ein zweites Stück abschneidet. Nun sieht der Kuchen schon stark «angeknabbert» aus.

Aber dem Kind wird das gleichgültig sein, sagt sich Darlene. Sie hat sowieso gesagt, daß sie die Dinger nicht mag. «Außerdem hab ich sie gebacken», brummt sie vor sich hin, «also kann ich sie auch essen, wenn ich will.» Sie verdrückt also noch drei weitere Kuchenscheiben. Auf dem Rückweg ins Schlafzimmer fällt ihr ein, daß sie beim Wiegen in ihrem Diätklub einiges zu erklären haben wird. Na wenn schon, denkt sie, während sie in ihr Bett kriecht. Ich hab einen gräßlichen Tag gehabt. Da darf ich schon mal über die Stränge schlagen.

Das ist eine klassische Szene aus dem Drehbuch des selbstsüchtigen Opfers. Wenn Sie auch nach diesem Szenario leben, lautet Ihr Motto wahrscheinlich schlicht und einfach: «Ich wurde verletzt, daher habe ich das Recht, zu tun und zu lassen, was ich will, ohne Rücksicht auf die Konsequenzen für mich oder andere.»

Selbstsüchtige agieren ihr Opfertum auf jede naheliegende Weise aus: Sie trinken, nehmen Drogen, stopfen sich mit Süßigkeiten oder anderen ungesunden Dingen voll, spielen, sind wahllos in ihrem Sexualleben oder veranstalten wahre Einkaufsorgien. Wie eine Seminarteilnehmerin es formulierte: «Wenn ich mich so richtig als Opfer fühle, kaufe ich ein. Unmengen an Sachen. Dinge, die ich mir gar nicht leisten kann. Ich bilde mir ein, wenn ich mir das gönne, geht es mir besser. Wenn ich mir selbst Geschenke mache, werde ich für alles entschädigt, was mir fehlt. Aber das funktioniert nicht. Ich fühle mich trotzdem leer.»

Diese Art der Selbstverwöhnung wiederholt der oder die Selbstsüchtige immer wieder, wenn die Leere kommt. «Ich wurde verletzt. Ich habe eine Entschädigung verdient. Ich habe mit meinem Schmerz dafür bezahlt ... Niemand versteht mich.» So lautet die Rechtfertigung.

Man benutzt den eigenen Schmerz, die Hilflosigkeit und die Hoffnungslosigkeit als Rechtfertigung für alles, was man tut oder läßt, und ist in seiner Selbstsüchtigkeit anderen gegenüber völlig rücksichtslos. Es gibt zahllose Beispiele dafür:

- Man fährt das Auto der Familie, macht sich aber nicht die Mühe zu tanken;
- man verbraucht das ganze heiße Wasser, obwohl man weiß, daß die anderen auch noch duschen wollen;

- man trinkt die letzte Milch, ohne neue zu kaufen oder Milch auf die Einkaufsliste zu setzen;
- man hängt stundenlang am Telefon, obwohl man weiß, daß ein anderer einen wichtigen Anruf erwartet;
- oder man streicht rosa Guß auf den Kuchen, obwohl blauer gewünscht war.

Wird man von den Leidtragenden auf sein rücksichtsloses und selbstsüchtiges Verhalten angesprochen, so ist man pikiert. Ich schulde keinem etwas, denkt man sich. Die Leute, die mich verletzt haben, haben sich ja auch nicht im geringsten darum gekümmert, was sie *mir* mit ihrem Verhalten antaten. Warum sollte ich mich jetzt für andere krummlegen? Nein, man legt sich natürlich nicht krumm. Im Gegenteil, man verwöhnt sich weiter, obwohl es weder dem eigenen Körper noch der eigenen Seele guttut und die Beziehungen zu anderen Menschen stört.

Der Wüterich

Die Opfer, die ihre Rolle nach diesem dritten Script spielen, wirken auf den ersten Blick gar nicht wie Opfer. Sie erscheinen nicht im geringsten niedergedrückt oder depressiv und brechen lieber einen Streit vom Zaun, als daß sie im stillen Kämmerlein vor sich hin weinen. Sie sind aggressiv, intolerant und äußerst leicht reizbar. Man erlebt sie in ihrer ganzen Pracht in der Schlange an der Kasse, wo sie laut schimpfen, weil nichts vorwärtsgeht; am Lift in einem Amts- oder Bürogebäude, wo sie immer wieder wütend auf sämtliche Knöpfe drücken, weil der Aufzug noch nicht da ist; im Straßenverkehr, wo sie mit ihrer aggressiven Fahrweise allen anderen Angst einjagen.

Der Wüterich versteht sich darauf, andere mit schneidenden Bemerkungen, Sarkasmus, Spott und Besserwisserei herunterzuputzen. Er ist ein notorischer Nörgler, und nichts ist ihm je gut genug. Marks Vater mit seinem ewigen Mißtrauen und seinem Verfolgungswahn war ein Wüterich par excellence. Viele Rassisten, Sexisten und Gewalttäter, die sich an Kindern oder Frauen vergreifen, sind Wüteriche – Opfer, die ihre Wut, hinter der der Schmerz steht, im allgemeinen an ihnen Unterlegenen auslassen.

Craig wurde in der Opferphase zum Wüterich. Voller Wut auf seine Frau und sich selbst nahm er alles und jeden aufs Korn. Gedämpft, aber doch so laut, daß es zu hören war, gab er während der Vorlesungen zynische Kommentare über seine Dozenten ab. Er verwickelte sie in Wortgefechte, die er Diskussionen nannte und ihm in Wirklichkeit nur dazu dienten, seine undifferenzierte Wut auszulassen. Er bezeichnete seine Kommilitoninnen als «schwachsinnige Gänse» und machte sich ein Vergnügen daraus, ihnen in Gesprächen über Themen, die ihm selbst vertraut, ihnen aber fremd waren, ihre Dummheit nachzuweisen. Es war nichts Ungewöhnliches, daß er Kellnerinnen mit seiner scharfen Kritik zum Weinen brachte. Erst nachdem er festgenommen worden war, weil er vor einer Kneipe eine Prügelei angefangen hatte, wurde ihm sein Verhalten bewußt, und er fragte sich: Was zum Teufel tue ich da eigentlich?

Die meisten Wüteriche, genauer gesagt, die meisten Opfer, stellen sich diese Frage leider nicht. Statt dessen exerzieren sie immer wieder die gleichen Verhaltensweisen durch und bestärken sich damit selbst in ihrer Überzeugung, hilf- und hoffnungsloses Opfer der alten Verletzungen und der gegenwärtigen Umstände zu sein.

Keiner der drei beschriebenen Opfertypen *will* natürlich so fühlen, denken und handeln, wie er das in der Opferphase tut. Keiner steht morgens auf und sagt sich: Heute werde ich mich mal richtig im Selbstmitleid suhlen, oder: Heute werde ich mal richtig selbstsüchtig und ekelhaft sein. Nein, man rettet sich ins Ausagieren seines Opferticks, weil dies das einzige ist, was man tun kann, wenn einem klar wird, daß man von anderen zum Opfer gemacht wurde – und so ein Moment kommt immer. Wie unerfreulich sie auch ist, die Opferphase gehört zum Heilungsprozeß. Und so unglaublich es erscheint, eine Zeitlang ist sie uns dienlich.

Wozu man die Opferphase braucht

So schmerzlich, so belastend für Körper und Seele die Opferphase ist, sie bringt uns der Heilung näher. In dieser Phase nämlich kommen mehrere wichtige Bedürfnisse zu ihrem Recht, die vorher vernachlässigt wurden.

Zunächst einmal haben wir das Bedürfnis, jemandem an dem, was uns angetan wurde, die Schuld zu geben, und in der Opferphase ist unsere Antwort auf die Frage, wer denn nun verantwortlich war für unsere Verletzung, realistischer, als sie es in den Phasen der Verleugnung und der Schuldübernahme war. Wir weisen denen die Schuld zu, die wirklich an uns schuldig geworden sind – den Menschen, die uns verletzt haben.

«Mein Vater hat mich ganz schön ‹verkorkst›», sagte Mark im Gegensatz zu seiner früheren Überzeugung, er sei «verkorkst», weil er immer zuviel erwartet und die Enttäuschung selbst herausgefordert habe. In der Opferphase konnte Mark sich endlich eingestehen, daß sein Vater ihn auf eine Art und Weise behandelt hatte – indem er seine Versprechen nicht erfüllte, geplante Unternehmungen platzen ließ, die den Kindern gemachten Geschenke zurücknahm und verkaufte, absolute Loyalität mit seinen paranoiden Vorstellungen verlangte und seinen kleinen Sohn stundenlang in der Kälte sitzen ließ –, wie man ein Kind einfach nicht behandeln darf.

«Ich hasse den Mann für das, was er mir angetan hat», erklärte Terry, nachdem sie endlich aufgehört hatte, ihre kindliche Verletzung zu verleugnen. In der Opferphase erkannte sie klar, daß die sexuelle Belästigung durch ihren Großvater ein Übergriff gewesen war, den sie aufgrund ihrer Jugend nicht verstehen konnte, und daß er ihr ein furchtbares Vermächtnis an Schmerz und Verwirrung hinterlassen hatte.

«Der Whisky interessierte sie mehr als wir», bekannte Mary unter Tränen. «Meine Eltern haben mit ihrem Trinken meine Kindheit zerstört und mein Leben verpfuscht.»

«Er hätte nicht so zu handeln brauchen», sagte Harriet. «Ich war vielleicht nicht gerade die beste Ehefrau der Welt und habe mich tatsächlich mehr um mein Geschäft als um unsere Ehe gekümmert. Aber deswegen hatte er noch lange kein Recht, ein Verhältnis mit einer anderen Frau anzufangen. Und dafür, daß er versucht, mir die Kinder abspenstig zu machen, gibt es überhaupt keine Rechtfertigung. Ich weiß nicht, warum er das tut, ich weiß nur, daß es unrecht ist.»

Gleich, wie man es ausdrückt, in der Opferphase wälzt man die Last der Schuld von den eigenen Schultern und gibt sie an diejenigen ab, die einen verletzt haben. Das ist gut und nützlich, denn um den alten Schmerz loslassen und den «Tätern» verzeihen zu können, muß man erst einmal anerkennen, daß sie einen verletzt haben und für das Verhalten verantwortlich waren, das den Schmerz verursachte. In der Opferphase bereitet man den Boden für die spätere Verarbeitung der schmerzlichen alten Erlebnisse.

Man muß wissen und aussprechen, daß man ein Opfer irgend einer Sache ist. «Ich glaubte immer, ich sei verrückt», berichtete Marcy. «So, wie ich jedesmal ausgeflippt bin und mir einbildete, die schlimmsten Dinge würden geschehen, wenn ich einen Fehler machte. Wie ich immer alles kontrollieren wollte, was überhaupt nicht zu kontrollieren war, und mich nie richtig freuen oder entspannen konnte, weil ich dauernd aufpassen und versuchen mußte, die nächste mögliche Panne oder Katastrophe schon vorauszusehen. Jetzt weiß ich, daß viele Menschen, die alkoholsüchtige Eltern hatten, sich so verhalten. Ich kann zwar nicht behaupten, daß ich mich deshalb besser fühle. Im Gegenteil, die Erkenntnis, wie sehr meine Eltern mich durch ihr Verhalten geschädigt haben und was ich alles tun muß, um mich wieder hochzurappeln, deprimiert mich und kostet mich eine Unmenge Kraft. Aber wenigstens habe ich endlich was kapiert.»

Wenn Sie nicht mehr sagen: «Hätte ich es nur anders gemacht, dann wäre ich nicht verletzt worden», sondern statt dessen sagen: «Hätte er/sie mich nicht verletzt, dann hätte ich nicht so lange so sehr gelitten», haben Sie endlich eine einleuchtende Erklärung für Ihre Reaktionen auf bestimmte Situationen und für einige der

Schwierigkeiten, mit denen Sie sich seit Jahren herumschlagen. Natürlich ist es keine Erklärung, die alles gutmacht. Sie vermag nichts gegen Ihre Gefühle der Ohnmacht und liefert keine Motivierung zu Veränderung. Im Gegenteil, in der Opferphase tendiert man dazu, diese Erklärung als Rechtfertigung für die eigene Passivität zu benutzen und als Freispruch von jeglicher Verantwortung, das eigene Leben positiv zu verändern. Dennoch tröstet einen, wie Marcy, die Erkenntnis, daß man nicht verrückt ist, sondern ein Opfer bestimmter Umstände, und daß es daher kein Wunder ist, wenn man nicht imstande ist, mehr aus seinem Leben zu machen.

Man muß trauern um das, was man verloren hat, weil man verletzt wurde. Wir alle haben etwas verloren, als wir verletzt wurden. Vielleicht haben wir unsere Unschuld verloren, das Vertrauen, das Gefühl von Sicherheit und Geborgenheit, das wir als Kinder dringend brauchten, die Liebe und die Anerkennung, die wir von den Eltern, von Freunden, Partnern oder den eigenen Kindern zu bekommen hofften, oder die Ermutigung und seelische Unterstützung, die wir brauchten, um uns selbst schätzen zu können. Wir müssen diese Verluste, die schmerzlich und real waren, betrauern; solange wir sie verleugneten oder uns selbst die Schuld an ihnen gaben und uns dafür bestraften, konnten wir das nicht.

In der Opferphase gestatten wir uns endlich Kummer, Schmerz und Tränen, gestehen uns ein, wie schlimm und wie ungerecht es war, von einem Menschen verletzt zu werden, von dem wir geliebt, angenommen und ermutigt werden sollten. Die Trauer ist notwendig. Wir müssen trauern, ehe wir es mit dem Leben wieder aufnehmen können.

Wir müssen uns wie Suzanne selbst die Zuwendung und den Trost geben, die wir nicht bekamen, als wir verletzt wurden.

«Kein Mensch war für mich da. Niemand konnte mich trösten, weil niemand wußte, was vorging. Die anderen konnten nicht sehen, daß ich litt, und, ehrlich gesagt, ich glaubte, sie sähen mich überhaupt nicht.

Als ich in die Opferphase kam, schwor ich mir, daß mein Schmerz und ich nicht länger unsichtbar bleiben würden. Wir würden uns die Aufmerksamkeit holen, die wir verdienten. Ich konzentrierte mich mit ganzer Kraft auf mich und meinen Schmerz. Ich dachte unablässig über den Inzest nach. Ich weinte regelmäßig darüber. Abgesehen davon, daß ich jeden Morgen aufstand und zur Arbeit ging, hatte ich für nichts anderes Zeit. Und wenn es ging, sicherte ich mir die Aufmerksamkeit anderer, erzählte ihnen meine schlimme Geschichte und weinte mich bei ihnen aus. Ich weiß jetzt, daß ich das alles brauchte – wenn auch vielleicht nicht ganz so lang.»

Indem wir uns ganz auf unseren Schmerz konzentrieren und sowohl über die Vergangenheit als auch unser heutiges Leben nachdenken, geben wir uns selbst die Zuwendung, die wir einst von anderen ersehnten, aber nicht bekamen. Wir können das verschreckte und verletzte Kind in uns trösten und seinen Schmerz lindern. Und wenigstens so lange, bis sie unser Gejammere satt haben, erhalten wir auch die Teilnahme und die Zuwendung anderer. «Ach, du Ärmste», sagen sie. «Das muß ja furchtbar gewesen sein. Das hat dir bestimmt schrecklich weh getan.» Besser spät als nie, denken wir und fühlen uns von den teilnahmsvollen Worten ein wenig getröstet.

Sie sehen also, die Opferphase ist vielleicht kein Honiglecken, aber wir brauchen sie – vorübergehend. Sie hat allerdings, eben weil endlich die vernachlässigten Bedürfnisse zu ihrem Recht kommen, ihre Gefahren. Die Schuld an den eigenen Problemen jenen zuzuweisen, die uns verletzt haben; uns als Opfer anzuerkennen, unseren Verlust zu betrauern und uns auf unseren Schmerz zu konzentrieren, das alles wirkt sich nur zu unserem Vorteil aus, wenn wir es in Maßen tun.

Tatsache ist aber, daß wir in der Opferphase fast alle in unserem Selbstmitleid maßlos werden. Mit der Trauer um das Verlorene entschuldigen wir maßloses Verhalten und die Weigerung, jene Dinge zu verändern, die wir verändern könnten.

Gleich, welches Script Sie wählen, wenn Sie die Opferrolle übernehmen, bezahlen Sie und Ihre Umwelt dafür.

Noch negativer als die Schuldübernahme wirkt sich die Opferhaltung auf die Selbstachtung aus. Nicht nur betrachtet man sich als in mannigfaltiger Hinsicht nicht gut genug, sondern man ist zudem fest davon überzeugt, daß man nichts tun könne, um daran etwas zu ändern. Da man sich von dem alten schmerzlichen Erlebnis unheilbar geschädigt glaubt, sieht man sich vielleicht als so schwach, wertlos und vom Unglück verfolgt, daß man mehr oder Besseres als man hat, gar nicht mehr erstrebt. Die Selbstachtung wird weiter verringert, durch die Unfähigkeit oder Weigerung, etwas zu riskieren, durch die Ablehnung, etwas Neues zu versuchen, weil man fürchtet, das wenige, das man hat, auch noch zu verlieren. Diese Furcht lähmt. Mehr noch als die Hoffnungslosigkeit veranlaßt uns die Furcht, gerade die Menschen zurückzustoßen, die uns helfen könnten, jeden Rat zurückzuweisen, der uns aus der Opferphase heraushelfen könnte, und uns von der Umwelt zu isolieren. Damit erhält man den Kreislauf natürlich aufrecht.

Systematischer Selbstmord

Wer sich nicht mag, sorgt nicht für sich. Wenn wir glauben, daß wir vom Leben kaum mehr zu erwarten haben als Schmerz und Leid, liegt uns natürlich nichts an einem langen Leben. Solange wir in der Opferphase sind, tun wir nichts, um unser Leben positiver zu gestalten. Im Gegenteil, oft machen wir alles noch schlimmer. Das, was wir tun – vom Alkohol- und Drogenmißbrauch bis zur völligen Abkapselung von unseren Mitmenschen –, und das, was wir nicht tun – von der körperlichen Bewegung bis zum regelmäßigen Arztbesuch –, verkürzt unser Leben. Jeden Tag tötet man einen kleinen Teil von sich ab, begeht, kann man sagen, systematisch Selbstmord.

Fachleute auf dem Gebiet der Selbstmordverhütung sagen oft, Selbstmord sei «eine Dauerlösung für ein vorübergehendes Problem». Das trifft auch für den systematischen Selbstmord zu. Der Schaden, den wir unserem Körper und/oder unserer Seele antun, kann bleiben, auch wenn wir die Opferphase längst hinter uns gelassen haben. Weil so vieles, was wir tun oder nicht tun, uns schwächt, Scham und Schuldgefühle am Morgen danach verursacht und uns häufig neue, scheinbar unüberwindliche Probleme schafft, fühlen wir uns noch hilfloser und hoffnungsloser – und bleiben in der Opferphase stecken.

Man bekommt genau das, was man vermeiden wollte

Als Harriet in die Opferphase kam, verfiel sie in tiefe Niedergeschlagenheit. Sie war deprimiert, hatte kaum Energie und verbrauchte das bißchen, das sie hatte, um im Geschäft einen ähnlichen Fehlschlag zu vermeiden, wie sie ihn in ihrer Ehe erlitten hatte. «Für die kleinen Dinge hatte ich kein Fünkchen Kraft übrig», sagte sie. «Ich hatte zu nichts Lust. Ich schlug Einladungen aus, machte keine Besuche, ging eigentlich nur zur Arbeit aus dem Haus. Abends weinte ich mich in den Schlaf, wenn ich überhaupt schlafen konnte.»

Harriet konnte nicht für die Kinder da sein. Sie konnte ihnen nichts geben, und die Kinder litten darunter. «Oft sagten sie: ‹Du bist überhaupt nicht mehr lustig›», erinnerte sich Harriet. «Aber wie konnten sie etwas anderes von mir erwarten? Ihr Vater hatte mich vernichtet. Er hatte mein Leben zerstört. In so einer Situation kann man nicht lachen und singen.» Doch das war es gar nicht, was die Kinder sich wünschten. Sie wünschten sich – und brauchten – Harriets mütterliche Fürsorge, ihr Interesse, ihre Ermutigung und Wertschätzung, ihre Hilfe, um mit der Scheidung der Eltern und dem Kampf um das Sorgerecht, die ja auch sie betrafen, fertig zu werden. Es wäre Harriets Aufgabe als Mutter gewesen, diesen Bedürfnissen Rechnung zu tragen, aber das konnte sie nicht, solange sie sich in einem Zustand der Depression und Verzweiflung befand.

Eines Abends beim Essen, als Harriet wie gewöhnlich in ihre eigenen Probleme vertieft war und ihrer Tochter, die ihr etwas

Wichtiges erzählen wollte, keine Aufmerksamkeit zollte, sprang das Mädchen schließlich zornig auf und sagte: «Vielleicht sollten wir wirklich zu Dad ziehen. Der beachtet uns wenigstens.»

«Mit einem Schlag wurde mir klar», erzählte Harriet, «daß ich drauf und dran war, genau auf das loszusteuern, was ich am meisten fürchtete. Ich hatte Todesangst davor, meine Kinder zu verlieren, aber vor lauter Selbstmitleid und Grübeln war ich zu der Mutter geworden, als die mein geschiedener Mann mich hinstellte. Ich war eine Mutter, die die Liebe und die Loyalität ihrer Kinder bald nicht mehr verdiente. Ich war im Begriff, mir genau das einzuhandeln, was ich um jeden Preis vermeiden wollte.»

Das tut man, wenn man in der Opferphase gefangensitzt. Ob man fürchtet, zurückgewiesen, verlassen, belogen, heruntergemacht oder tyrannisiert zu werden – das, was man fürchtet, trifft ein. Die negativen Konsequenzen, die man vermeiden wollte, werden zu neuen Realitäten, mit denen man nun neben den alten Verletzungen und Problemen fertig werden muß.

Opfer schaffen neue Opfer

Das verheerendste an der Opferphase und ein zwingender Grund, nicht in ihr zu verharren, ist die Tatsache, daß Opfer neue Opfer schaffen. Nie ist es unsere Absicht, den Kreislauf des Schmerzes und des Leids aufrechtzuerhalten, aber eben das geschieht *immer,* wenn wir in der Opferphase steckenbleiben.

Kurz bevor ihr Vater starb, erfuhr Suzanne, daß er selbst als Kind mißbraucht worden war. «Sicher kann das sein Verhalten nicht entschuldigen, und es ändert auch nichts an der Tatsache, daß ich verletzt wurde, aber es war eine gewisse Erklärung dafür, wie es in unserer Familie zum Inzest kommen konnte.

Opfer schaffen neue Opfer, und mein Vater war zweifellos ebenfalls ein Opfer gewesen. Er wurde als Kind verletzt und als Erwachsener seiner Würde beraubt, als er sich eine so schwere Rückenverletzung zuzog, daß er nicht mehr arbeiten konnte, um seine Familie zu ernähren. Er verfügte nicht über das Verständnis, die Unterstützung und die realen Möglichkeiten, seinen Schmerz zu verarbeiten; statt dessen gab er ihn an seine Kinder weiter, und wir mußten dann Jahrzehnte lang sehen, wie wir damit fertig wurden.

Ich habe zwar niemanden geprügelt oder sexuell mißbraucht, aber in gewisser Weise erhielt auch ich eine Zeitlang den Kreislauf aufrecht. Von meinem eigenen Heilungsprozeß und meinem eigenen Schmerz besessen, war ich unfähig, meiner Verantwortung als Mutter gerecht zu werden. Meine Tochter und unsere Beziehung zueinander litten, weil ich mich einzig als Opfer fühlte und keine Mutter sein konnte. Zum Glück konnten wir gemeinsam den größten Teil des Schadens beheben und wieder eine gute Beziehung aufbauen, aber es kostete Jahre harter Arbeit und des Schmerzes, die nicht nötig gewesen wären.»

Ob Sie im Selbstmitleid versinken und die Menschen, die Sie lieben, vernachlässigen, ob Sie durch Ihre Selbstsucht oder Ihre undifferenzierte Wut andere verletzen, Sie halten dadurch den Kreislauf aufrecht, der Opfer schafft. Solange Sie in der Opferphase verharren, werden Sie wahrscheinlich immer wieder andere verletzen und sich selbst dazu – durch die Schuldgefühle und die Scham nämlich, die sich bei Ihnen ansammeln und Ihren Heilungsprozeß blockieren.

Den Kreislauf durchbrechen – die Opferphase beenden

Sie wurden zum Opfer gemacht. Das ist eine Tatsache. Sie waren damals hilflos und hatten keine Kontrolle über die Menschen oder die Geschehnisse, die Sie verletzten. Auch das ist eine Tatsache. Infolge der Verletzung und Ihrer Reaktion darauf, ist Ihr Leben heute nicht das, was es sein könnte. Ja, auch das ist eine Tatsache. Alles andere jedoch ist *eigene Entscheidung*. Es ist Ihre eigene Entscheidung, sich weiterhin hilflos zu fühlen, im Selbstmitleid zu versinken, sich von Selbstsucht oder blinder Wut bestimmen zu lassen. Es ist Ihre eigene Entscheidung, wenig zu tun und noch weniger von sich zu erwarten. Die ständige Wiederholung alter

Muster und die Schaffung neuer Opfer sind die Folgen Ihrer Entscheidung, in der Opferphase zu verharren. Aber jetzt ist es Zeit, andere Entscheidungen zu treffen, konstruktive Entscheidungen, die der Wiederherstellung von Kraft und Hoffnung dienen.

Einfach wird das nicht. Aber wenn Sie sich Einstellungen zu eigen machen und Aktivitäten aufnehmen, die mit der Opferrolle nicht vereinbar sind und Opfergefühle nicht aufkommen lassen, werden Sie sich bald auch nicht mehr als Opfer sehen und aufhören, immer wieder das alte Szenario der Hilflosigkeit auszuagieren. Versuchen Sie zunächst, weniger auf Ihren Schmerz und Ihr Leid zu achten und dafür mehr auf andere Aspekte Ihrer Persönlichkeit und Ihres Lebens.

Nehmen Sie die Scheuklappen des Opfers ab

Solange wir unsere Energie und unsere Aufmerksamkeit einzig auf den Mangel in unserem Leben konzentrieren, geht das Leben an uns vorbei. Solange wir in der Opferphase festsitzen, unterbrechen wir die starre Betrachtung unserer Verletzungen höchstens, um in irgendwelche Aktivitäten zu flüchten, von denen wir hoffen, daß sie uns das Gefühl geben, heil zu sein. Wir vergessen, daß das Leben nicht nur aus Schmerz und Leid besteht, sondern auch noch Freude, Liebe und Abenteuer zu bieten hat. Wenn man die Scheuklappen des Opfers trägt, sieht man die Rettungsleine nicht, die man ergreifen könnte, und darum ergreift man sie nicht.

«Man kann sich dafür entscheiden, dankbar oder undankbar, positiv oder negativ zu sein, zu verzeihen oder nicht zu verzeihen», behauptet Philip H. Friedman, der Leiter der *Foundation for Well-Being*. «Selbst für das Unglück kann man dankbar sein, weil Unglück einen in mancher Hinsicht zwingt, sich weiterzuentwikkeln. Man wählt sich seine Überzeugungen und Einstellungen selbst. Entscheidet man sich, positiv zu sein, dann geschieht einem Positives. Das, worauf man ausgerichtet ist, strahlt aus. Und was man ausstrahlt, kommt als Reflexion zurück.»

Dieses Konzept mag auf den ersten Blick simpel erscheinen,

aber um seine Gültigkeit zu erkennen, brauchen Sie sich nur zu überlegen, was Sie getan haben, solange Sie in der Opferrolle lebten. Sie strahlten Schmerz und Elend aus – und bekamen Schmerz und Elend zurück. Sie inszenierten immer wieder die gleiche Vorstellung, und sie endete jedesmal auf dieselbe Art. Warum also versuchen Sie nicht endlich etwas Neues? Außer Ihrem Schmerz haben Sie nichts zu verlieren.

Die Möglichkeiten zu einer positiven Sicht der Dinge schaffen: Eine Visualisierungsübung

Ehe Sie eine positivere Sehweise annehmen können, müssen Sie die Möglichkeiten schaffen, Positives aufzunehmen. Ihr ganzes Empfangsnetz ist negativ geschaltet, es muß erst einmal umgestellt werden, zumindest vorübergehend, damit positive Botschaften der Dankbarkeit, des Optimismus und der Ermutigung aufgenommen werden können. Die folgende Visualisierungsübung, von Philip H. Friedman empfohlen, sollten alle machen, die in der Opferphase sind. Sie tut aber jedem gut, ganz gleich, an welchem Punkt des Heilungsprozesses er sich befindet.

Entspannen Sie sich, schließen Sie die Augen und stellen Sie sich einen Heißluftballon vor, an dem unten nicht wie üblich ein Korb hängt, sondern eine Mülltonne. Der Ballon ist im Moment noch auf dem Boden verankert. Stellen Sie sich vor, Sie gehen zu ihm hin, heben den Deckel der Mülltonne und werfen Ihr gesamtes emotionales Gepäck hinein. Füllen Sie die Tonne mit den alten Verletzungen und Ungerechtigkeiten, mit Ihrem Groll und Ihrer Selbstverachtung, mit den Gefühlen der Hilflosigkeit und der Hoffnungslosigkeit. Reißen Sie sich das Opfer-Etikett herunter und werfen Sie es ebenfalls hinein, dazu auch gleich die Scheuklappen.

Schließen Sie dann den Deckel, machen Sie den Ballon los und sehen Sie ihm nach, wie er davonschwebt und Ihre ganze Opferausrüstung mit ihm. Sehen Sie ihm nach, bis er nur noch ein kleiner Punkt am Himmel ist, und wiederholen Sie dabei: «Ich lasse meinen Schmerz los.»

Bemühen Sie sich, die Übung jeden Tag zu machen, solange Sie dabei sind, sich aus der Opferphase herauszuarbeiten. Sie können sie im Laufe Ihres Heilungsprozesses immer wieder machen, wenn Sie das Bedürfnis dazu verspüren, oder wenn Sie merken, daß Sie sich wieder einmal als Opfer fühlen.

Die Vorstellung, daß der ganze Gefühlsballast in einer Mülltonne davonfliegt, heilt natürlich die alten Verletzungen nicht. Aber sie erlaubt Ihnen, den Schmerz für einige Minuten, Stunden oder sogar Tage loszulassen und Raum zu schaffen für Gedanken an Weitergehen und Fortschreiten.

Die Dankbarkeitsübung

Solange man tief in der Opferphase vergraben ist, wird es einem zweifellos schwerfallen, Dankbarkeit zu empfinden. Und wenn man auch noch die Scheuklappen aufhat, wird man nicht einmal etwas sehen, wofür man dankbar sein könnte. Man sieht nur, was man nicht hat, und daß das wenige, was man hat, zu nichts nütze ist. Deshalb werden Sie sich vielleicht gegen die nachfolgende Übung sträuben, aber versuchen Sie sie dennoch. Sie schadet Ihnen nicht und hilft Ihnen vielleicht, die Dinge freundlicher zu sehen.

Sagen Sie, während Sie, bei den Zehen beginnend, in Gedanken langsam Ihren Körper hinaufwandern, daß Sie für jeden einzelnen Teil Ihres Körpers dankbar sind. Sagen Sie: «Ich bin dankbar für meine Zehen. Ich bin dankbar für meine Füße. Ich bin dankbar für meine Knöchel (Waden, Knie, Schenkel und so weiter).» Sie brauchen dabei noch keine Dankbarkeit zu *fühlen*. Indem Sie sagen, daß Sie dankbar sind, anerkennen Sie lediglich die Möglichkeit, daß Sie es eines Tages wirklich sein könnten. Drücken Sie Ihre Dankbarkeit für jeden Teil Ihres Körpers aus, ohne Rücksicht auf mögliche Unvollkommenheit. Vielleicht finden Sie Ihre Schenkel viel zu dick oder hätten gern eine andere Nase, aber wie stünden Sie da, wenn Sie sie nicht hätten?

Gehen Sie dann weiter zu Dingen, die Sie haben oder besitzen, und kümmern Sie sich dabei wiederum nicht um die Qualität.

Sagen Sie, daß Sie für Ihr Auto oder Ihre Wohnung dankbar sind, auch wenn das Auto eine alte Rostlaube ist und die Wohnung viel zu klein. Nennen Sie so viele Dinge, wie Ihnen einfallen – Ihr Bett, Sofa, Ihren Garten, Ihre Stellung. Seien Sie für jedes dankbar.

Danken Sie nun auch für die Menschen, die zu Ihrem Leben gehören, auch wenn sie noch so unvollkommen sein mögen. Danken Sie schließlich für *alles,* was Sie in den vorangegangenen vierundzwanzig Stunden, das heißt vom Aufstehen bis zum Zu-Bett-Gehen, geschafft haben.

Machen Sie diese Übung möglichst täglich, aber wenigstens dreimal die Woche. In der Zeit, in der Sie sich auf die Übung konzentrieren, gilt Ihre Aufmerksamkeit *nicht* den Mängeln in Ihrem Leben. Wichtiger aber ist noch, daß die Übung Ihnen anerkennen hilft, daß Ihr Leben, auch wenn es nicht unbedingt so ist, wie Sie es gern hätten, mehr zu bieten hat, als Sie bisher wahrgenommen haben.

Wenn es Ihnen zur Gewohnheit geworden ist, alle die Dinge aufzuzählen, für die Sie dankbar sein können, müssen Sie sich nach zusätzlichen Dingen umsehen, für die Sie dankbar sein können. Bemühen Sie sich, jeden Tag drei Menschen, Ereignisse oder Beziehungen, die positiv auf Sie gewirkt haben, in Ihre Litanei aufzunehmen – was zählt, ist, daß sie nicht so übel waren, wie Sie erwartet hatten. Das braucht nichts Weltbewegendes zu sein. Sie könnten beispielsweise dafür dankbar sein, daß Sie nicht so lange wie sonst im Stau steckten, daß der Kellner Ihnen ein Glas Wasser brachte, ohne daß Sie mehr als einmal darum zu bitten brauchten; Sie könnten für das Bild dankbar sein, das Ihr Kind Ihnen im Kindergarten gemalt hat, oder für das ungewöhnlich warme Herbstwetter. Wenn Sie erst einmal anfangen, auf positive Dinge zu achten, finden Sie sie auch.

Verhaltensweisen, die nicht zur Opferrolle passen

In der Opferphase kann man es in den für das Opfer typischen Verhaltensweisen, vom Versinken im Selbstmitleid bis zur Einkaufsorgie, zu echter Meisterschaft bringen. Man wird die Opferrolle los, indem man Tätigkeiten, die dieser Rolle nicht dienen, die konstruktiv und der eigenen Entwicklung förderlich sind, mit gleicher Hingabe ausübt. Das sind all die Tätigkeiten, die die Selbstachtung heben, den Gesichtskreis erweitern, dem Körper und der Seele guttun und Opfergefühle nicht aufkommen lassen. Dazu gehören «gute Gewohnheiten», Aktivitäten, die das allgemeine Wohlbefinden steigern, wie Gymnastik oder Sport, gesunde Ernährung, Hobbys, Gartenarbeit, handwerkliche oder kunstgewerbliche Tätigkeiten, Weiterbildung, Einzel- oder Gruppentherapie, Teilnahme an einer Selbsthilfegruppe, stille Stunden der Entspannung oder Meditation und ähnliches. Es können auch kleine Dinge sein, die man regelmäßig für sich selbst tut; ein Spaziergang im Wald, ein warmes Bad, Spiel mit den Kindern, Besuch eines Konzerts oder Theaters, ein romantisches Abendessen – alles eben, wobei man sich gut fühlt und eine Weile die eigenen Probleme vergißt.

Im letzten Kapitel werden wir ausführlicher zeigen, wie Sie für Ihr eigenes Wohlergehen sorgen können, und Ihnen auch einige Übungen dazu anbieten, aber nehmen Sie sich jetzt gleich die Zeit, um zehn oder zwölf für Opfer untypische Tätigkeiten oder Verhaltensweisen aufzuschreiben, die Sie übernehmen könnten. Und praktizieren Sie sie, trotz der Einwände, die Ihr «inneres Opfertier» erhebt.

Die eigenen Bedürfnisse erfüllen – auf konstruktive Weise

Wie wir schon früher sagten, lassen sich viele unserer unverheilten Verletzungen und ein großer Teil der unerledigten Probleme darauf zurückführen, daß wir etwas, das wir brauchten, nicht bekamen. In der Opferrolle gefangen, mag man glauben, daß der Zug abgefahren sei und man das, was man damals nicht bekam, niemals bekommen wird. Aber das stimmt nicht. Sie können bekommen, was Sie brauchen, wenn Sie nur von der Überzeugung ablassen, Papa oder Mama oder wer sonst Sie verletzt hat, sei der einzige Mensch, der es Ihnen geben kann, und wenn Sie Ihre völlig fruchtlosen Bemühungen aufgeben, Ihre ungestillten Bedürfnisse ganz allein zu befriedigen durch die typischen Verhaltensweisen des Opfers.

Zunächst müssen Sie sich darüber klar werden, welche Ihrer Bedürfnisse ungestillt blieben. Fragen Sie sich: Was versuche ich durch mein Opferverhalten zu bekommen? Suche ich Liebe, Anerkennung, Zugehörigkeit, Fürsorge, Nähe, Sicherheit, Geborgenheit, Ermutigung, eine Identität oder etwas anderes?

Klärungsstrategie Nr. 8: Erkennen der Bedürfnisse

Stellen Sie auf der linken Seite eines Blattes Papier eine Liste aller Bedürfnisse auf, die Sie, ganz gleich wie, ständig zu befriedigen suchen, seit Sie verletzt wurden. Lassen Sie nach jedem Punkt ein paar Zeilen frei.

Vielen von uns ging es wahrscheinlich niemals um das unerfüllte Bedürfnis selbst, sondern um die Person, von der man die Erfüllung erwartete. Ein großer Teil unseres Schmerzes und ganz gewiß unsere Unfähigkeit zu verzeihen hängt an der Tatsache, daß die Menschen, die uns verletzten, uns etwas vorenthielten, das wir gerade von ihnen dringend brauchten. Fragen Sie sich deshalb: Wer versagte mir die Erfüllung dieses Bedürfnisses zu der Zeit als und auf die Weise, wie ich die Erfüllung erwartete?

Schreiben Sie jetzt neben jedes aufgeführte Bedürfnis den Namen, die Initialen oder eine Beschreibung des oder der Menschen, die das Bedürfnis nicht befriedigten, als sie es hätten tun können oder müssen.

Teilen Sie den Rest des Blattes in drei Spalten und überschreiben Sie die erste «Was ich getan habe». Denken Sie über Ihr Jammern, Ihre Selbstsucht oder Ihre Wut nach. Was versuchten Sie durch diese Verhaltensweisen zu erreichen? Stellen Sie Ihre Handlungen Ihren Bedürfnissen gegenüber und achten Sie auf die unterschiedlichen Mittel, die Sie anwendeten, um jeweils das zu bekommen, was Ihnen fehlte.

Vielleicht haben Sie in der Hoffnung, Liebe zu bekommen, bei anderen Anteilnahme gesucht, indem Sie immer wieder Ihre Leidensgeschichte erzählten oder jammerten oder den Märtyrer spielten usw. Oder Sie haben sich als Ersatz für etwas, das Sie nicht bekamen, mit Essen, Alkohol, Drogen oder Sex getröstet oder auch damit, daß Sie die Wohnung *nicht* saubermachten, daß Sie *nicht* für sich selbst sorgten. Nehmen Sie sich wirklich Zeit – Bedenkzeit – für diesen Teil der Übung. Sie können dabei sehr viel an Verständnis dafür gewinnen, in welcher Weise und warum Sie sich bisher wie ein Opfer verhalten haben.

Kreisen Sie jetzt alle die Verhaltensweisen ein, an denen Sie heute noch festhalten und kennzeichnen Sie jede davon mit einem Kreuzchen, die Ihr Bedürfnis tatsächlich befriedigt hat, *ohne* Ihnen selbst oder einem anderen zu schaden. Sie werden wahrscheinlich nicht sehr viele Kreuzchen machen müssen.

Überschreiben Sie die zweite Spalte «Was könnte ich statt dessen tun?» und versuchen Sie, sich mindestens eine konstruktive Alternative zur Befriedigung jedes einzelnen Bedürfnisses einfallen zu lassen. Wenn Sie beispielsweise Anerkennung brauchen, können Sie ehrenamtliche Arbeit tun, sich einer Theatergruppe anschließen, einem politischen Ausschuß beitreten, in den Elternbeirat gehen oder sonstwie in Ihrem Beruf oder Ihrer Gemeinde aktiver und damit «sichtbarer» werden. Wenn Sie Orientierung, Unterstützung oder Ermutigung brauchen, könnten Sie eine Therapie anfangen, in eine Selbsthilfegruppe gehen oder sich die Vorschläge anhören, die Leute, die zu Ihrem Lebenskreis gehören, anzubieten haben. Versuchen Sie auf keinen Fall, die «perfekte» Alternative zu finden. Die gibt es nicht. Auf sie zu warten, bringt Sie nicht weiter.

Überschreiben Sie schließlich die letzte Spalte «An wen kann ich mich wenden?». Akzeptieren Sie wenigstens fürs erste die Tatsache, daß Sie das, was Sie brauchen, von den Leuten, die es Ihnen in der Vergangenheit nicht gegeben haben, auch heute nicht bekommen werden. Sie müssen sich anderswo umsehen. Fragen Sie sich, welche Leute in meinem Leben könnten mir wenigstens *etwas* von dem geben, was ich brauche? Wer sonst (ein Therapeut, Mitglieder einer Selbsthilfegruppe, neue Freunde, alte Freunde, mit denen Sie die Verbindung verloren haben, usw.) könnte mir etwas von dem geben, was ich nicht bekommen habe? Schreiben Sie jedem aufgeführten Bedürfnis gegenüber die Namen, Initialen oder Kurzbeschreibungen der Menschen, die Ihnen heute helfen könnten, dieses Bedürfnis zu erfüllen. Es ist unrealistisch und wenig hilfreich zu erwarten, daß eine einzige Person alle Ihre Bedürfnisse oder auch nur eines vollkommen befriedigen kann. Versuchen Sie also nicht, *eine* Person zu Ihrem Retter und Erlöser zu erheben. Schaffen Sie statt dessen ein potentielles Netz verschiedener Menschen und Einrichtungen, die das ihnen Mögliche beitragen können, Ihnen zu geben, was Sie brauchen.

Aufgrund der Erkenntnisse aus dieser Übung können Sie sofort etwas unternehmen, um sich echten Trost durch Freundschaft, Beratung oder Therapie, Selbsthilfegruppen, Engagement in Ihrer Gemeinde, Tagebuchschreiben und anderes zu holen.

Selbstachtung – das Fundament der Heilung

Das Fundament der Heilung und der Fähigkeit zu verzeihen ist die Selbstachtung. Ohne Selbstachtung fährt man fort, sich zu verletzen, wenig von sich zu erwarten und zu glauben, man verdiene es nicht, sich besser zu fühlen oder mehr vom Leben zu haben. Die Selbstachtung aber hat im Lauf der Jahre schwer gelitten. Das begann, als man verletzt wurde, und setzte sich fort, als einen die Verleugnung von einer Sackgasse in die andere führte. Sie wurde weiter niedergedrückt durch die Schuldübernahme und sank infolge der Hilflosigkeit und der Hoffnungslosigkeit, denen man sich in der Opferphase ausgesetzt fühlte, auf den absoluten Tiefpunkt.

Aber die Selbstachtung läßt sich wieder aufrichten. So wie man lernte, sich selbst *nicht zu mögen,* so kann man lernen, sich *wieder zu mögen.* Das kostet Arbeit, gewiß. Man muß bereit sein, etwas zu riskieren, das eigene Verhalten an Leuten zu orientieren, die mehr Selbstachtung zeigen als man selbst. Man muß die Wesensmerkmale, durch die man sich von anderen unterscheidet, als Ausdruck der eigenen Einzigartigkeit sehen und nicht als einen Beweis dafür, daß man nicht gut genug ist. Man muß eigene Entscheidungen treffen, anstatt immer nur auf gegebene Umstände zu reagieren, und man muß Beziehungen zu Menschen herstellen, die hilfreich sind und einen stützen.

Jeder dieser Schritte zur Steigerung der Selbstachtung wird später noch ausführlicher behandelt werden, aber das heißt nicht, daß Sie bis dahin alle Bemühungen, etwas für Ihre Selbstachtung zu tun, zurückstellen sollen. Nur ein Schritt aus der Opferphase heraus – auch wenn er noch so klein ist –, und schon fühlt man sich besser.

Natürlich ist zu erwarten, daß Sie während des Heilungsprozesses immer wieder einmal in die Opferphase zurückkehren, aber wenigstens wissen Sie jetzt, daß die Opferrolle eine Rolle Ihrer Wahl ist. Sie können entscheiden, ob Sie die Rolle des Jammerlappens, des Selbstsüchtigen oder des Wüterichs beibehalten oder ablegen und endlich aufatmen wollen.

Am schnellsten findet man aus der Opferphase zweifellos heraus, wenn man über das, was einem geschah, so richtig wütend wird. Die Wut liefert alle Energie, die einem in der Opferphase fehlte, und noch mehr dazu. Sie führt allerdings auch vom Regen in die Traufe, nämlich in die Phase der Empörung, mit der sich das folgende Kapitel befaßt.

8 Die Empörungsphase

«Mein Vater hat mich wirklich ‹verkorkst›.» Das sind die Worte, die Mark immer wieder sagte, während er sich in der Opferphase befand. Aber jetzt klingen sie anders, nicht mehr klagend und mitleidheischend, sondern emphatisch und bestimmt. Und Mark fügt in entschiedenem Ton hinzu: «Als Vater hat mein Erzeuger vollkommen versagt.»

«Meine Eltern waren Alkoholiker, die meine Kindheit zerstört haben.» Marcy weint nicht. Ihre Lippen zittern nicht mehr. Ihr Blick ist nicht gesenkt. Nein, Marcy blickt uns mitten ins Gesicht. Ihre Augen funkeln förmlich. Sie ist entrüstet. Empört. Wütend. «Sie hatten die Verantwortung für uns», sagt sie. «Sie hatten die Aufgabe, für uns zu sorgen, aber sie haben es nicht getan. Jetzt ist mein Vater tot, und meine Mutter ist trocken. Aber das macht es auch nicht besser. Ich bin wütend auf sie, und ich werde meine Wut nicht hinunterschlucken. Ich habe lange genug geschluckt.»

Mark und Marcy sind in der Empörungsphase des Heilungsprozesses angelangt. Sie hat, wie die anderen Phasen vor ihr, ihre Nachteile, aber es ist nicht zu bestreiten, daß empört sein weit besser ist als Opfer sein.

Wenn wir die Empörungsphase erreicht haben, fühlen wir uns nicht mehr hilflos und hoffnungslos. Wir wissen vielleicht nicht, wie wir unser Leben positiver gestalten sollen, aber wir glauben daran, daß wir es können. Wir erkennen endlich, daß wir es verdienen, frei zu sein von altem Schmerz und Leid, den Ballast abzuwerfen und von ihm unbehindert weiterzugehen.

In der Empörungsphase erleben wir auch ein Wiederaufwallen

alten Zorns und alter Wut. Wir haben das Gefühl, ständig geladen zu sein. Und manchmal explodieren wir. Weil wir vielleicht noch nicht gelernt haben, wie wir mit unserer Wut konstruktiv umgehen und ihr auf konstruktive Art Ausdruck geben können, laufen wir Gefahr, Dinge zu tun und zu sagen, auf die wir hinterher wahrhaftig nicht stolz sind und die möglicherweise mehr Schaden anrichten als Gutes bewirken.

Auch die Empörungsphase hat, wie die anderen Phasen, ihre Gefahren. Genau die Dinge, die uns in der richtigen Richtung in Gang setzen, können bewirken, daß wir steckenbleiben. Aber wenn wir die Fallen meiden können, die auf dem Weg durch die Empörungsphase warten, dann sind wir der Heilung und der Möglichkeit zu verzeihen wieder einen großen Schritt näher gekommen.

Das Gute, das Schlechte und das Häßliche an der Empörungsphase

«Ich werde nicht zulassen, daß die Vergangenheit weiterhin mein Leben beeinträchtigt», versicherte uns Terry. Wir führten das Gespräch zwar per Telefon, aber ich glaubte zu sehen, wie ihre Augen blitzten vor Entschlossenheit, während sie ihre Unabhängigkeit von den alten Verletzungen und den unerledigten Problemen erklärte, die ihr Leben bestimmt hatten, seit ihr Großvater sich das erste Mal an ihr vergriffen hatte. Sie werden sich erinnern, daß Terry in der Verleugnungsphase felsenfest davon überzeugt war, der Mißbrauch hätte ihr nichts ausgemacht. Jetzt aber holte sie, von einer Empörung getrieben, die angesichts dessen, was sie durchgemacht hatte, völlig berechtigt war und die nun auf den Urheber des Schmerzes und nicht mehr auf den nächstbesten gerichtet war, ihren Groll und ihre Wut ans Licht. Und das werden auch Sie tun.

In dieser Phase tritt man endlich für sich selbst ein und sagt klar und nachdrücklich, was man akzeptieren kann und was nicht. Wie

Terry wird einem klar, daß man nicht bereit und nicht gezwungen ist, sich auch nur eine Sekunde länger durch die Verletzungen, die andere einem angetan haben, tyrannisieren zu lassen. Die Empörung kann die Triebkraft sein, die uns zu positiver Veränderung Anstoß gibt. Wenn wir endlich sagen: «Mir paßt das nicht, und ich bin nicht bereit, es länger hinzunehmen», finden wir auch die innere Kraft zu sagen: «Das werde ich ändern» und es damit ernst zu meinen.

«Ich begriff endlich, was ich mit mir machte, als Steve wieder in meinem Leben auftauchte», berichtete Melinda. «Ich traf ihn auf einem Seminar zur beruflichen Fortbildung, und wir gingen hinterher zusammen etwas trinken.»

Melinda erfuhr, daß Steve die junge Frau geheiratet hatte, mit der er zusammen gewesen war, als seine Beziehung zu Melinda auseinanderging. «Er sagte, die Heirat sei ein Fehler gewesen», fuhr Melinda fort. «Und das war wahrscheinlich genau das, was ich hören wollte. Er sagte, er sei sehr unglücklich, und ich war ja inzwischen Expertin im Trösten unglücklicher Männer. Vielleicht sah ich hier meine Chance, für ihn ‹da zu sein›, wie er sich das damals von mir gewünscht hatte. Ich weiß es nicht. Wie dem auch sei, wir nahmen die alte Beziehung wieder auf.»

Diese heimliche Beziehung hielt fast ein Jahr, bis Melinda eines Tages Steves Frau in einem Einkaufszentrum sah. «Sie war hochschwanger. Und ich war entsetzt, weil Steve mir keinen Ton davon gesagt hatte. Ungefähr zwei Sekunden lang schämte ich mich in Grund und Boden, dann wurde ich wütend. Es lag auf der Hand, daß Steves Ehe nicht so unglücklich war, wie er behauptet hatte, und mir war völlig klar, daß er, wenn er wählen müßte, wieder sie wählen würde. Am liebsten hätte ich ihn mit bloßen Händen erwürgt. Er hatte mich schon einmal völlig vernichtet, und ich war nicht bereit, mir das ein zweites Mal gefallen zu lassen.»

Melinda beendete die Beziehung und trauerte ihr nicht lange nach. «Das hatte ich ja bereits getan», sagte sie. «Jahrelang.» Statt dessen zog sie Bilanz und erkannte endgültig, daß sie solche

Beziehungen, wie sie sie seit der Zurückweisung durch Steve immer wieder eingegangen war, nicht mehr wollte.

«Das kommt nie wieder», erklärte sie. «Keine sitzengelassenen Männer mehr, keine flügellahmen Vögel mehr, die ich gesundpflege, damit sie dann auf und davon fliegen können. Unsicherheit, Zurückweisung und Schmerz habe ich genug erlebt. Jetzt ist damit ein für allemal Schluß.»

Melindas Empörung und Zorn richteten sich großenteils gegen sie selbst und das, was sie getan hatte, weil sie verletzt worden war, aber sie beschimpfte und bestrafte sich nicht dafür, wie sie das in der Phase der Schuldübernahme getan hatte. Ihr Zorn war nach außen gerichtet und gestattete ihr, genau zu umreißen, wie sie in Zukunft behandelt werden wollte.

Zornig anstatt voller Scham und Selbstmitleid, erklärt man in der Empörungsphase, daß man es endgültig leid sei, sich und sein Leben von den alten schmerzlichen Verletzungen bestimmen zu lassen. «Nie wieder!», verkündet man laut und klar und zieht für sich eine Grenze, deren Überschreitung man in Zukunft nicht mehr dulden wird. Wenn man seine Empörung konstruktiv einsetzt, wird es einem gelingen, diese Grenze einzuhalten und die alten, selbstzerstörerischen Verhaltensweisen aufzugeben. Es kann sogar sein, daß man mit großer Vehemenz diverse Hindernisse beseitigt, die einem im Weg stehen.

Von der Energie beflügelt, die durch Zorn und Wut aktiviert wird, nehmen viele von uns in dieser Phase einschneidende Veränderungen in ihrem Leben vor. Wir geben die Stellung auf, die keine Entfaltungsmöglichkeiten bietet, beenden unbefriedigende oder zerstörerische Beziehungen, fangen eine Schlankheitskur an, nehmen Fortbildungskurse oder ein Studium auf, packen Projekte an, die wir vor Jahren begonnen, aber nie beendet haben, oder holen uns endlich professionelle Hilfe, um die alten unerledigten Probleme aufzuarbeiten.

Aber nicht immer gehen wir mit unserer Empörung wirklich konstruktiv um. Statt dessen verwenden wir eine Menge Zeit und Energie auf unser Verlangen – manchmal auch auf aktive Versuche –, die Menschen zu bestrafen, die uns verletzt haben. Wir wünschen ihnen Unglück, hoffen, daß sie genau so sehr leiden werden, wie wir gelitten haben, erinnern uns ständig daran, daß sie uns eine Entschuldigung schulden oder sonstwie für das bezahlen sollten, was sie uns angetan haben. So gesund und notwendig die Empörung an sich ist, sie wird häufig auf ungesunde Weise umgesetzt, zum Beispiel in Racheaktionen, wie Harriet sie praktizierte.

Als ihre Tochter sie mit ihrem geschiedenen Mann verglich und meinte, es wäre vielleicht wirklich besser für sie, zum Vater zu ziehen, der sie wenigstens beachtete, als mit der Mutter weiterzuleben, die meistens deprimiert und geistesabwesend war, gab es Harriet «einen Ruck». Monatelang nach diesem abendlichen Gespräch war Harriet so wütend, wie sie vorher deprimiert gewesen war.

«Ich wollte wissen, wieso er plötzlich als der strahlende Held dastand», erklärte Harriet. «Er hat mich verraten, betrogen und belogen und dann mir die Schuld an allem zugeschoben. Ich hatte mich bis zum letzten verausgabt und gedemütigt, während er seelenruhig seine Affäre fortsetzte. Er zettelte den Kampf um das Sorgerecht an, der mich meine ganzen finanziellen Reserven kostete und emotional völlig erschöpfte, weil ich in ständiger Angst davor lebte, meine Kinder zu verlieren. Ich war fuchsteufelswild. Nicht eine Sekunde Frieden oder Glück sollte er je wieder haben.»

Von ihrer Wut und einer beinahe unersättlichen Rachsucht getrieben, schritt Harriet sofort zur Tat. Sie erwirkte eine Einschränkung von Larrys Besuchsrechten mit der Begründung, er bringe die Kinder, deren Zuneigung er um jeden Preis gewinnen wollte, häufig viel zu spät nach Hause, wenn sie am folgenden Tag zur Schule mußten, und lasse sie sogar die Schule schwänzen, wenn er ein verlängertes Wochenende mit ihnen verbringen wolle. Das führte zu einer weiteren Eskalation des Kampfes um das Sorgerecht.

Harriet, die entschlossen war, den Krieg zu gewinnen, begann plötzlich, genau das zu tun, was Larry bisher getan hatte: Sie verwöhnte die Kinder und versuchte, sich ihre Liebe und Loyalität mit teuren Geschenken zu erkaufen, die sie sich im Gegensatz zu Larry nicht leisten konnte. Sie war nicht mehr imstande, bissige Bemerkungen zurückzuhalten, wenn sie Larry traf oder mit ihm telefonierte. Und wenn sie ihn auch nie im direkten Gespräch mit den Kindern beschimpfte oder schlechtmachte, so zog sie bei ihren Freunden und Verwandten doch über ihn her, selbst wenn die Kinder dabei waren. Manchmal rief sie sogar spät abends in seiner Wohnung an und legte auf, wenn er sich meldete.

Harriet war auf ihr Verhalten in dieser Phase ihres Heilungsprozesses nicht stolz. Oft haßte sie sich für ihre Haßgefühle und ihre Handlungsweise. Von innerem Frieden konnte keine Rede sein; immer noch bestimmte der Schmerz der Vergangenheit ihr Verhalten. Neuer Zorn türmte sich auf den alten, und Harriet geriet in Gefahr, in ihrer Empörung steckenzubleiben.

Aber ich werde nie wütend

Für viele von uns wird die Empörungsphase die schwierigste Phase von allen sein, weil sie uns zwingt, mit jener Wut Kontakt aufzunehmen, die das alte schmerzliche Erlebnis auslöste und die wir seit dem Zeitpunkt der Verletzung mit aller Kraft niedergehalten haben. Wenn wir diese Wut jetzt spüren, wenn wir anfangen, die anderen, oft bedrohlichen Gefühle zu verstehen, die sich hinter ihr verbergen, und wenn wir diese Wut endlich auf konstruktive Weise ausdrücken, ebnen wir den Weg zur Lösung der Probleme.

Mit dieser alten Wut in Kontakt zu kommen und sie zu bearbeiten, ist ein für die Heilung absolut notwendiger Schritt. Er wird von Angst und Verwirrung begleitet und führt zu neuem innerem Konflikt und emotionalen Ausbrüchen. Die Wut kann für das ohnehin schon unsichere Selbstbild so bedrohlich sein, daß man versucht, diese Phase des Heilungsprozesses ganz zu vermeiden. Suzanne kann dazu aus eigener Erfahrung berichten.

«Es kam eine Zeit, in der meine Therapeutin immer wieder einmal andeutete, ich hätte mich doch jetzt eigentlich lange genug dem Selbstmitleid hingegeben, es sei vielleicht an der Zeit, mit meiner Wut und meinem Zorn Kontakt aufzunehmen. Meistens ging ich darauf gar nicht ein. Ich glaubte nämlich, in mir gäbe es keine Wut, mit der ich hätte Kontakt aufnehmen können. Ich wurde nie wütend. Ich war ziemlich überzeugt, daß ich Wut nie gefühlt hatte. In der Gruppe saß ich oft da und hörte den anderen zu, wenn sie erklärten, wie wütend sie seien, aber ich konnte das überhaupt nicht nachempfinden.

In Wirklichkeit hatte ich solche Angst vor meiner eigenen Wut, daß ich sie einfach nicht zuließ. Mein Vater war ein sehr jähzorniger Mann, der oft heftige Wutanfälle bekam. Da hatte ich am eigenen Leib erfahren, wie zerstörerisch Wut sein kann. Mehr als einmal war ich Opfer seiner Wutausbrüche gewesen. An ein Erlebnis im besonderen konnte ich mich mit beängstigender Lebhaftigkeit erinnern. Ich war damals acht oder neun Jahre alt. Meine Schwester und ich spielten im Haus, weil es regnete. Wir spannten ein Seil zwischen unsere Zimmertüren, um daran zu schaukeln. Meine Schwester, die kleiner und leichter war als ich, versuchte es zuerst. Das Seil zerriß. Meine Schwester stürzte und schlug mit dem Kopf gegen die Wand. Die Wunde blutete stark.

Auf die Schreie meiner Schwester kam mein Vater, sah sie blutend auf dem Boden liegen und ging wütend auf mich los. Er packte mich und schleuderte mich an die Wand. Nachdem ich zu Boden gefallen war, schleuderte er mich von neuem an die Wand. Er tat es immer wieder, und wäre ihm nicht plötzlich eingefallen, daß meine Schwester einen Arzt brauchte, so hätte er, davon bin ich überzeugt, bestimmt so lange weitergemacht, bis ich tot gewesen wäre. Wut und Tod gehörten für mich untrennbar zusammen, und ich glaubte fest, wenn ich je wütend werden sollte, würde ich den anderen genauso schwer verletzen, wie mein Vater mich verletzt hatte, oder ihn vielleicht sogar umbringen. Darum wurde ich niemals wütend. Niemals.»

Diese Vorstellung, die Suzanne sich zu eigen gemacht hatte – daß Wut nicht zu ihrem Gefühlsrepertoire gehörte und auch nie dazu gehört hatte –, ist nicht selten und hat möglicherweise eine gewisse Ähnlichkeit mit Ihrer eigenen Haltung. Wie Suzanne werden Sie vielleicht niemals wütend oder zornig, weil Sie vor der Kraft dieses Gefühls und dem Schaden, den Sie anrichten könnten, sollten Sie es äußern, Angst haben oder aber

- weil Sie sich immer noch als hilfloses Opfer oder ewig Schuldigen sehen und glauben, Sie hätten kein Recht dazu, über Dinge wütend zu werden, die nun einmal Ihr Schicksal oder ohnehin Ihre eigene Schuld sind;
- weil die Vorbilder in Ihrer Kindheit ihre Wut auf passive oder manipulative Weise äußerten und nicht auf aggressive Art, oder weil Sie in einer Familie aufwuchsen, wo es gegen die «Hausordnung» verstoßen hätte, negative Gefühle irgendeiner Art zum Ausdruck zu bringen;
- weil es bei Ihnen Scham und Schuldgefühle hervorruft, wenn Sie auf andere wütend sind.

Aus einem oder mehreren dieser Gründe glaubten Sie, Wut sei etwas viel zu Gefährliches, um sie überhaupt hochkommen zu lassen. Damit Ihnen die Wut nicht die Kontrolle rauben und Sie zu Handlungen hinreißen würde, deren Konsequenzen Sie fürchteten, unterdrückten Sie die Wut und spürten Sie bald nicht einmal mehr.

Suzanne: «Aber das, was man unterdrückt, wird man nicht los, wie ich erfuhr. Ich glaubte zwar aufrichtig, ich könne gar nicht wütend werden, aber ich täuschte mich. Ich ließ die Wut immer nur eiligst in der Versenkung verschwinden und unterdrückte sie, noch ehe ich überhaupt wahrnahm, daß sie da war. Aber sie wollte nicht in der Versenkung bleiben. Sie rumorte in mir, äußerte sich auf hinterhältige und weniger hinterhältige Weise, strömte aus wie Gas, das mich vergiftete und daran hinderte, den alten Schmerz wirklich loszulassen.»

Unterdrückte Wut

Weil Sie selbst oder die Menschen, die Sie verletzten, im Zustand der Wut Schlimmes taten oder weil andere auf Ihre Wut unangenehm reagierten, drückten Sie der Wut den Stempel «böse» auf und lernten, sie vermeiden. Aber wenn es auch tatsächlich gefährlich und zerstörerisch ist, seine Wut ohne Überlegung überall und bei jeder Gelegenheit «auszulassen», so ist Wut an sich doch weder gut noch böse, sondern vielmehr eine natürliche Reaktion, die eintritt, wenn man sich in seiner Selbstachtung oder seinem Stolz verletzt oder bedroht fühlt. Sie ist eine automatische, instinktive und notwendige Reaktion, häufig begleitet von körperlichen Reaktionen wie Muskelspannung und starken Energieschüben. Sie ist ein Signal dafür, daß etwas nicht in Ordnung ist, daß man in Gefahr ist oder daß ein lebenswichtiges seelisches Bedürfnis nicht erfüllt wird. Die Wut aktiviert die Energie, die man braucht, um sich vor diesen Bedrohungen zu schützen oder ihnen zu entkommen. Konstruktiv gebraucht, hilft sie uns, uns gegen das zu wehren, was uns verletzt, oder ihm Einhalt zu gebieten.

Wenn man aber Wut aufgrund früherer Erfahrungen nicht zulassen kann, muß man sie unterdrücken. Man unterdrückt sie manchmal schon, ehe man ihr Vorhandensein bewußt wahrnimmt. Da es jedoch äußerst schwierig ist, die Energie, die durch die Wut aktiviert wird, zu neutralisieren, verlangt unterdrückte Wut ständig nach Befreiung und bricht sich in zahllosen selbstzerstörerischen Verhaltensweisen Bahn.

Ein Beispiel: Elise war von dem Tag an, als ihre Schwester Megan geboren wurde, auf diese wütend. «Aber mit dem Schätzchen von Mami und Papi böse zu werden oder sich auch nur über sie zu beschweren, kam ja gar nicht in Frage», behauptete Elise. Wenn sie doch einmal ihre Wut äußerte, schimpften die Eltern mit ihr und beachteten sie noch weniger, weil sie viel zu sehr damit beschäftigt waren, das «Lämmchen» Megan zu trösten. Elise lernte, ihre Wut und Empörung zu unterdrücken, aber damit verschwanden sie nicht. Sie führte genau Buch über alle Verletzungen und alles Unrecht, die ihr Megans wegen angetan wurden, und reagierte ihre Empörung auf die verschiedenste Weise ab. Als Kind ignorierte sie die Schwester und schloß sie aus, wann immer das möglich war, und wenn sie Megan doch «mitschleppen» mußte, ließ sie es zu, daß ihre Freunde die Kleine neckten und hänselten. Sie ermutigte sie sogar auf subtile Weise dazu. Als Erwachsene suchte Elise absichtlich billige und nutzlose Weihnachtsgeschenke für Megan aus und schenkte ihr zum Geburtstag häufig Kleidungsstücke, die nicht nur häßlich waren, sondern auch viel zu groß. Dann sagte sie zu ihrer Schwester, die sehr viel Wert auf ihr Aussehen legte: «Ach, entschuldige, aber ich hatte den Eindruck, du wärst dicker geworden.»

Die unterdrückte Wut schadete natürlich Elise selbst am meisten. Innerlich dauernd geladen, steigerte sie sich bei jeder Familienzusammenkunft in solche Spannung hinein, daß sie unweigerlich Migräne bekam und die nachfolgenden vierundzwanzig Stunden im Bett verbringen mußte. Man brauchte nur Megans Namen zu erwähnen, um Elise den ganzen Tag zu vergällen. Sie fuhr dann ihre Kinder an, nörgelte an ihrem Mann herum, war mürrisch und tröstete sich schließlich auf typische Opfer-Art mit Valium und den Seifenopern im Fernsehen.

Unterdrückte Wut kann sich, wie bei Elise, in einen tiefen Groll verwandeln, der unablässig im Inneren brodelt. Er ist Ursache der Spannungen und der Gereiztheit, die einen in bestimmten Situationen oder im Beisammensein mit bestimmten Menschen quälen. Unterdrückte Wut staut sich auf, bis sie explodiert.

«Meine erste ernsthafte Beziehung hatte ich zu einem meiner Dozenten am College», erinnerte sich Terry. «Er bildete sich unheimlich etwas darauf ein, eine junge Studentin zur Geliebten zu haben, und sah sich ganz als Professor Higgins, der Eliza Doolittle zur perfekten Dame formt.» Doch Terrys Liebhaber trieb es zu weit. Er kritisierte praktisch alles, was sie sagte oder tat. Er bezeichnete sie als dumm und kindisch, als ungebildet und unkultiviert. Er schrieb ihr vor, was sie anziehen und wie sie sich benehmen sollte. Wenn sie seine Anforderungen nicht erfüllte, machte er sie erbarmungslos herunter. Terry, die sowieso nicht viel von sich hielt und Expertin darin war, ihre wahren Gefühle zu verleugnen, schluckte das alles mit stoischer Ruhe, bis er eines Tages ihre Grenzen überschritt.

«Ich weiß nicht einmal mehr, was ich tat, aber ich war außer mir vor Wut», erzählte sie. «Ich brüllte ihn an und trommelte ihm auf die Brust – aber er lachte mich nur aus.» Da entlud sich die ganze Wut, die sich in Terry aufgestaut hatte. Terry packte eine leere Champagnerflasche und schlug sie ihrem Liebhaber auf den Kopf. Die Wunde mußte mit sechs Stichen genäht werden. Verständlicherweise hütete sich Terry davor, je wieder wütend zu werden.

Wenn die unterdrückte Wut sich Bahn bricht, tut sie das mit solcher Gewalt, daß man Angst bekommen muß. Wie Terry wird man sich dann noch mehr bemühen, seine Wut zu unterdrücken. Vielleicht richtet man sie sogar gegen sich selbst und fühlt sich schuldig oder deprimiert. Unterdrückte Wut kann viele negative Auswirkungen haben. Sie schädigt die Selbstachtung, führt zu Rückzug und Isolation, zu Schwierigkeiten in den menschlichen Beziehungen, löst Selbstmordgedanken aus, verursacht sexuelle Frustration, Migräne, Kolitis, Magengeschwüre, hohen Blutdruck und verleitet zum Mißbrauch von Alkohol und Drogen.

Die innere Heilung wird unterbunden, weil sich hinter Wut und Empörung andere Gefühle verbergen, die man verarbeiten muß, ehe man weitergehen kann. Man kann den Schmerz nicht loslassen, solange man die Wut nicht losläßt. Und wenn man sie unterdrückt, wird man sie bestimmt nicht los.

Wenn wir in der Wut Schaden anrichten

Wenn wir die Empörungsphase erreichen und mit unserem Wutpotential in Kontakt kommen, verleihen wir diesem Zustand auch Ausdruck. Jedoch vieles von dem, was wir tun, um Wut abzulassen und «die Atmosphäre zu reinigen», wird uns nicht von Nutzen sein. Aber es wird uns vertraut sein. Schließlich haben wir unser Leben lang den destruktiven Umgang mit der Wut beobachtet.

Als Kinder beobachteten wir bei den erwachsenen Vorbildern, einschließlich unseren Eltern, daß sie in der Wut laut, heftig, gewalttätig und unberechenbar wurden. Wir wurden vielleicht mit Taten oder Worten von wütenden Erwachsenen mißhandelt, durften jedoch nicht unserer eigenen Wut Ausdruck verleihen. Wir erlebten, wie die Mutter ein Telefongespräch mit ihrer Mutter beendete und unmittelbar darauf uns anschrie; wir erlebten, wie der Vater, über irgendeinen Zwischenfall in der Arbeit zornig, nach Hause kam und die Mutter anbrüllte; oder wie die Erwachsenen ihre Wut an Schalterbeamten, Verkäufern oder «Sonntagsfahrern» abreagierten, die sich solche Behandlung durch nichts verdient hatten.

Was lernten wir aus alledem? Wir erhielten den Eindruck, daß die Wut jederzeit die Oberhand gewinnen und uns dazu treiben kann, Dinge zu tun, die wir normalerweise nicht tun würden; daß man hinterher vielleicht ein schlechtes Gewissen hat. Von unseren erwachsenen Rollenvorbildern lernten wir, anderen Schmerz zufügen, wenn wir wütend sind, besonders jenen, die kleiner oder schwächer sind als wir und nicht imstande, sich zu wehren. Und schließlich lernten wir, daß es ganz in Ordnung ist, auf die eine Person wütend zu sein, die Wut aber ganz woanders abzureagieren.

Diese allgemeinen Eindrücke werden durch die Medien verfestigt, die uns täglich sensationell aufgemachte Berichte von Gewaltverbrechen aus Leidenschaft und Rache servieren. John-Wayne-Filme, Rambo und nicht zuletzt die «Dallas»-Familie bestärken uns in der Vorstellung, daß man es dem anderen «heimzahlen» muß, wenn der einen verletzt hat. In Film und Fernsehen bleibt kein Vergehen ungestraft, und zu der verabreichten Strafe gehört im allgemeinen, daß der «Böse» mindestens genauso schwer, wenn möglich aber noch schwerer verletzt wird als der «Gute».

Dazu gibt es seit einigen Jahren populärpsychologische Bücher und sogenannte therapeutische Seminare, wo einem empfohlen wird, seine Wut auszuagieren, wo und wie man kann, sobald man sie fühlt. Solche Ratschläge sind sicher gut gemeint, und wir wollen Ihnen keinesfalls raten, Ihre Wut *nicht* auszudrücken. Doch «Dampf ablassen» und mit wütenden Beschimpfungen über den anderen herfallen – besonders wenn man gerade «rot sieht» –, verletzt oder ängstigt den Angegriffenen und alle anderen im unmittelbaren Umkreis. Sie mögen sich einbilden, Sie machten reinen Tisch und schützten sich mit Ihrem Ausbruch vor Magengeschwüren, hohem Blutdruck oder Herzattacken, in Wirklichkeit verursachen Sie zusätzliche Konflikte und Feindseligkeiten, ganz abgesehen davon, daß Sie Schaden anrichten, den Sie selten wiedergutmachen können. Das bringt Sie auf Ihrem Weg zur Heilung nicht vorwärts.

Klärungsstrategie Nr. 9: Wut, die Sie kennen

Richten Sie Schaden an, wenn Sie wütend sind? Nehmen Sie sich einen Moment Zeit, um darüber nachzudenken. Hier ist eine Liste einiger ungesunder und zerstörerischer oder auch nur unwirksamer Ausdrucksweisen von Wut oder Zorn. Einige wurden in Ihrer Gegenwart von anderen gebraucht oder waren sogar direkt gegen Sie. Kreuzen Sie diejenigen an, auf die das zutrifft. Andere gebrauchen Sie selbst, um Ihrer Wut Ausdruck zu verleihen. Kennzeichnen Sie diese mit einem Häkchen.

mit der Faust auf den Tisch schlagen
mit dem Auto losfahren, daß die Reifen quietschen
brüllen
die Wand, ein Haustier oder einen Menschen mit Schlägen oder Fußtritten bearbeiten
die Kinder verhauen
beleidigende Bemerkungen machen
am Telefon einfach auflegen
Türen knallen
Gegenstände werfen
fluchen
dem anderen wütende Vorwürfe machen, ohne ihn zu Wort kommen zu lassen
Verbalattacken genau auf die wunden Punkte eines anderen
Drohungen

Vielleicht ist Ihnen aufgefallen, daß vieles, das Ihnen angetan wurde, Sie heute anderen antun. Wie der Schmerz werden zerstörerische Methoden der Äußerung von Wut und Zorn von Generation zu Generation weitergegeben.

Klärungsstrategie Nr. 10: Wut, die Sie nicht kennen

Die nächste Aufstellung unangemessener Ausdrucksweisen von Wut sollte für diejenigen unter Ihnen von besonderem Interesse sein, die glauben, niemals wütend zu werden. Es handelt sich um passiv-aggressive Verhaltensweisen, hinter denen die Wut steht, die man nicht offen ausdrückt, von der man manchmal gar nicht merkt, daß man sie «hat». Man wendet sie an, um den eigenen Willen durchzusetzen, andere «zahlen» zu lassen oder seinen Groll abzureagieren, ohne die eigene Wut herauszulassen. Sie machen den anderen im allgemeinen wütend, so daß der dann unsere Wut für uns ausagiert, während wir selbst das Unschuldslamm spielen, das «kein Wässerchen trüben kann».

Kennzeichnen Sie wieder die Verhaltensweisen, die Sie selbst praktizieren, und die, deren Leidtragender Sie waren.

Zuspätkommen
Zynismus
Verhöhnung
besonders laut mit Dingen hantieren oder mehr Lärm machen als bei einer Arbeit oder Aufgabe nötig
Dinge tun, von denen man weiß, daß sie den anderen stören, und dann zum hundertstenmal sagen: «Ach, ich wußte nicht, daß dich das stört.»
«versehentlich» Dinge zerbrechen, beschmutzen oder verlieren, die einem anderen gehören
durch den anderen hindurchschauen, anstatt ihn anzusehen
andere blamieren oder von ihnen unerwünschte Aufmerksamkeit auf sie lenken

Schweigen
Klatsch
gespielte Vergeßlichkeit

Da Sie solche passiv-aggressiven Verhaltensweisen von beiden Seiten kennen – als Täter und als Leidtragender –, ist Ihnen sicher klar, was sie bewirken. Sie verursachen weitere Unstimmigkeit, sind Auftakt zu einer neuen Schlacht statt zur Beendigung des Kriegs und bringen Sie daher auf Ihrem Weg zu Heilung und Verzeihen keinen Schritt weiter vorwärts. Im Gegenteil, jedesmal wenn Ihnen «der Kragen platzt» oder Sie sich wieder auf solch mehr oder weniger subtile Art rächen, vermehren Sie Ihre bereits reichlich vorhandenen Schuldgefühle und Ihre Scham. Genau wie Suzanne das tat: «Als ich endlich meine Wut spürte, versuchte ich, meinen Vater völlig aus meinem Leben zu verbannen. Ich hatte fast drei Jahre lang überhaupt keinen Kontakt mit ihm, nicht einmal zu der Zeit, als er schwer krank war und immer wieder ins Krankenhaus mußte. Mein Vater lag im Sterben, und es war mir gleichgültig. Ich hoffte sogar, daß er sterben würde. Dann, sagte ich mir, wäre ich all meine Probleme los, würde endlich keinen Schmerz mehr leiden. Aber während ich das dachte, vergrößerte ich nur meinen Schmerz. Ich fühlte mich schuldig und schämte mich. Ich hatte mich nie als einen Menschen gesehen, der mit einem Kranken oder gar Sterbenden, der noch dazu mein eigener Vater war, kein Mitgefühl haben konnte. Aber genauso verhielt ich mich.»

Abgesehen davon, daß zerstörerische Wutausbrüche – ebenso wie alle passiv-aggressiven Verhaltensweisen – neue Probleme schaffen und die eigene Selbstachtung schädigen, blockieren sie die Kommunikation. Derjenige, gegen den sie gerichtet sind, möchte die Konfrontation dann nur noch beenden, sei es durch Beschwichtigungen, Nachgeben, Themawechsel oder das Verlassen des Raumes. Oder er versucht, selbst ein paar Hiebe anzubringen und schützt sich vor der Wut durch einen Gegenangriff. Der «Täter» wiederum überlegt sich meist gar nicht, was er sagt, meint das meiste davon vielleicht nicht einmal ernst und bedenkt die Wirkung seiner Worte und Handlungen auf den anderen wahrscheinlich überhaupt nicht. Er hat zuviel damit zu tun, seine Wut «auszulassen» – eine Tätigkeit, die die Wahrnehmung verzerrt und einen daran hindert, sich die Argumente des anderen anzuhören, geschweige denn, sie zu glauben.

Die ungesunde Art, der Wut Ausdruck zu verleihen, löst keine Probleme. Das ungestillte Bedürfnis, das sich hinter der Wut verbirgt, wird nicht erfüllt. Gerade das, was man sucht – Liebe, Zuwendung, Ermutigung, Nähe usw. –, bekommt man erst recht nicht. Wenn man wütet und tobt, bissige Bemerkungen austeilt oder jemanden mit Mißachtung straft, ist man nicht fähig, Alternativen zu entwerfen, Kompromisse ins Auge zu fassen, Konflikte zu lösen oder sonst irgend etwas zu tun, das wirklich die Atmosphäre reinigen und die Probleme lösen würde.

Noch einmal: Wir sagen nicht, daß Sie Ihre Wut unterdrücken und ihr auf keinen Fall Ausdruck verleihen sollen. Aber wir sind davon überzeugt, daß die Art und Weise, wie man seine Wut oder seinen Zorn ausdrückt, häufig Schaden anrichtet und nichts zum Heilungsprozeß beiträgt. Wutausbrüche, Rache, das Wiederaufwärmen alter Konflikte, Rufmord und die Entschlossenheit, die Menschen, die einen verletzten, nicht in Ruhe zu lassen, garantieren praktisch, daß Sie auf Ihren alten Problemen, dem alten Schmerz und der neugefundenen Empörung sitzen bleiben werden.

Wenn man in der Empörungsphase steckenbleibt

Sie wissen jetzt: Wenn man die Empörungsphase erreicht, kommt man in Kontakt mit seiner Wut. Um aus dieser Phase wieder herauszukommen, muß man diese Wut loslassen. Die meisten von uns wissen nicht, wie sie das machen sollen. Anstatt die Energie der Empörungsphase als Antrieb zur eigenen Heilung zu verwenden, richtet man im eigenen Leben und dem anderer Schlimmes an.

Zorn und Wut, die ursprünglich den Menschen galten, die einen verletzten, richten sich nun auf die ganze Welt. Man ist dauernd in Kampfstellung. Man sucht sogar Gelegenheiten, um seine Wut auszulassen.

Das Verhalten gleicht dem des Wüterichs aus der Opferphase, doch es besteht ein feiner, aber signifikanter Unterschied. Der «Wüterich» fühlt sich in seiner Wut als Opfer. Er reagiert das Gefühl der Ohnmacht und den Schmerz auf die einzige Art ab, die ihm zur Verfügung steht – indem er sie durch seine «Gemeinheiten» an andere weitergibt. Ist man aber in der Empörungsphase steckengeblieben, dann weiß man, daß das, was man fühlt, Wut ist, und wahrscheinlich ist sie auch berechtigt. Es ist ja wirklich so, daß Menschen uns Hindernisse in den Weg stellen, unsere Bedürfnisse nicht erfüllen, unsere Grenze überschreiten, uns auf die Zehen treten. Nur wenn man in der Empörungsphase verharrt, hält man ständig Ausschau nach solchen widrigen Umständen und findet sie überall. Und entschlossen, für sich selbst einzutreten und dafür zu sorgen, daß die anderen für den Schaden bezahlen, den sie anrichten, tut man ständig auf heftigste Weise kund, wie wütend und zornig man ist.

Die Wut frißt einen auf. Es kostet Zeit und Energie, die Wut über die alten schmerzlichen Erlebnisse ständig am Kochen zu halten, innerlich die Menschen zu verfluchen, die einen verletzt haben, und Racheaktionen zu planen. Die Wut regiert das ganze Leben, macht es einem schwer, sich auf die unmittelbaren Aufgaben und Probleme zu konzentrieren, und raubt einem die Freude am Erfreulichen.

«Vor meiner Hochzeit habe ich mir immer wieder alle Gelegenheiten vor Augen geführt, bei denen mein Vater ‹verrückt gespielt› hatte», erinnerte sich Mark. «Und wenn ich nicht darüber nachdachte, was er früher getan hatte, dachte ich mir aus, was er alles tun könnte, um mir meinen Hochzeitstag zu verpatzen. Natürlich schlossen diese Phantasien immer auch ein, was ich dann mit ihm tun würde. Ich war felsenfest überzeugt davon, daß er mir alles verpatzen würde, aber diesmal wollte ich es mir nicht gefallen lassen.»

Der Vater verpatzte Mark den Hochzeitstag nicht, und dennoch war er ihm verdorben. «Mein Vater benahm sich tadellos», berichtete Mark. «Er tat nichts von dem, was ich erwartete, und darüber war ich außer mir vor Wut. Ich war wütend, weil ich mir so viele Gedanken gemacht und mich in solche Ängste hineingesteigert hatte. Aber vor allem war ich wütend, weil ich *wollte,* daß er sich danebenbenimmt. Ich wollte ihm endlich einmal gründlich die Meinung sagen, und er gab mir nicht die Gelegenheit dazu.»

Mark blieb auf der ganzen Wut sitzen, die er angesammelt hatte, um sie über seinen Vater auszuschütten, und ließ sie statt dessen an seiner jungen Frau aus. «Unsere Flitterwochen begannen mit dem größten Krach, den wir je hatten oder haben werden. Wir brüllten und tobten und warfen mit Gegenständen um uns. Es war ein Alptraum.»

Als sein Vater sich bei der Hochzeit «tadellos benahm», hätte Mark erleichtert sein können. Er hätte sich entspannen und den Tag genießen können. Er hätte sogar die Möglichkeit in Betracht ziehen können, daß sein Vater nicht mehr die Macht hatte, ihm seine Freuden zu verderben; daß er selbst jetzt ein erwachsener Mensch war und sein Leben selbst bestimmen konnte. Aber seine Wut ließ all das nicht zu, und solange Mark in der Empörungsphase verharrte, konnte es nur so bleiben.

Wenn man an der Wut festhält, kann man den Menschen, die einen verletzten, nicht verzeihen, auch wenn sie sich geändert haben und Wiedergutmachung leisten wollen.

«Jetzt will sie plötzlich meine Mutter sein», schimpfte Marcy und beschrieb die Bemühungen ihrer Mutter, die zu trinken aufgehört hatte, ihre Gunst zu gewinnen. «Sie bietet sich an, auf die Kinder aufzupassen, damit mein Mann und ich abends mal ausgehen können. Sie kocht vor und stellt mir die Sachen in den Kühlschrank, damit ich sie dann nur noch in den Mikrowellenherd zu schieben brauche, wenn ich spät von der Arbeit nach Hause komme. Sie schneidet Zeitungsartikel aus, von denen sie meint, sie würden mich interessieren . . .»

Die Mutter tat all das, was Marcy sich als Kind und später noch immer von ihr gewünscht hatte. Jetzt aber, in ihrer Empörung steckengeblieben, sagte Marcy: «Es ist zu spät, und es ist nicht genug. Das, was sie mir damals angetan hat, ist durch nichts wiedergutzumachen.»

Das ist das Paradoxe an der Empörungsphase. Man wünscht und verlangt sogar, daß «die anderen» Wiedergutmachung leisten. Aber sie können nie genug tun, um einen zu befriedigen – also bleibt man wütend. Man weigert sich, die Wunden zu heilen, man weigert sich zu verzeihen.

Man tut es, weil man glaubt, sich das Recht verdient zu haben, dies wann und auf welche Weise auch immer zu sagen. Aber diese Art der Rechthaberei, dieses Bestehen auf dem Recht, recht zu haben, richtet viel Schaden an und bewirkt kaum Gutes. Sie sollten sich deshalb fragen:

- Wieso habe ich recht? Ist mein Standpunkt wirklich der einzige, von dem aus man diese Situation betrachten kann?
- Was gewinne ich dadurch, daß ich recht habe? Fühle ich mich mächtiger? Werden dadurch Handlungen gerechtfertigt, die mir sonst ein schlechtes Gewissen machen würden?
- Behalte ich damit das Heft in der Hand?
- Was kostet es mich? Die gute Beziehung zu anderen? Muß ich mit Schuldgefühlen und Reue und somit zusätzlicher seelischer Belastung bezahlen? Ist der Gewinn den Preis wert?

Die Antwort auf die letzte Frage lautet immer «nein», und doch werden Sie weiterhin Ihrer Empörung nachgeben und Ihre Wut auslassen. Solange man in der Empörungsphase steckt, lebt man nach dem Satz: «Es geschieht meiner Mutter ganz recht, wenn ich mir die Hände erfriere, warum strickt sie mir keine Handschuhe!» Indem Sie ständig auf die Stimme der Wut hören («Ich werd denen schon zeigen, wer hier das Sagen hat!») und entsprechend handeln, sorgen Sie nicht nur dafür, daß Sie das, was Sie brauchen, nicht bekommen, sondern Sie stehen am Ende einsam und isoliert da, verausgabt, ohne Stütze und in ständigem Konflikt mit

Ihrer Umwelt. Sie tun sich dies und anderes an, weil Ihnen recht haben wichtiger ist als glücklich sein – aber das ist kein Leben, und damit heilt man keine Wunden.

«Aber ich möchte ja glücklich sein», beteuern Sie. «Ich wünsche es mir mehr als alles andere. Ich möchte meine Wut loslassen, aber sie packt mich immer wieder.» Ja, das tut sie und aus gutem Grund – sie schützt Sie nämlich vor etwas anderem. Der Schriftsteller James Baldwin formulierte das in seinem Buch *Aufzeichnungen eines Eingeborenen* (1963) so:

«Ich stelle mir vor, einer der Gründe, warum Menschen so hartnäckig an ihrem Haß festhalten, ist, daß sie spüren, wenn einmal der Haß fort ist, werden sie gezwungen sein, sich mit dem Schmerz auseinanderzusetzen.»

Wir stimmen Baldwin zu und wissen aus Erfahrung, daß die Wut uns nicht nur vor dem Schmerz schützte, sondern auch vor anderen Tatsachen oder Gefühlen, von denen wir uns in irgendeiner Weise bedroht fühlten. Wut hält andere auf Distanz, schützt vor Zurückweisung und Spott. Ständig in Kampfbereitschaft und bei jeder Gelegenheit wahllos unsere Wut auslassend, kompensieren wir Gefühle der Ohnmacht und wehren alle jene schwächenden Gefühle ab, die die Opferphase begleiteten. Mit anderen Worten, während wir wüten, leiden wir nicht so sehr und verspüren keine so starke Angst, erneut verletzt zu werden.

Darum sind wir nicht bereit, die Wut aufzugeben. Wir fürchten, ohne sie nicht überleben zu können, uns verändern zu müssen, dem, was wir getan haben, weil wir verletzt wurden, ins Auge sehen und dafür Wiedergutmachung leisten zu müssen und – das Schlimmste von allem – uns wieder als ohnmächtiges Opfer zu fühlen.

Die Empörungsphase beenden und weitergehen

In der Empörungsphase wollen wir den Haß *und* den inneren Frieden. Aber beides kann man nicht haben. Man muß sich für eines entscheiden. Man kann am Haß festhalten und den inneren Frieden aufgeben. Oder man gibt die Wut auf und heilt endlich seine Verletzungen.

Um die Empörungsphase hinter sich bringen zu können, muß man lernen, seine Wut zu fühlen, ohne sich von ihr auffressen oder beherrschen zu lassen. Wenn man das gelernt hat, schadet einem die Empörung nicht mehr, sondern sie hilft. Wenn man Wut und Zorn zügeln kann, kann man sie gezielt dazu einsetzen vorwärtszukommen, der Heilung und dem Verzeihen entgegen.

Aber um die Wut für uns arbeiten zu lassen und die Empörungsphase wirklich nutzen zu können, müssen wir ein neues Verständnis für die eigene Wut gewinnen. Dieses Verständnis vermittelte uns Thomas Gordon, Verfasser der *Familienkonferenz* (1972) und Begründer einer Anzahl erfolgreicher Übungsprogramme, die vielen Menschen dazu verhalfen, ihr Leben produktiver zu gestalten.

Gordon beschreibt die Wut als ein Sekundärgefühl. Ausgelöst durch irgendein darunter befindliches Gefühl wie Furcht, Schmerz, Frustration, Verlegenheit, Kummer, Scham, das bedrohlicher und schwerer auszuhalten ist, dient sie der Dramatisierung eben dieses Gefühls. Es steigt daher, wenn man in schmerzliche und beängstigende Situationen gerät, vor allen anderen Gefühlen Wut hoch, die jedoch die darunter liegenden Gefühle nicht ersetzt. Allein durch das Abreagieren von Wut werden die wahren Wunden nicht geheilt und die wahren Probleme nicht bereinigt. Wenn wir nicht hinter die Wut blicken, die häufig als Schild dient, um uns vor Primärgefühlen zu schützen, schädigen wir weiterhin die eigene Selbstachtung und unsere Mitmenschen.

Sie haben sicher schon beobachtet, was häufig geschieht, wenn im Kaufhaus ein Kind seiner Mutter wegläuft. Sobald die Mutter gewahr wird, daß das Kind nicht da ist, gerät sie in Panik. Sie stellt sich voller Angst die schrecklichen Dinge vor, die dem Kind zugestoßen sein könnten – es könnte entführt, von einem Kinderschänder weggelockt, in einen leeren Eisschrank geklettert und erstickt sein oder ein anderes schlimmes Schicksal erlitten haben.

Zu der Angst kommen die Schuldgefühle, weil sie sich Vorwürfe macht, nicht besser auf das Kind aufgepaßt zu haben. Verzweifelt sucht die Mutter zwischen Vitrinen und Kleiderstangen und läuft schließlich zur Kundendienstabteilung, um das Kind ausrufen zu lassen. Händeringend, den Tränen nahe, wartet sie und denkt, daß sie es nicht überleben würde, wenn dem Kind etwas zugestoßen sein sollte.

Aber was tut diese Mutter, wenn jemand das Kind bringt, das weinend und nach seiner Mama rufend in der Damenbekleidungsabteilung herumirrte? Sie sagt dem Kind nicht, wie sehr sie sich geängstigt hat, welche bitteren Vorwürfe sie sich gemacht hat oder wie froh und glücklich sie ist, daß es wieder da ist. Nein, aktiviert durch Angst, Schuldgefühle und den Schmerz möglichen Verlusts, steigt zuerst Wut auf, und die äußert sie. Sie gibt dem Kind eins hinten drauf, packt es am Arm und zerrt es mit sich weg, während sie schimpft: «Wie oft habe ich dir schon gesagt, daß du an meiner Seite bleiben sollst, wenn wir in einem Kaufhaus sind? Aber wer nicht hören will, muß fühlen. Zu Hause gehst du sofort in dein Zimmer, und da bleibst du heute den ganzen Tag.»

Welch einen Unterschied hätte es gemacht, wenn diese Mutter ihrem Kind eine Stunde später gesagt hätte, daß sie es liebhat und froh ist, es wiederzuhaben, wenn sie sich für ihre zornige Reaktion entschuldigt und eingestanden hätte, daß sie furchtbare Angst gehabt hatte? Das Kind, das zweifellos selbst in größter Angst war und Trost gebraucht hätte, hätte sich wieder sicher und geborgen fühlen können und nicht zusätzlich bedroht und verunsichert durch eine Mutter, die sich offensichtlich gar nicht freute, es wiederzuhaben. Und die Mutter hätte sich nicht dafür zu schämen brauchen, daß sie in dieser Situation falsch reagiert hat.

Es trägt überhaupt nicht zur Heilung bei, wenn man sich auf solches oder ähnliches Verhalten hin übermäßig schuldig fühlt. Aber wir können umlernen; wir können lernen, angemessener mit unserer Wut umzugehen.

Klärungsstrategie Nr. 11: Dialog mit der Wut

Nehmen Sie sich etwas Zeit und versuchen Sie dahinterzukommen, welches Gefühl es ist, dem Sie Ihre Wut vorschieben. Versuchen Sie sich über die Gefühle und Umstände klar zu werden, die Wut auslösen und dabei an die Oberfläche stoßen. Fragen Sie Ihre Wut, warum sie gerade zu *dem* Zeitpunkt auftrat.

Denken Sie an eine Situation aus jüngerer Zeit oder auch an eine typische Situation, in der Sie leicht wütend werden, und schreiben Sie dann einen Dialog zwischen sich und Ihrer Wut auf. Sie können fragen, was Ihre Wut wirklich bedeutet, was sie vor Ihnen verbirgt oder warum sie sich genau zu dieser Zeit mit solcher Gewalt äußerte. Sie können sogar über die Rolle sprechen, die Sie der Wut gern in Zukunft zuteilen möchten. Hier ist ein Beispiel von einem Seminarteilnehmer:

Ich: Also, alter Freund, ich weiß genau, daß du da drinnen hockst, und ich möchte eine Erklärung von dir.

Wut: Erzähl mir bloß nicht, daß du dich wieder mal schuldig fühlst. Das geht mir allmählich auf die Nerven. Erst soll ich dir helfen, und dann regst du dich auf.

Ich: Aber du hilfst mir ja nicht. Du behinderst mich.

Wut: Ach, du Armer. Aber als ich deine Verflossene fertiggemacht habe, hast du dich nicht beschwert.

Ich: Warum hast du das überhaupt getan?

Wut: Das weißt du nicht mehr? Du wolltest ihr doch zeigen, wer das Sagen hat.

Ich: Ich glaube, du wolltest das. Ich wollte nur dafür sorgen, daß sie mich nicht mehr verletzt. Ich will überhaupt nur dafür sorgen, daß mir Frauen nicht so nahe kommen, daß sie mich verletzen können.

Wut: Gratuliere zu dieser Erkenntnis. Aber ich verstehe dein Problem nicht: Genau dabei helfe ich dir doch.

Ich: Aber du treibst es zu weit.

Wut: Ich tue nur das, was du zuläßt. Ich gebe zu, wenn du mir den kleinen Finger gibst, nehme ich gern die ganze Hand, aber du bist doch derjenige, der es sich gefallen läßt...

Durch diese kleine Übung können wir wertvolle Hinweise auf die Probleme und die Gefühle gewinnen, die durch die Wut zugedeckt werden, und erkennen, daß die Wut ein Teil unserer selbst ist und nicht eine fremde Macht, die uns zu einem bestimmten Verhalten zwingt. Wie Sie mit Ihrem Zorn und Ihrer Wut umgehen, ist weitgehend Ihre Entscheidung. Damit Sie konstruktiv mit ihr umgehen können, bieten wir Ihnen die nachfolgenden «Verfahren» an.

Konstruktiv mit der Wut umgehen – ein Rezept

Schritt eins: Bringen Sie die durch die Wut aktivierte Energie zur Entladung. Wenn jemand oder etwas Empörung auslöst, und Sie spüren, wie Wut aufsteigt, müssen Sie sich als erstes fragen: Habe ich mich in der Hand? Häufig wird das nicht der Fall sein, weil durch Körperreaktionen und die seelische Erregung Energie aktiviert wird, die zur «Entladung» drängt. Diese Entladung muß stattfinden, ehe Sie direkt auf die Situation reagieren. Hier einige Vorschläge, die Energie auf gesunde Art abzureagieren:

einen flotten Spaziergang machen
radfahren
Steine in einen Teich werfen
Holz hacken
auf ein Kissen oder einen Punchingball einschlagen
weinen
laut singen
sich massieren lassen
Wurfpfeile werfen
sich einen Ort suchen, wo man nicht gehört wird, und aus voller Lunge brüllen

sich die Wut in einem Tagebuch von der Seele schreiben
sich im Gespräch mit einem Freund abreagieren
Joggen oder eine andere Art körperlicher Bewegung
staubsaugen
in der nächsten Therapiestunde über die Wut sprechen
tanzen
duschen

Sicher werden nicht alle diese Möglichkeiten für Sie hilfreich sein, aber doch mindestens eine. Sie können Ihre Wut entladen, ohne jemanden zu verletzen oder zu ängstigen, und schaffen sich gleichzeitig die Möglichkeit, wieder einen klaren Kopf und klaren Blick zu bekommen.

Schritt zwei: Schauen Sie *unter* die Wut. Die darunter liegenden Gefühle – Angst, Schmerz, Frustration, Scham und Verlegenheit –, die durch Ihre Wut dramatisiert werden, sind häufig Folge eines ungestillten Bedürfnisses. Ganz gleich, was Sie verloren oder nicht bekamen – Liebe, Anerkennung, Stolz, Lob, Hilfe bei der Hausarbeit oder etwas anderes –, mit Wut zu reagieren, ist häufig ein Versuch, das Verlorene zurückzugewinnen oder wenigstens etwas anderes dafür zu bekommen – Rache, zum Beispiel. Wenn die Wut konstruktiv wirken und nicht nur Schuldgefühle und Schmerz bringen soll, muß man sich fragen: Was möchte oder brauche ich in diesem Moment? Was hoffe ich zu erreichen?

Wenn Sie in der Empörungsphase hängengeblieben sind, wird Ihre erste Antwort auf diese Frage wahrscheinlich lauten: Er soll bezahlen, er soll leiden, büßen für das, was er mir angetan hat, sich entschuldigen, Wiedergutmachung leisten. Sollten das Ihre Antworten sein, dann stellen Sie sich die Fragen noch einmal und fügen Sie diesmal hinzu: Ist es realistisch zu erwarten, daß ich dieses Ziel erreiche? Werde ich mich dann wirklich besser fühlen? Und fragen Sie sich schließlich: Was will ich sonst?

Harriet beispielsweise glaubte anfangs, es sei ihr Wunsch, daß «Larry nie wieder einen glücklichen oder friedlichen Moment in seinem Leben» habe. Durch ihre Racheakte erreichte sie das teilweise. Aber sie fühlte sich durch sie nicht besser, sondern schlechter, und der Kampf um das Sorgerecht für die Kinder, der einer der Gründe für ihre Wut war, wurde durch ihre Attacken nur verschärft. Als Harriet genauer prüfte, erkannte sie, daß sie in Wirklichkeit den Streit um das Sorgerecht möglichst bald beigelegt sehen wollte, «damit ich nicht länger in Angst leben mußte, meine Kinder zu verlieren». Als sie das erkannt hatte, wurde ihr auch klar, daß sie das nicht erreichen würde, wenn sie sich weiter so verhielt wie bisher.

Schritt drei: Bewußte Entscheidungen treffen. Fragen Sie sich: Was kann ich tun, um das zu bekommen, was ich möchte oder brauche, ohne dabei mich selbst oder andere zu verletzen? Als erstes müssen Sie sich dafür entscheiden, Ihre Wut oder andere Gefühle nicht auf destruktive Weise auszudrücken. Überlegen Sie, welche Möglichkeiten es dazu für Sie gibt, und werfen Sie dabei immer wieder einen Blick auf die Liste der unwirksamen und passiv-aggressiven Wutäußerungen in den Strategien Nr. 9 und 10. Wenn die von Ihnen gewählte Möglichkeit auf einer der Listen erscheint, streichen Sie sie.

Es gibt viele produktive Verhaltensweisen, die man anwenden kann, um das zu bekommen, was man möchte oder braucht, dazu gehört auch, daß man versucht, sich die ungestillten Bedürfnisse selbst zu erfüllen, oder sich an andere Menschen wendet als an diejenigen, die einen verletzt haben. Aber häufig, besonders bei Problemen, die hier und jetzt aktuell sind, wird man seine Gefühle der Person ausdrücken wollen, die einen verletzt hat. Wenn man das tut, muß man es auf verantwortungsbewußte Weise tun.

Sehen Sie sich noch einmal an, was Sie durch Schritt zwei erkannt haben, und vollenden Sie mit Hilfe dieser Informationen Sätze, die dem folgenden gleichen.

Ich fühle mich/bin . . . . . ., wenn du . . . . . . (unakzeptable Verhaltensweise), und es wäre mir lieber, du würdest . . . . . . (alternative Verhaltensweise).

Überlegen Sie sich mehrere Versionen dieses Satzes (und mehrere alternative Verhaltensweisen) und schreiben Sie sie nieder. Stellen Sie sich vor, wie die Worte, wenn Sie sie tatsächlich aussprechen, auf Sie selbst und die Person, an die sie gerichtet sind, wirken werden.

Einer von Harriets Sätzen lautete beispielsweise: «Ich bin wütend, weil du versuchst, mir die Kinder wegzunehmen, und ich möchte, daß du endlich aufhörst, sie dazu zu benutzen, mir wehzutun.» Sie erkannte sehr schnell, daß es die Situation nicht entschärfen würde, wenn sie so mit Larry sprach. Eine andere Version lautete: «Ich habe große Angst, wenn ich mir vorstelle, daß ich das Sorgerecht für die Kinder nicht bekomme, und gerate in Panik, wenn du mir sagst, daß du die Sache vor Gericht austragen willst. Können wir nicht vernünftig darüber sprechen und nach einem Kompromiß suchen?» Dieser Ansatz garantierte zwar nicht die Lösung von Harriets Problemen, er erhöhte aber ihre Chancen, das zu bekommen, was sie wollte, ohne alles noch schlimmer zu machen.

Sie werden Ihre Gefühle und Wünsche natürlich nicht ausdrükken, indem Sie den schriftlich fixierten Text Wort für Wort vom Blatt ablesen, aber Sie müssen sich genau überlegen, von welchem Ansatz am ehesten zu erwarten ist, daß er das bewirkt, was Sie möchten, und den anderen oder Ihre Beziehung zu ihm nicht verletzt.

Aber wie überlegt man seine Worte auch immer wählt, wenn man einem anderen sagt, daß er sich auf eine Art verhalten hat, die man nicht akzeptieren kann, wird das wahrscheinlich zu Konflikten und Verwirrungen führen. Bittet man jemanden, sein Verhalten zu ändern, so fühlt der sich meistens gekränkt und verletzt. Es ist daher unfair und rücksichtslos, einfach seine Meinung zu sagen und davonzugehen. Ehe Sie darüber entscheiden, was Sie tun werden, müssen Sie sich fragen: Bin ich bereit zu bleiben und zu versuchen, den Schaden, den ich vielleicht anrichte, zu bereinigen?

Wenn Sie nicht bereit sind, die Sache zu diskutieren oder einen

Kompromiß auszuhandeln, oder wenn Sie nicht hören wollen, was der andere zur Erklärung seines Verhaltens vorzubringen hat, und wenn Sie keinerlei Verantwortung für die Situation übernehmen wollen, dann sind Sie nicht bereit, Ihre Gefühle gegenüber der Person, die Sie verletzt hat, direkt auszudrücken, und sollten es lieber nicht tun. Haben Sie dennoch das Bedürfnis, Ihrer Wut Luft zu machen, dann sollten Sie Ihr Vorgehen besser mit einer anderen Person durchsprechen und es zu moderieren versuchen.

Immer wenn Sie wütend sind und nicht sicher, wie Sie im Beisein des Menschen reagieren werden, der Sie wütend gemacht hat, sollten Sie erst mit einem anderen über Ihre Gefühle sprechen, sei es mit dem Therapeuten, einem Mitglied Ihrer Gruppe, einem Freund, einem Geistlichen – Hauptsache, die Person hat mit der Situation nichts zu tun. Auf diese Weise können Sie einen Teil Ihrer Wut loswerden, die darunter liegenden Gefühle oder Probleme erkennen und sich dann überlegen, wie Sie Ihren Gefühlen Ausdruck geben könnten.

Das mag wie ein umständlicher und zeitraubender Prozeß erscheinen, aber wahrscheinlich werden Sie nicht einmal so viel Zeit benötigen, wie Sie brauchen, um diese Hinweise zu lesen. Um seine Wut konstruktiv auszudrücken, braucht man nichts weiter zu tun, als sich *vorher* zu überlegen, was man tun will, anstatt erst einmal wild um sich zu schlagen und sich hinterher zu schämen.

Dieses Rezept ist besonders nützlich für den konstruktiven Umgang mit der Wut, die gerade da ist. Um jedoch die Wut und den Zorn loslassen zu können, die durch die unverheilten Verletzungen und unerledigten Probleme verursacht wurden, müssen Sie wahrscheinlich noch weiter gehen und sich bemühen

- zu erkennen, daß alte Wut und Empörung es sind, die in Ihnen rumoren, wenn Sie sich gereizt, ungeduldig, «geladen» oder verärgert fühlen;
- zu erkennen, daß dies am ehesten vorkommt, wenn Sie übermüdet, frustriert, nervös, gehetzt und beunruhigt sind;
- dieser Lage der Dinge gerecht zu werden, indem Sie sich viel-

leicht ein Weilchen hinlegen, einen Spaziergang machen, Ihre Spannung in körperlicher Bewegung ausarbeiten, mit jemandem sprechen, den Sie als hilfreich empfinden, Tagebuch schreiben, ein heißes Bad nehmen oder sich gründlich ausweinen.

Zusätzlich müssen Sie weiter an sich selbst und Ihrer Selbstachtung arbeiten. Je positiver Sie Ihr Leben gestalten, desto weniger Anlaß zu Zorn und Wut wird es geben und desto weniger Anlaß auch, die Menschen, die Sie verletzt haben, zu bestrafen. Man wird stark und gesund und erwachsen genug werden, um daran zu denken, das Gefängnistor aufzuschließen und die Menschen freizulassen, die einen verletzt haben. Aber zuerst muß man sich selbst freilassen, indem man all das, was einem «das Wasser abgegraben hat» – Verleugnung, Schuldübernahme, Opfergefühle – hinter sich läßt und «auflebt».

9 Das Erwachsenwerden

«Das Befinden meines Vaters verschlechterte sich immer weiter, aber nicht einmal die Tatsache, daß er vielleicht sterben würde, ehe ich mit ihm Frieden geschlossen hatte, konnte mich dazu bewegen, mit ihm zu sprechen. Meine Mutter fand mein Verhalten unverzeihlich.

‹Dein Vater liegt im Sterben›, sagte sie immer wieder, wenn wir miteinander telefonierten. ‹Du schreibst nicht. Du rufst nicht an. Je schlechter es ihm geht, desto gleichgültiger zeigst du dich. Warum tust du das? Was haben wir dir denn getan?›

Diese Frage verlangte eine Antwort. Jedesmal, wenn ich sie hörte, war mir, als stieße man mir ein Messer ins Herz. Ich tat schließlich das einzige, was mir mit meiner Selbstachtung vereinbar schien. Ich sagte meiner Mutter die Wahrheit.

Ich schrieb ihr einen Brief und beichtete ihr alles über die Übergriffe meines Vaters, erklärte ihr aber zugleich, daß ich ihr selbst keinen Vorwurf mache. Ich kann mir gut vorstellen, wie tief getroffen und entsetzt sie gewesen sein muß, als sie das las. Ihr Mann, mit dem sie vierzig Jahre zusammengelebt, den sie geliebt und dem sie vertraut hatte, sollte ihre Tochter sexuell mißbraucht haben. Offen gesagt, ich erwartete nicht, daß sie mir glauben würde.

Der Brief verletzte sie tatsächlich tief, aber sie glaubte mir. Sie flog aus Florida her, und wir trafen im Haus meiner Schwester zusammen. Wir sprachen lange miteinander und weinten viel, aber es gab auch viel Zärtlichkeit. Zum ersten Mal in meinem Leben fühlte ich mich von meiner Mutter wirklich unterstützt. Ich war tief erleichtert, ihr endlich die Wahrheit gesagt zu haben. Das war der positive Teil.

Aber als meine Mutter vor der Abreise stand, sagte sie: ‹Wir dürfen eurem Vater nichts erzählen.› Ich war damit nicht einverstanden; ich meinte, er müsse es wissen. Schließlich war er derjenige, der es getan hatte. Aber sie glaubte, er habe es völlig verdrängt, und da ich selbst das gleiche getan hatte, hinderte ich sie nicht daran, sich eine Geschichte zu überlegen, die sie erzählen wollte, wenn sie wieder nach Hause kam. Ich sagte ihr jedoch, daß ich, sollte mein Vater mich anrufen, ihre Geschichte nicht bestätigen würde. Ich war nicht bereit, mich aktiv an einer weiteren Vertuschungsaktion zu beteiligen. Aber das wurde auch gar nicht von mir verlangt.

Bei der Heimkehr meiner Mutter war mein Vater wieder im Krankenhaus. Als sie ihn besuchte, begrüßte sie ihn nicht wie sonst mit einem Kuß. Er spürte, daß etwas nicht in Ordnung war, und verlangte eine Erklärung. Und meine Mutter sagte ihm alles, was wir ihr erzählt hatten, obwohl sie überhaupt nicht die Absicht gehabt hatte.

Aber wenn ich geglaubt hatte, daß nun endlich die Möglichkeit für mich gekommen sei, mit meinem Vater noch vor seinem Tod Frieden zu schließen, so hatte ich mich getäuscht. Mein Vater leugnete alles. Er bezeichnete uns als Lügnerinnen, sagte, er wolle mit solchen Töchtern nichts zu tun haben, wir seien nicht mehr seine Kinder.

Meine Mutter war hin und her gerissen. Sie wußte nicht, wem sie glauben sollte. Da sagte ihr mein Bruder, sie solle uns glauben, denn auch ihm sei ‹so etwas passiert›. Mein Vater wollte daraufhin auch von ihm nichts mehr wissen.»

An diesem Punkt hätte Suzanne mehrere Dinge tun können. Sie hätte den Schock, den es ihr bereitete, als Lügnerin hingestellt und als Tochter verstoßen zu werden, verleugnen und achselzuckend sagen können: Ich habe gesagt, was ich zu sagen hatte, und es lief nicht so, wie ich es mir wünschte. Aber wenn schon. Es macht mir nichts aus.

Suzanne hätte sich an dem Aufruhr und dem Konflikt, die ihrer Enthüllung folgten, die Schuld geben und denken können, wenn ich es anders angepackt hätte, läge jetzt nicht alles in Scherben. Sie hätte in die Opferphase zurückkehren, in Selbstmitleid versinken, in neue Abgründe von Hilflosigkeit und Hoffnungslosigkeit fallen können. Ist ja klar, daß es nicht so kam, wie ich es mir wünschte, hätte sie sagen können. Das war doch schon immer so.

Oder sie hätte ihrer Empörung und ihrer Wut freien Lauf lassen und sich vornehmen können, nie wieder ein Wort mit ihrem Vater zu sprechen und nicht zu seiner Beerdigung zu gehen, wenn er sterben sollte.

Aber das alles tat sie nicht.

«Ich war wie vor den Kopf geschlagen durch die Reaktion meines Vaters, obwohl ich wahrscheinlich auf sie hätte vorbereitet sein sollen. Ich war entmutigt, aber ich war nicht niedergeschmettert, und ich vergeudete kaum Zeit damit, mir die Schuld an einer Entwicklung zu geben, über die ich keine Kontrolle hatte. Unter den gegebenen Umständen hatte ich mein Bestes getan – das war wie eine Offenbarung für mich. Sie erlaubte es mir, die Möglichkeit in Betracht zu ziehen, daß ich vielleicht die ganze Zeit schon mein Bestes getan hatte.

Sicher, ich war enttäuscht, verletzt, zornig, aber ich war endlich auch befreit von der Erwartung, daß ich von meinem Vater je bekommen würde, was ich brauchte. Ich war frei und damit in der Lage, mir selbst das zu geben, was ich brauchte. Ich nutzte jede Möglichkeit: Ich las Bücher, besuchte Vorträge, nahm an Seminaren teil und ging weiterhin in meine Therapie und die Gruppe. Ich fing an, besser auf meinen Körper zu achten, ich trieb Sport und änderte meine Essensgewohnheiten. Ich nahm mir nicht mehr so viel Zeit dafür, mich zu bemitleiden, sondern unternahm mehr, um mein Leben in Ordnung zu bringen. Fünf Jahre nachdem ich meine Reise begonnen hatte, war ich endlich in jener Phase des Heilungsprozesses angelangt, wo man erwachsen wird.»

Die «Ich hab's überstanden!»-Phase

Wenn wir in dieser Phase angekommen sind, verkünden wir stolz: Ich habe es geschafft! Ich bin durch! Ich lebe! Das sind kostbare und mächtige Worte. Wenn wir sie sagen und wirklich glauben, ist es, als träten wir unter einer dunklen Wolke hervor. Zum ersten Mal, seit wir verletzt wurden, sehen wir eine freundlichere Zukunft, erkennen, daß sie in unserer Reichweite ist, und breiten die Arme aus, um sie zu umfassen.

Man tritt in diese Phase des Erwachsenwerdens erst ein, wenn man dazu bereit ist, und keinen Augenblick früher. Es gibt kein Zauberwort und keinen Zaubertrank, die uns schneller hierher befördern oder garantieren können, daß wir nie wieder in die schmerzlicheren und selbstzerstörerischen Phasen zurückgleiten, die ihr vorangingen.

Erwachsen werden können wir nur, wenn wir überleben: die Verletzungen und das alte Unrecht, die Verleugnung und den Schaden, den wir uns im Labyrinth ihrer Sackgassen zugefügt haben, die Selbstbestrafung, die mit der Schuldübernahme einhergeht, die zerstörerischen Verhaltensweisen der Opferphase, die Wut und den Zorn, die uns verzehrten, als wir uns in der Empörungsphase befanden. Der Weg ist nicht leicht, und jeder kann ihn nur seinen eigenen Bedürfnissen gemäß und in der Zeit, die er eben braucht, zurücklegen.

Aber wenn man die Phase des Erwachsenwerdens erreicht, dann weiß man, daß der Weg sich gelohnt und man sich diese neue Lebendigkeit so redlich verdient hat, wie das Recht zu sagen:

«Ich lebe. Ich wurde verletzt, und diese Verletzung hatte eine tiefe Wirkung auf mich und mein Leben. Ich leugne es nicht, aber ich habe sie überlebt und viel daraus gelernt.

Ich bin in Ordnung. Ich weiß jetzt, daß ich für die Verletzungen, die andere mir zufügten, nicht verantwortlich war und daß ich mich nicht mehr für Dinge zu bestrafen brauche, an denen ich keine Verantwortung trage.

Ich habe das Steuer in der Hand. Ich mag ohnmächtig gewesen

sein zu der Zeit, als ich verletzt wurde, aber jetzt bin ich es nicht mehr. Ich bin kein Opfer mehr. Ich bin ein erwachsener Mensch, und ich kann mein Leben so gestalten, wie ich es möchte.

Es geht mir besser denn je. Ich bin stark genug, um dem Leben ins Auge zu sehen, ohne mich mit dem Schild der Empörung schützen zu müssen. Ich kann wütend werden, aber ich bin kein Sklave meiner Wut.»

Diese Worte sind voller Kraft, Stolz und Würde. Lesen Sie sie laut, dann werden Sie merken, wie sehr sie sich in Ton und Klang von Ihren Äußerungen in den anderen Phasen unterscheiden. Es tut so gut, diese Worte sagen – und glauben – zu können, daß man das Gefühl innerer Lebendigkeit, das man in dieser Phase kennenlernt, nie wieder vergißt. Wir mögen von Zeit zu Zeit in frühere Phasen zurückfallen. Das passiert uns allen. Aber wir haben die Lebendigkeit gekostet, die sich einstellt, wenn wir erwachsen werden, und möchten sie nicht mehr missen; darum tun wir bei einem Rückfall in alte Muster alles, was nötig ist, um schnellstens wieder diese Phase der Lebendigkeit zu erreichen.

Unter den gegebenen Umständen tat man sein Bestes

«Ich war überzeugt, der sexuelle Mißbrauch durch meinen Großvater hätte keinerlei negative Wirkung auf mich und mein Leben gehabt», schrieb Terry bei einer Übung im Seminar. «Aber heute weiß ich, daß jeder Tag meines Lebens von dieser Erfahrung ebenso bestimmt war wie mein jahrelanges selbstzerstörerisches Verhalten. Ich bin nicht stolz auf das, was ich getan habe. Wenn ich noch einmal von vorn anfangen könnte, würde ich vieles anders machen. Doch ich weiß jetzt, daß ich unter den gegebenen Umständen mein Bestes getan habe.»

Obwohl bei Terry fast zwanzig Jahre lang Phasen der Promiskuität mit stabileren Beziehungen abwechselten, die stets von gleicher Dauer waren wie der Mißbrauch durch ihren Großvater, obwohl sie sich Geschlechtskrankheiten zuzog, Schwangerschaftsabbrüche vornahm, sich in wahrhaft gefährliche Situationen brachte, ihre berufliche Karriere aufs Spiel setzte und die Männer, zu denen sie längere Beziehungen unterhielt, verletzte, tat sie wirklich ihr Bestes. Es fehlten ihr Verständnis und Einblick, um es besser zu machen.

Es ist vielleicht schwer zu glauben, daß eine intelligente Frau in verantwortungsvoller Position in einem Helferberuf, der Vertrautheit mit der Vielfalt menschlichen Verhaltens voraussetzt, den selbstzerstörerischen Tendenzen ihres eigenen Verhaltens gegenüber so blind sein konnte, aber es war so. Terry erkannte den Zusammenhang zwischen ihren früheren Erlebnissen und ihrem Erwachsenenleben nicht. Sie sah nicht, daß sie gewisse Muster immer von neuem wiederholte. Der Mechanismus der Verleugnung funktionierte so gut, daß diese Realitäten aus ihrem Bewußtsein ausgeblendet wurden, und sie die volle Wirkung ihrer eigenen Handlungen gar nicht spürte. Und solange sie das nötige Bewußtsein nicht hatte, konnte sie ihr Verhalten nicht ändern. Sie verstand einfach nicht, warum sie tat, was sie tat, und konnte daher nicht anders handeln. – Und Ihnen erging es nicht anders.

«Ich glaubte immer, ich müßte alles selber machen», schrieb Darlene. «Aber jetzt weiß ich, daß ich nicht der Nabel der Welt bin, daß auch andere, wenn ich ihnen die Chance gebe, vertrauenswürdig und zuverlässig sein können.»

Aufgrund ihrer Überzeugung und ihres daraus resultierenden Verhaltens war Darlene ständig überfordert und voller Groll. Ihr «Macher»-Verhalten reizte und ärgerte die Leute um sie herum. In ihren beruflichen Beurteilungen standen immer Kommentare wie, «Delegiert nicht», oder «Im Team wird sie schwierig», und sie bekam nicht die Beförderungen, die sie ihrer Meinung nach verdient hätte. Da kein Mensch sie würdigte, belohnte Darlene sich selbst dafür, daß sie «so viel für so viele» tat: Sie aß, vor allem Süßigkeiten. Aber das schuf nur neue Probleme. Als wir sie kennenlernten, hatte sie fast fünfzig Kilo Übergewicht, und der Arzt hatte kurz zuvor Diabetes bei ihr festgestellt.

Dennoch hatte Darlene, genau wie Terry, ihr Bestes getan. Sie hatte nicht die Möglichkeit gehabt, es besser zu machen. Sie werden sich erinnern, daß Darlene durch die Scheidung ihrer

Eltern und die Unzuverlässigkeit des Vaters, der wiederholt nicht zu den Besuchsterminen erschien, tief verletzt wurde. Erlebnisse, unter denen jedes Kind gelitten hätte, verletzten Darlene um so schwerer, da sie ihr zu einer Zeit widerfuhren, als Scheidungen relativ selten vorkamen. Darlene hatte niemanden, der ihre Fragen beantworten, der ihr helfen konnte, ihre eigenen Gefühle zu verstehen. Jahre später erst begegnete Darlene zum ersten Mal jemandem, der auch aus einer geschiedenen Ehe kam. Da sie glaubte, daß niemand auf der Welt so fühle wie sie, und da sie in ihrer Kindheit und frühen Jugend tatsächlich keine Möglichkeiten hatte, sich Hilfe zu holen, blieb ihr nichts anderes übrig, als sich selbst zu helfen. Sie tat es, so gut sie das unter den gegebenen Umständen konnte. Und ähnlich wird es bei Ihnen gewesen sein.

«Ich glaubte immer, Wut und Gewalt seien das gleiche», schrieb Caryn, auch eine Seminarteilnehmerin. «Ich glaubte, solange ich nicht wütend wurde, würde ich anderen niemals antun, was meine Mutter mir antat. Aber jetzt weiß ich, daß es völlig falsch war, meine Wut zu unterdrücken, und daß ich meine Vergangenheit wiederholen mußte, bis ich endlich daraus lernte.

Ich hatte schon aus ihr gelernt», schrieb sie weiter. «Ich lernte, die Rolle des Unterdrückers zu übernehmen und mich mit Alkohol und Drogen krankzumachen. Ich lernte explodieren, wenn ich unter Streß stand, da ich zu meinen Gefühlen keinen Zugang hatte. Ich lernte sogar die entsetzliche Scham und die Schuldgefühle kennen, die meine Mutter gequält haben müssen, wenn sie mich geschlagen hatte – ich erfuhr sie am eigenen Leib an dem Tag, an dem ich beinahe meine Tochter erwürgt hätte, die damals gerade drei Jahre alt war. Das ist jetzt drei Jahre her, und obwohl es überhaupt keine Entschuldigung dafür gibt, ein wehrloses Kind zu mißhandeln, und ich mein Handeln nicht rechtfertigen will, weiß ich doch, daß ich unter den gegebenen Umständen, mit den Möglichkeiten, die mir zur Verfügung standen, mein Bestes tat.»

Der Zwischenfall, auf den Caryn sich bezog, machte ihr so große Angst, daß sie sofort professionelle Hilfe suchte. Sie trinkt nicht mehr, nimmt keine Drogen mehr und hat ihre Tochter nie wieder mißhandelt. Aber selbst damals, als sie diese Dinge tat und den tiefsten Punkt in ihrem Leben erreicht hatte, tat Caryn ihr Bestes. Sie hatte nie den seelischen Nährboden, die Unterstützung gehabt, die es ihr ermöglicht hätten, es anders zu machen.

Als Kind wurde Caryn von ihrer Mutter häufig ohne erkennbaren Grund schwer geschlagen. Die Geisteskrankheit der Mutter wurde von allen um sie herum verleugnet oder ignoriert. Caryns Vater tat nichts, um das Kind zu schützen und den Prügeleien Einhalt zu gebieten, obwohl er oft zu Hause war, wenn sie vorkamen. Caryns Großmutter, die Caryn als «einzigen Lichtblick in meiner Kindheit» bezeichnet, war selbst ein Opfer der Mißhandlungen von Caryns Mutter und war in ihrer Ehe von ihrem Mann regelmäßig geschlagen worden. Obwohl sie als einzige Caryn die bedingungslose Liebe und Anerkennung gab, die das Kind überhaupt erhielt, war sie ihr zugleich ein Vorbild für Passivität und Opfertum. «Du mußt versuchen, sie nicht ärgerlich zu machen», lautete ihr Rat – und der half nicht viel, denn Caryns Mutter schlug ihre Tochter, weil «ihre Stimmen» es ihr befahlen, nicht weil Caryn ungezogen war. Da die Mutter und später auch Caryn selbst für blaue Flecken und gebrochene Knochen falsche Erklärungen gaben, kamen Lehrer, Nachbarn und Ärzte, die vielleicht etwas für Caryn hätten tun können, nicht auf den Gedanken einzugreifen.

In ihrer Kindheit hätte Caryn jemanden gebraucht, der für sie eintrat, sie beschützte und ihr sagte, daß das, was ihr widerfuhr, nicht in Ordnung war. Sie hätte Orientierung und Ermutigung, Trost und die beruhigende Versicherung gebraucht, daß sie mehr war als das Opfer ihrer Mutter. Aber sie bekam nichts davon, sondern wurde emotionaler Verwahrlosung preisgegeben. Das einzige, was sie mitbekam, waren Schmerz und negative Beispiele. Emotional war sie auch als Erwachsene noch so unreif, daß sie ihre zerstörerischen Impulse nicht zu kontrollieren vermochte. Das waren die Tatsachen ihres Lebens, und wenn sie auch ihr Verhalten nicht entschuldigen können, so erklären sie doch, warum das, was sie tat, ihr Bestes war – wenn auch nicht gut genug.

Wenn man das einmal als Wahrheit des eigenen Lebens akzeptiert hat, gelingt ein Durchbruch. Man kommt der Möglichkeit, sich selbst verzeihen zu können, einen großen Schritt näher – weil man die Schuldgefühle fahren läßt, sich nicht mehr so tief schämt und nicht mehr nur bedauernd zurückblickt. Weil man also all das aufgibt, was einen an den alten Schmerz bindet.

Loslassen von Schuldgefühl, Scham und Bedauern

Das Schuldgefühl ist eine unmittelbare Reaktion auf etwas, das wir falsch gemacht haben oder das fehlschlug. Es setzt Grenzen, die uns vor unserer eigenen Maßlosigkeit schützen. Wenn wir diese Grenze überschreiten – wie Darlene das tat, als sie den Kuchen aß, der eigentlich für die Geburtstagsfeier ihrer Tochter gedacht war, oder wie Harriet es tat, als sie Larry spät abends anrief und dann auflegte, oder wie Bruce es tat, als er Schulden machte, um seine Drogensucht finanzieren zu können –, fühlen wir uns schuldig, und das ist angemessen, weil das, was wir taten oder was geschah, in der Tat unsere Schuld war. Ziemlich viel von dem, was Sie getan haben, um Unangenehmes auszublenden, um zu kompensieren, um andere für Ihren Schmerz zahlen zu lassen, fällt wahrscheinlich in diese Kategorie.

Sie haben vielleicht Abhängigkeiten entwickelt und Zwängen nachgegeben, die nicht nur Sie schädigten, sondern auch andere verletzten. Sie haben vielleicht gelogen, immer wieder die Stellung verloren, Schulden gemacht, die Menschen vernachlässigt, die Sie liebten, vielleicht sogar gestohlen, um Ihre Sucht nach Alkohol, Drogen oder Ihre Spielleidenschaft finanzieren zu können. Es ist zu vermuten, daß Sie mit Ihrer Selbstsucht und Ihrer Aggressivität in der Opferphase, mit Ihrer ständigen Wut in der Empörungsphase sich und anderen körperlichen und seelischen Schmerz zufügten. Sie haben wahrscheinlich die Beziehungen zu Ihren Kindern, Partnern, Freunden, Mitarbeitern und Verwandten nicht nur auf eine harte Probe gestellt, sondern diese Menschen auch geschädigt. Wenn Sie erwachsen werden, werden Sie sich Ihres eigenen Fehlverhaltens klar bewußt – und Sie fühlen sich schuldig.

Doch dieses Schuldgefühl – das sich auf bestimmte Verhaltensweisen bezieht, die Sie ändern können – kann produktiv sein. Wenn Sie sich für etwas, das Sie getan oder unterlassen haben, schuldig fühlen, können Sie um Verzeihung bitten, Wiedergutmachung leisten, aus dem Fehler lernen, Ihr Verhalten ändern und weitergehen.

«Manchmal überkommt mich ein entsetzliches Gefühl der Verdammnis», sagt Alison, die sich jahrelang die Schuld am Selbstmord ihres Vaters gab und dauernd Wiedergutmachung zu leisten versuchte, indem sie sich bemühte, andere glücklich zu machen, ganz gleich, was es sie kostete. «Es fängt in der Magengrube an. Zuerst ist es nur so ein merkwürdiges Gefühl der Leere. Aber dann wird es stärker und überschwemmt mich in riesigen Wellen von Angst und Furcht und Entsetzen, bis ich mich nur noch irgendwo zusammenrollen und unsichtbar sein möchte. Grund dafür ist die Scham. Die Scham, einen Vater gehabt zu haben, der sich umgebracht hat, und zu wissen, daß ich ihn nicht daran hindern konnte. Die Scham über alles, was ich seither getan habe, diese wahnsinnigen Verrenkungen, zu denen ich mich verstieg, um jedem alles recht zu machen, und die überhaupt nichts nützten, sondern höchstens alles schlimmer machten, als wenn ich die Finger davon gelassen hätte. Die Scham darüber, einen Mann geheiratet zu haben, der an der gleichen Krankheit leidet wie mein Vater. Die Scham ist ein grauenvolles Gefühl.»

Das ist sie in der Tat. Die Scham ist das Kind der Schuldgefühle, die man in sich angestaut und zum Bestandteil der eigenen Identität gemacht hat. Sie ist daher viel schwerer loszulassen. Im Gegensatz zum Schuldgefühl, das ein bestimmtes Verhalten oder eine bestimmte Einstellung als falsch oder unrecht oder böse wertet und uns motiviert, diesen Aspekt der eigenen Persönlichkeit zu verändern, beinhaltet die Scham eine Wertung unserer Qualität als Mensch.

Die Scham hat ihre Wurzeln in der Phase der Schuldübernahme des Heilungsprozesses. Die Verantwortung für Unrecht zu übernehmen, an dem man keinen Anteil hatte – und genau das tut man ja in dieser Phase –, hinterläßt Schuldgefühle über Dinge, die sich in Wirklichkeit außerhalb unserer Kontrolle befanden. Da das Problem nicht durch unser eigenes, sondern durch das Verhalten eines anderen verursacht wurde, konnten wir nichts tun, um das eigene Schuldgefühl zu lindern, wir konnten keine Wiedergutmachung leisten, hatten keine produktive Möglichkeit, uns selbst oder die Situation so zu ändern, daß wir daraus lernen und vermeiden konnten, denselben «Fehler» wieder zu machen.

Die Gefühle der Scham kehren noch lange nachdem man die Phase der Schuldübernahme hinter sich gelassen hat, immer wieder zurück, um einen zu quälen. Von negativen Botschaften überflutet, die einem ursprünglich von anderen Menschen übermittelt wurden, schämt man sich genauso, faul, unwissend, untüchtig, wertlos zu sein, wie einem ständig gesagt wurde. Diese negative Selbsteinschätzung, dieses ständige sich seiner selbst Schämen, macht es ungeheuer schwer zu glauben, daß man mehr verdient als das, was man bereits hat, und ist deshalb ein schwer zu überwindendes Hindernis auf dem Weg zu Heilung und Verzeihen.

Das stereotype Bedauern spiegelt die echte Bekümmerung über Verpaßtes oder Versäumtes. Man kann alles bedauern, von dem Versäumnis, die frühen Jahre der eigenen Kinder bewußt miterlebt zu haben, weil man von früh bis abends arbeitete, bis zu der Möglichkeit, mit Vater oder Mutter Frieden zu schließen, ehe sie sterben. Worum es auch geht, Bedauern hilft nichts, und das hat zwei Gründe:

Erstens kann man das Rad der Zeit nicht zurückdrehen und das Versäumte nachholen. Zweitens fixiert man in den Wunsch, es zu können, den Blick so fest auf die Vergangenheit, daß man leicht die Gelegenheiten verpaßt, die sich heute bieten. Kurz gesagt, man sammelt neues Bedauern.

Wie der Reisende, der sich mit fünfzig Pfund Übergepäck durch den Bahnhof schleppt, nähern Sie sich Ihrem Ziel, der Heilung und der Fähigkeit zu verzeihen, viel langsamer und mühsamer, solange Schuldgefühle, Scham und Reue Sie belasten. Sie müssen sie loslassen.

Wenn Sie einmal akzeptiert haben, daß Sie auf der Basis des Verständnisses, der realen Möglichkeiten und der emotionalen Unterstützung, die Ihnen zur Verfügung standen, ihr Bestes taten, können Sie endlich aufhören, über all das zu grübeln, was schiefging und was Sie in der Vergangenheit falsch gemacht haben. Statt dessen handeln Sie und tun etwas, um Ihre Beziehungen zu anderen wiederherzustellen, für das Unrecht, das Sie anderen angetan haben, Wiedergutmachung zu leisten und Ihr Verhalten zu ändern, um in Zukunft nicht mehr die gleichen Fehler zu begehen. Wenn Sie an der Scham arbeiten und sie Stück für Stück loslassen, fangen Sie langsam an zu begreifen, was Ihnen fehlt. Sie laden den Ballast ab, entwickeln neue Einstellungen und finden zu einer neuen Lebendigkeit.

Neue Einstellungen

So möchte ich es auch haben, dachte Terry, die mit ihrer Freundin hinter deren Haus in den Hügeln nördlich von San Francisco auf der Terrasse saß. Amanda schaukelte ihren acht Monate alten Sohn auf dem Schoß und sah dabei ihrer dreijährigen Tochter zu, die im Sandkasten spielte. Amanda hatte alles – zwei gesunde Kinder, einen Mann, der sie liebte, eine glückliche Ehe, eine gutgehende psychotherapeutische Praxis, ein schönes Haus, Freunde, Wurzeln.

«So möchte ich es auch haben», sagte Terry laut und fiel aus allen Wolken über Amandas Reaktion.

«Wenn du weiter machst wie bisher, bekommst du es nie», erwiderte Amanda scharf. «Man baut keine Beziehung auf, indem man mit jedem Mann, der einem über den Weg läuft, schläft, weil er ja vielleicht der richtige sein könnte. Wenn du so weitermachst, bekommst du das, was du jedesmal bekommen hast – einen Haufen Einsamkeit und einen Haufen Schmerz.»

Verdattert versuchte Terry Amandas Bemerkungen wegzuerklären. «Ich versuchte mir einzureden, sie wäre schlecht gelaunt, weil das Baby sie die ganze Nacht wachgehalten hatte», erinnerte sich Terry mehrere Monate später. «Ich dachte, sie wäre gereizt, weil ich ihr über meine letzte in die Brüche gegangene Beziehung die Hucke voll gejammert hatte. Und ich sagte mir, Amanda hätte immer schon zur Übertreibung geneigt, so wild triebe ich es ja nun auch wieder nicht.» Nur auf eine Erklärung kam Terry nicht: daß Amanda es einfach an der Zeit gefunden haben könnte, sie mit der Wahrheit zu konfrontieren. Der Gedanke jedoch ging ihr immer wieder durch den Kopf. Zum ersten Mal in ihrem Leben versagte Terrys Abwehrmechanismus, zum ersten Mal seit Jahren weinte Terry.

«Wir sprachen bis tief in die Nacht hinein über mich und mein Leben», berichtete Terry. «Amanda wußte ja oberflächlich schon Bescheid. Aber diesmal wollte sie alles ganz genau wissen, über meine Vergangenheit, was sie für mich bedeutete, wie ich mich fühlte und warum ich immer wieder die gleichen Dummheiten machte. Nachdem ich das alles ihr gegenüber einmal ausgesprochen hatte, gab es eigentlich gar keinen Rückweg ins Verleugnen mehr.»

Von diesem Augenblick an bemühte sich Terry ernsthaft, die Realitäten ihres Lebens zu prüfen und sie nicht mehr hinter den Mauern der Verleugnung zu verstecken. Sie nahm die Therapie wieder auf, ging in eine Selbsterfahrungsgruppe, las Bücher, nahm an Seminaren zur Persönlichkeitsentwicklung teil, führte Tagebuch und lange aufrichtige Gespräche mit Amanda und anderen Freundinnen. Sie gewann neue Erkenntnisse und Einsichten über sich selbst und ihre selbstzerstörerischen Verhaltensweisen. Als sie die Phase des Erwachsenwerdens erreichte, begann sie, die alten Verhaltensmuster zu ändern.

«Ich befinde mich in Phase drei», erklärte sie mit einem Lächeln, das viel mehr Wärme hatte als jenes, das sie früher ständig im Gesicht hatte. «In Phase eins machte ich dummes Zeug, ohne darüber nachzudenken oder mir über die Konsequenzen Gedanken zu machen. In Phase zwei machte ich weiterhin dummes Zeug, aber danach fühlte ich mich unheimlich schlecht. Ich war deprimiert und machte die nächste Dummheit, um den Schmerz nicht aushalten zu müssen. Jetzt gebe ich dem Drang, loszugehen und mir einen Mann zu suchen, nicht mehr so oft nach wie früher. Wenn ich es doch tue, fühle ich mich hinterher immer noch mies, aber anstatt mich niederzumachen, versuche ich herauszubekommen, warum ich so oder so handelte, und überlege, ob es nicht bessere Methoden gibt, mit meiner Einsamkeit und Unsicherheit fertig zu werden.»

Tiefere Einsicht in die Gründe ihres Verhaltens und die Bereitschaft, neue Verhaltensweisen auszuprobieren, die nicht selbstzerstörerisch sind, sondern die eigene Entwicklung fördern – das unterscheidet die, die erwachsen werden, von den Opfern. Das Ziel heißt natürlich Aufgabe dieser selbstzerstörerischen Gewohnheiten, und in dieser Phase entwickelt man eine ebenso positive wie realistische Einstellung zum eigenen Fortschritt auf dem Weg zu diesem Ziel.

Das ist möglich, weil nun, da man aus dem Schmerz der Vergangenheit aufsteht wie Phönix aus der Asche, alles anders aussieht. Anstatt Perfektion zu erwarten und sich selbst herunterzuputzen, wenn man sie nicht erreicht, steckt man sich vernünftige Ziele und kann würdigen, wie weit man schon gekommen ist. «Ich schaffe es schon», sagt man. «Ich bin auf dem Weg.»

«Es gibt vieles, das ich immer noch möchte und nicht habe», sagte Terry. «Eine gute Beziehung gehört dazu. Aber wenigstens weiß ich jetzt, was eine gute Beziehung ist – und ich fange sogar an zu glauben, daß ich eine verdiene.» Wenn wir erwachsen werden, glauben wir endlich, daß wir Besseres verdienen als das, was wir bisher bekommen haben. Und diese Änderung der Einstellung befähigt uns, die Vergangenheit nicht mehr zu wiederholen, sondern volle Fahrt voraus eine freundlichere Zukunft anzusteuern.

Jahrelang sind wir an neue Beziehungen und Situationen vielleicht mit dem bewußten oder unbewußten Wunsch herangegangen, es «diesmal richtig» zu machen, doch statt dessen ernteten wir neuen Schmerz und neue Enttäuschung. Aber wenn wir die Phase des Erwachsenwerdens erreicht haben, erkennen wir, daß wir es unter den Bedingungen und mit dem Rohmaterial, das uns zur Verfügung stand, in Wirklichkeit schon beim ersten Mal richtig gemacht haben – auch wenn wir dabei behindert waren. Die Folge ist, daß wir es nicht mehr nötig haben oder wünschen, die schmerzlichen alten Erfahrungen in aktuellen Beziehungen neu zu inszenieren oder alte Muster zu wiederholen, die uns den gleichen Schmerz einbringen, den wir in der Vergangenheit fühlten. Anstatt immer wieder dieselben alten Szenen mit neuen Schauspielern aufzuführen, können wir jetzt neue Szenen schreiben und einem neuen Szenario folgen, das vielleicht wirklich ein Happy-End hat.

In den früheren Phasen des Heilungsprozesses war alles schwarz oder weiß, gut oder böse, richtig oder falsch. Wir waren entweder absolut perfekt oder absolute Versager. Die Menschen, die einen verletzten, waren entweder vollkommene Bösewichte, oder sie waren Heilige, deren verletzende Handlungen wir durch Verleugnung oder Schuldübernahme negieren mußten. Weil wir die Zwischentöne nicht sehen konnten, fühlten wir uns jedesmal, wenn das reale Leben und die realen Menschen unserem Schwarzweißbild nicht entsprachen, verwirrt und bedroht. Jetzt, in dieser Phase, können wir die Ungewißheiten des Lebens aushalten. Mit Suzanne können wir sagen: «Man weiß nie, wie es ausgehen wird», und hinzufügen, «aber das ist in Ordnung. So ist das Leben.»

Wir können sogar über die Absurditäten des Lebens lachen, weil wir im Erwachsenwerden den Humor wiederfinden, den wir verloren, als wir verletzt wurden, oder den wir wegen der erlittenen Verletzungen und Ungerechtigkeiten vielleicht niemals besaßen. Wir merken plötzlich, daß die Leute recht hatten, denen wir einmal am liebsten den Kragen umgedreht hätten, als sie sagten: «Warte, eines Tages erinnerst du dich daran und lachst.» In der Rückschau erscheint einem vieles aus der Vergangenheit tatsächlich komisch – auch Szenen, die einmal so demütigend waren, daß man gar nicht an sie denken, geschweige denn, sie erheiternd finden konnte.

Mehrere Jahre nachdem Harriet an einem Seminar über das Verzeihen teilgenommen hatte, konnte sie beispielsweise das Ende ihrer Ehe in einem ganz neuen Licht sehen. Bei der Erinnerung an die Geschehnisse, die früher Bitterkeit und Wut ausgelöst hatten, lachte sie jetzt so herzlich, daß ihr die Tränen kamen. «Diese Szene in der Bank!» sagte sie. «Könnt ihr euch vorstellen, wie das gewirkt haben muß! Die sitzengelassene Ehefrau im Jogging-Anzug, wie sie der Geliebten ihres Mannes seine Sachen auf den Schreibtisch knallt ... Melodramatischer geht's nicht. Es wundert mich, daß niemand die Irrenanstalt alarmiert hat.»

Wenn man endlich erwachsen wird, kann man wieder lächeln, kichern, lachen. Es ist nicht das nervöse, gezwungene Lachen der Verleugnungsphase, und es ist auch nicht das höhnische Gelächter, das die sarkastischen Sticheleien in den Opfer- und Empörungsphasen begleitete. Lächeln und Lachen kommen jetzt von Herzen, weil wir dank dem Schmerz und dem Leid, die wir durchgemacht haben, die Dinge des täglichen Lebens im richtigen Verhältnis sehen können. Wie die Schauspielerin Ethel Barrymore einmal sagte: «Man wird an dem Tag erwachsen, an dem man das erste Mal richtig lacht – über sich selbst.»

«Über manches, was ich getan habe, um Larry zu halten, kann ich heute nur noch schallend lachen», fuhr Harriet fort. «Stellt euch vor, da sauste ich in Reizwäsche und Netzstrümpfen herum, obwohl ich viel mehr Ähnlichkeit mit einem angejahrten Karnikkel als mit einem Bunny hatte. Wieso ich damals glauben konnte, ich könnte damit meine Ehe retten, ist mir schleierhaft. Es ist wirklich zum Lachen.»

Neben dem Humor entdecken wir unser Mitgefühl wieder. Wir richten nicht mehr unsere gesamte Aufmerksamkeit auf *unseren* Schmerz, *unsere* Ohnmacht und *unsere* Probleme und können daher mit anderen Menschen fühlen, die zu kämpfen haben. Irgendwann dehnt sich das Mitgefühl auch auf die Menschen aus, die uns verletzt haben.

Jetzt, wo wir verstanden haben, daß nicht wir, sondern die engen Grenzen unserer Möglichkeiten die Schuld daran trugen, daß unser Bestes nicht ausreichte, um unsere Verletzungen zu heilen und unser Leben positiv zu verändern, werden wir aktiv, um diese Grenzen zu erweitern, damit wir es in Zukunft wirklich besser machen können. Wir führen ein ganz anderes Leben als zuvor.

Neue Verhaltensweisen

«Ich habe getan, was ihr uns damals im Seminar geraten habt», berichtete Bruce, mit dem wir uns in New York trafen. «Ich stellte eine Liste all der Dinge auf, die ich tun mußte, um körperlich, seelisch und geistig für mich zu sorgen. Dann fing ich an, sie eines nach dem anderen in mein Leben einzubauen. Ich habe erst die Hälfte der Liste geschafft, aber ich habe mich nie besser gefühlt.»

Er sah in der Tat gesünder aus, als wir ihn je gesehen hatten. Dank regelmäßigem Sport und der Umstellung auf gesunde Ernährung war er nicht mehr blaß und mager wie damals, als wir ihn kennenlernten, sondern er wirkte drahtig und frisch; seine Augen, die einem früher eher wäßrig erschienen waren, blitzten lebhaft. Bruce hatte das Rauchen aufgegeben, an zahlreichen Fortbildungsseminaren teilgenommen und seine Vorgesetzten mit seiner Motivation und seiner Selbstdisziplin so beeindruckt, daß er bereits mehrmals befördert und vor kurzem in die Zentrale des Hotelunternehmens in New York versetzt worden war. Er hatte sogar angefangen, selbst Weiterbildungskurse in Management und Organisationstechnik zu geben. Außerdem ging er weiterhin zu den Anonymen Alkoholikern und einer ähnlichen Einrichtung für Drogenabhängige.

«Manchmal, wenn ich mich heute ansehe», sagte Bruce, «frage ich mich: Wer ist der Mann eigentlich? Das kann doch nicht der sein, der dauernd in irgendeiner Toilette hing und kokste und kotzte, weil er wieder mal zuviel getrunken hatte. Und wenn ich mir dann klarmache, daß ich es wirklich bin, finde ich es herrlich, daß ich es so weit geschafft habe, und sage mir, weiter so, alter Freund!»

Es ist wirklich kaum zu glauben, daß dieser optimistische, selbstsichere junge Mann derselbe ist, der so ziemlich alles tat, um nur ja nicht der Realität ins Auge sehen, um nur ja keine Verantwortung für sich übernehmen zu müssen, der niemals ein Risiko einging, weil er überzeugt war, ein Versager und auf ewig zum Scheitern verurteilt zu sein. So unglaublich es einem erscheint, wenn man noch in der Verleugnungs- oder einer der anderen Phasen steckt: Die Phase des Erwachsenwerdens verspricht nicht nur eine solche Wendung der Dinge, sie führt sie tatsächlich herbei.

In dieser Phase nämlich nehmen wir uns immer mehr Zeit, nach vorn zu schauen, wo die Gesundheit wartet, anstatt uns dauernd nach dem alten Schmerz umzusehen. Das heißt nicht, daß wir die alten Verletzungen verleugnen oder ihre erschütternde Wirkung auf uns und unser Leben bagatellisieren.

«Ja, es war schrecklich», sagen wir. «Nein, ich würde es nicht noch einmal durchmachen wollen. Aber da ich es nun einmal durchmachen mußte, will ich etwas daraus machen. Ich will es dazu verwenden, meinem Leben mehr Freude, Sinn und Inhalt zu geben.»

Gedacht haben wir das sicher schon früher, aber erst in dieser Phase des Erwachsenwerdens tun wir es. Jahrlang haben wir auf Menschen und Situationen reagiert, jetzt nehmen wir die Zügel selbst in die Hand und gestalten unser Leben. Wir agieren anstatt zu reagieren, wir werden vom Zuschauer, der das Leben an sich vorbeiziehen ließ, zum Mitspieler.

Anstatt eingefahrenen Gewohnheiten zu folgen, Zwängen nachzugeben oder sich einfach treiben zu lassen, treffen wir in dieser Phase Entscheidungen. Wie Suzanne, als sie sich dafür entschied, ihrer Mutter die Wahrheit zu sagen, fragen wir uns: Was verlangt meine Selbstachtung in dieser Situation von mir? Wir bedenken die Alternativen und prüfen sowohl die positiven als auch die negativen Konsequenzen jeder Möglichkeit. Dann wählen wir den Weg, der für uns der beste ist, der mit unserer Selbstachtung vereinbar ist und den wir einschlagen können, ohne uns selbst oder anderen zu schaden.

Zu den wichtigsten Entscheidungen, die wir treffen, wenn wir erwachsen werden, gehört die, mit dem systematischen Selbstmord Schluß zu machen. Wir geben selbstzerstörerische Verhaltensweisen auf, befreien uns aus Abhängigkeiten und ersetzen die alten Muster, die uns schadeten, durch neue, gesündere Verhaltensweisen. Dazu gehören unter anderen

- regelmäßige körperliche Bewegung;
- darauf achten, was, wann und wieviel man ißt;
- sich die Arbeit so einteilen, daß mehr Zeit für Spaß, Entspannung und Erholung bleibt;
- Freundschaften aufnehmen und pflegen;
- Heim oder Arbeitsplatz besser organisieren oder verschönern;
- neue Romantik und Lebendigkeit in die Partnerschaft bringen.

Egal, ob Sie die Phase des Erwachsenwerdens schon erreicht haben oder nicht, Sie können gleich jetzt anfangen, solche Veränderungen in Ihrem Leben vorzunehmen. Die nachfolgende Strategie soll Ihnen helfen, die schädlichen Verhaltensweisen zu erkennen, die Sie selbst praktizieren, und Alternativen finden, die Ihrem allgemeinen Wohlbefinden förderlicher sind.

Klärungsstrategie Nr. 12: Systematischer Selbstmord

Sie begehen systematischen Selbstmord jedesmal, wenn Sie

- sich eine Zigarette anzünden;
- im Auto fahren, ohne sich anzuschnallen;
- mit jemandem schlafen, von dem Sie nichts wissen;
- fette und gebratene Speisen essen, obwohl Sie einen hohen Cholesterinspiegel haben;
- Gewaltkuren machen, um schlank zu werden, und sich dann den ganzen Speck wieder anessen;
- den Besuch beim Gynäkologen immer wieder verschieben, obwohl die Vorsorgeuntersuchung längst fällig ist;
- zwölf Stunden am Tag arbeiten und sich auch in der Freizeit ständig über die Arbeit Gedanken machen;

- andere Dinge tun – wenn auch noch so geringfügiger Art –, die Ihr körperliches oder seelisches Wohlbefinden angreifen, Schuldgefühle oder Scham auslösen.

Denken Sie über Ihr Verhalten nach. In welcher Hinsicht begehen Sie systematischen Selbstmord? Was essen, trinken, schlucken oder rauchen Sie, das Ihnen nicht bekommt? Was tun Sie, das Spannung und Streß auslöst? Was unterlassen Sie, obwohl Sie es tun sollten, um sich körperlich und seelisch gesund zu fühlen?

Nehmen Sie ein Blatt Papier, ziehen Sie in der Mitte eine senkrechte Linie und schreiben Sie zehn Ihrer eigenen schädlichen Verhaltensweisen auf. Wir glauben nicht, daß Sie Mühe haben werden, zehn Beispiele zusammenzubringen, und wenn doch, dann schlagen Sie bei Klärungsstrategie Nr. 1 in Kapitel 4 (Seite 100) nach.

Wählen Sie dann fünf aus, die Sie wirklich ärgern und die Sie gern ändern würden. Kennzeichnen Sie die, welche Sie als erste korrigieren möchten, mit A, die folgenden entsprechend mit B, C usw.

Versuchen Sie nun festzustellen, welches ungestillte Bedürfnis oder Verlangen Sie durch diese Verhaltensweise zu befriedigen suchen. Greifen Sie vielleicht jedesmal zur Zigarette, wenn Sie Angst verspüren, oder laufen Sie zum Kühlschrank, wenn Sie sich langweilen? Essen Sie Speisen mit hohem Cholesteringehalt, weil diese Sie «satt machen» oder weil Sie niemals einen Sinn für gesündere Nahrung entwickelt haben? Arbeiten Sie zwölf Stunden am Tag, weil Sie sich die Zeit nicht einteilen oder nicht mit sich selbst allein sein können? Versuchen Sie, die Gründe hinter Ihren schädlichen Verhaltensweisen zu finden, um erkennen zu können, was Sie an ihre Stelle setzen könnten.

Tragen Sie eine Liste von Alternativen für die fünf mit Buchstaben gekennzeichneten Verhaltensweisen zusammen. Bitten Sie ruhig auch Freunde oder Kollegen um Vorschläge. Angemessene Alternativen sind solche, die das Bedürfnis befriedigen, das Sie sich im Augenblick mit Ihrer schädlichen Verhaltensweise erfüllen

– nur sind sie produktiv und nicht destruktiv. Statt zu essen, wenn Sie sich langweilen, könnten Sie ein Kreuzworträtsel lösen, eine Freundin anrufen, Tagebuch schreiben, ein Buch lesen, im Garten arbeiten, Fotos einkleben, Briefe schreiben, mit Ihren Kindern spielen, ein Bad nehmen – um nur einige Möglichkeiten zu nennen. Macht Nichtrauchen sie gereizt und nervös, so müssen Sie Aktivitäten in Ihr Leben einbauen, die Spannungen und Ängste abbauen, wie z. B. Sport oder Gymnastik, Spaziergänge, Massage, Hobbys und handwerkliche Tätigkeiten, zu denen Sie Ihre Hände brauchen, und Meditation.

Behalten Sie die ganze Liste, damit Sie jederzeit wieder auf sie zurückkommen können. Aber um mit der Veränderung gleich anzufangen, wählen Sie die drei ansprechendsten Alternativen für jede Ihrer aufgelisteten schädlichen Verhaltensweisen aus und tragen Sie sie auf der rechten Seite des Blattes ein, den Verhaltensweisen gegenüber, die sie ersetzen sollen.

Und verpflichten Sie sich zum Schluß, Ihre schädlichen Verhaltensweisen eine nach der anderen aufzugeben. Schließen Sie einen richtigen schriftlichen Vertrag mit sich selbst, in dem Sie festlegen, was Sie aufgeben und was Sie statt dessen tun werden. Datieren und unterschreiben Sie ihn und handeln Sie dann entsprechend.

Wenn wir die schädlichen Verhaltensweisen aufgeben und beginnen, für unser Wohlergehen zu sorgen, tun wir weit mehr, als nur unsere körperliche Gesundheit stabilisieren, auch wenn das natürlich dazugehört. Die neuen Gewohnheiten, die wir entwikkeln, befriedigen auch geistige und seelische Bedürfnisse, erweitern unseren Gesichtskreis und geben unserem Leben, das bisher einzig durch den Schmerz der Vergangenheit definiert war, neue Dimensionen.

Weitere Zeichen des Erwachsenwerdens

Wenn wir erwachsen werden, fallen wir nicht mehr in Extreme. Wir verändern unser Leben vielleicht von Grund auf, aber wir nehmen diese Veränderungen mit Überlegung vor – wir verändern eines nach dem anderen, anstatt zu versuchen, in einer *tour de force* unser ganzes Leben umzukrempeln. Das ist wichtig. Versuchen wir nämlich, zu schnell zuviel zu tun, dann überfordern wir uns und die Menschen um uns herum. Wenn wir die Heilung mit der gleichen Besessenheit anpacken wollen, mit der wir uns unseren schädlichen Verhaltensweisen hingaben, wird Veränderung zu einer Frage von alles oder nichts: Erreicht man nicht auf der Stelle alles, was man will, so wirft man die Flinte ins Korn und fällt in eine der früheren Phasen des Heilungsprozesses zurück. Fördern Sie also Ihr eigenes Wohlergehen mit Energie und Entschlossenheit, aber halten Sie Maß. Fanatismus ist selbst dann gefährlich, wenn er Dingen gilt, die gut für uns sind.

Damit Sie Veränderungen mit Vernunft und Überlegung angehen können – und weil Sie jederzeit wieder vom alten Schmerz überfallen werden oder neue Verletzungen erfahren können –, müssen Sie sich ein Netz schaffen, das Sie stützt und trägt. Zu diesem Netz können gehören: Therapeuten und Berater, Mitglieder einer Selbsthilfegruppe, Menschen, die man in Seminaren kennengelernt hat und mit denen man Verbindung hält. Die Menschen, die dieses Netz bilden, sind solche, mit denen Sie lachen und Spaß haben, und solche, die Ihnen helfen können, Ihre Probleme zu lösen, alternative Möglichkeiten zu finden, Bilanz zu ziehen und Schritte zu wagen, die Ihren Horizont erweitern und Ihnen neue Bereiche der Welt und des Lebens eröffnen. Es sollten nicht Menschen sein, die «Ihre Neurose hätscheln», die Sie also ermutigen, sich selbst zu bemitleiden und auf Kosten anderer zu verwöhnen.

Ohne diese Art der Unterstützung wird man die Phase des Erwachsenwerdens kaum erreichen. Und da man dann begriffen hat, daß das Verständnis, die Möglichkeiten und die emotionale Unterstützung, die diese Menschen zu bieten haben, bei dem Bemühen, heil zu werden und sich zu entfalten, eine große Hilfe sind, wird man auch nach Erreichen dieser Phase weiter an dem Netz knüpfen und sich seiner bedienen, anstatt sich wie früher in Notsituationen von der Umwelt zurückzuziehen und abzukapseln.

Wenn wir erwachsen werden, können wir aber auch Hilfe *ge-*

ben. Das wiedergefundene Mitgefühl und das, was wir auch im Laufe unseres Heilungsprozesses gelernt haben, ermöglichen es uns, anderen zu helfen, die noch nicht so weit sind wie wir. Suzanne zum Beispiel leitet jetzt eine Gruppe für Inzestopfer an der Universität von Massachusetts. Sie ist an ihren Erfahrungen gewachsen und kann nun anderen helfen zu wachsen. Das tut sie nicht, indem sie mit den anderen im Chor jammert, wie sie das in der Opferphase getan hätte, und auch nicht, indem sie Rachephantasien fördert, wie sie das in der Empörungsphase getan hätte. Einige der besten Berater für Drogen- und Alkoholabhängige sind ehemalige Abhängige, die sich von ihrer Sucht befreit haben und auf dem Weg zur Heilung weit genug fortgeschritten sind, um anderen Menschen mit Mitgefühl und Verständnis durch den Heilungsprozeß zu helfen.

Ein neues Leben

In der Phase des Erwachsenwerdens erfährt man die heilende Wirkung der Erkenntnis, ein Mensch wie alle anderen zu sein.

«Als mein Vater mich verstieß, gab ich meine Suche nach innerem Frieden nicht auf. Im Gegenteil, ich arbeitete noch entschlossener daran, ihn zu finden. Deshalb fuhr ich im Juli 1968 nach Amherst in Massachusetts, um an einem Workshop zur Persönlichkeitsentwicklung teilzunehmen, den Dr. Sidney B. Simon leitete. Richtig, eben der Sid Simon, mit dem ich heute verheiratet bin und mit dem zusammen ich dieses Buch geschrieben habe. Damals kannte ich nur seine Bücher, die ich in meinem Unterricht verwendet hatte. Ich hatte keine Ahnung, wie grundlegend er und dieses fünftägige Seminar mein Leben verändern würden. Auch die anderen Teilnehmer litten an ihren Verletzungen. Auch sie wollten den Schmerz loswerden und heil werden. Endlich fühlte ich mich nicht mehr ganz so allein.

Mir wurde langsam auch klar, daß ich vielleicht nicht nur Inzestopfer war, auch wenn ich mich bisher nur so gesehen hatte. Die Seminarteilnehmer sahen mehr und sagten es mir. Ich könnte gut zuhören, sagten sie, sei verständnisvoll, wisse mich gut auszudrükken, sei intelligent. Sie schätzten Eigenschaften an mir, die ich in meiner völligen Konzentration auf den Schmerz überhaupt nicht wahrgenommen hatte, und ihre Botschaften kamen bei mir an. Endlich konnte ich mich als etwas anderes sehen als das kaputte und weggeworfene Bündel Mensch, das nach einem schrecklichen Erlebnis übriggeblieben war.»

Zum Erwachsenwerden gehört die Erkenntnis, daß wir auch positive Eigenschaften und bewundernswerte Charakterzüge haben, daß wir nicht allein aus unseren Fehlern, unserem Versagen und unserem Schmerz bestehen. Wir beginnen, unsere Stärken, Begabungen und Leistungen zu würdigen, und unsere ganze Lebenseinstellung ändert sich. Nicht mehr der Mangel definiert unser Leben, sondern das, was wir haben und wovon wir gern mehr hätten. Wir erkennen langsam, daß wir durch die alten schmerzlichen Erlebnisse auch besondere Fähigkeiten gewonnen haben, die wir jetzt und in Zukunft zu unserem Vorteil gebrauchen können.

Kürzlich erhielten wir einen Brief von Marcy, die uns, seit wir sie vor mehreren Jahren auf einem unserer Seminare kennenlernten, mit periodischen Berichten über ihr Leben und ihre Fortschritte auf dem Weg zur Heilung auf dem laufenden hält.

«Ich habe gerade meinen Traumjob bekommen», schrieb sie. Sie sollte die Leitung eines wichtigen Forschungsprojekts übernehmen, und die Arbeitsbedingungen entsprachen genau ihren Wunschvorstellungen.

«Mein früherer Chef empfahl mich für den Posten», schrieb Marcy. «Er sagte, ich besäße einen bemerkenswerten Blick für das Wesentliche und eine geradezu unheimliche Begabung, Probleme und mögliche Pannen vorauszusehen und jede Krise abzubiegen. Als der Mann, der mich zu dem Bewerbungsgespräch eingeladen hatte, mir das erzählte, wäre ich beinahe vom Stuhl gefallen – denn das beschreibt ja haargenau, wie ich mich als Kind verhalten habe. In dem Moment wurde mir plötzlich klar, daß ich aus meiner schrecklichen Kindheit mit zwei alkoholabhängigen Eltern mehr mitgenommen hatte als nur den Schmerz. Das, was ich damals tat, um überleben zu können, ist für mich heute von Vorteil. Ich hätte nie geglaubt, daß ich es jemals sagen würde, aber all das Schlimme von damals hatte auch sein Gutes.»

Wenn wir erwachsen werden, erkennen wir, daß «all das Schlimme» auch sein Gutes hatte. Wurde man als Kind mißbraucht, so besitzt man vielleicht heute einen «sechsten Sinn», der einen befähigt, selbst aus den subtilsten Körperäußerungen eines Menschen sehr viel über ihn herauszulesen. Diese Fähigkeit, die man zum eigenen Schutz und Überleben entwickeln mußte, kann man gut gebrauchen – zum sensiblen Umgang mit dem Partner oder den eigenen Kindern, in einem Helferberuf oder vielleicht auch nur, um zu erspüren, ob man einem potentiellen Kunden gegenüber die richtigen Verkaufsargumente anführt. Ganz gleich, wie wir verletzt wurden und was wir taten, um zu überleben, es brachte uns nicht nur Schmerz, sondern auch Gewinn, und in der Phase des Erwachsenwerdens können wir endlich stolz sein auf die Anpassungsfähigkeit, den Mut, die Kreativität und all die anderen Stärken, die wir entwickelten.

Dieses neue Bewußtsein unserer Stärken und Begabungen befähigt uns in Gemeinschaft mit der neuen Lebenseinstellung und den neuen Verhaltensweisen, uns selbst in einem positiven Licht zu sehen – vielleicht zum ersten Mal seit der Verletzung. In dem Maß, wie das alte Gefühl, daß mit uns etwas nicht stimmt, verblaßt, beginnen wir zu spüren, daß wir in Wirklichkeit völlig in Ordnung sind. Wir müssen andere nicht mehr auf Distanz halten, weil wir fürchten, sie könnten unser Geheimnis oder unsere Unvollkommenheit entdecken; im Gegenteil, in dem Gefühl: «Wenn du mich kennen würdest, würdest du mich bestimmt mögen», sind wir offen für neue Beziehungen. Sie werden besser sein als alle früheren, und viele unserer alten Beziehungen werden sich positiv verändern.

Wenn wir erwachsen werden, gewinnen wir mit jedem Schritt – von der ersten eigenverantwortlichen Entscheidung bis zur Verbesserung unserer menschlichen Beziehungen – an Selbstachtung. Und die ersten Regungen dieses positiven Selbstbewußtseins ermutigen uns, künftig noch mehr für unsere Selbstachtung zu tun.

Um auf diesem neuen Fundament positiven Selbstbewußtseins aufzubauen, können Sie

- nach Lehrern und Vorbildern Ausschau halten, nach Menschen in näherer und entfernterer Bekanntschaft, von denen Sie den Eindruck haben, daß sie sich selbst mögen. Beobachten Sie deren Verhalten und Einstellungen und machen Sie sich davon soviel wie möglich für Ihren eigenen Umgang mit dem täglichen Leben zu eigen.
- Riskieren Sie etwas. Öffnen Sie sich neuen Ideen, fordern Sie sich körperlich, «riskieren Sie sich selbst», indem Sie Ihre Angst vor Nähe überwinden.
- Nehmen Sie Tätigkeiten auf, durch die Sie Anerkennung gewinnen und sich zugehörig fühlen können. Übernehmen Sie ehrenamtliche Tätigkeiten, treten Sie einem Klub, einem politischen Ausschuß oder einer Berufsvereinigung bei oder auch einer Bowlingliga. Nehmen Sie am Leben teil, dann werden Sie sich nicht isoliert und abgeschnitten fühlen.
- Seien Sie produktiv. Belegen Sie Kurse, suchen Sie sich neue Hobbys, arbeiten Sie an alten Projekten weiter, nehmen Sie sich vor, jeden Tag etwas zu schaffen – ganz gleich, wie bescheiden das Ergebnis auch sein mag.
- Nutzen Sie alle Möglichkeiten, die der Selbstachtung förderlich sind.

Im Zusammenwirken dieser Aktivitäten mit der Fähigkeit, eigene Entscheidungen zu treffen, mit dem Bewußtsein Ihrer besonderen Begabungen und positiven Eigenschaften und in Verbindung mit einem Netz hilfreicher Menschen blüht Ihre Selbstachtung auf. Sie glauben an sich selbst. Sie glauben daran, daß Sie inneren Frieden und ein reicheres Leben verdienen, und werden mit täglich wachsender Zuversicht darauf vertrauen, daß Sie die Ziele erreichen können, die Sie sich gesetzt haben.

In der Phase des Erwachsenwerdens gewinnt die Gegenwart die Macht über die Vergangenheit. Wir sind nicht mehr so sehr daran interessiert, zurückzublicken auf unsere Verletzungen und ihre Auswirkungen auf unser Leben. Der alte Schmerz spielt nicht mehr die Hauptrolle in unserem Leben. Aber losgelassen haben wir ihn noch nicht. Wir sehen das Loch im Bürgersteig und gehen drumherum, aber wir gehen noch nicht auf die andere Straßenseite. Um das tun zu können, müssen wir endlich das Gefängnistor aufschließen und die Menschen, die uns verletzt haben, freilassen.

Heilung und Verzeihen werden erst möglich, wenn wir den alten schmerzlichen Erlebnissen den ihnen gemäßen Platz zugewiesen haben und erkennen, daß wir sie nicht mehr brauchen, um sie als Entschuldigung zu benutzen oder um uns vor neuen Verletzungen zu schützen. Wenn wir begreifen, daß die Weigerung zu verzeihen uns nicht mehr in positiver Weise dient, können wir den alten Schmerz loslassen und aufleben. Und damit erreichen wir die nächste und letzte Phase des Heilungsprozesses, die der Integration.

10 Integration

«Es fing alles damit an, daß ich mir ein Paar Jogging-Schuhe kaufte», erklärte Warren lachend, und wieder fiel uns auf, wie sehr er sich verändert hatte. Kaum noch etwas erinnerte an den verbitterten, unzugänglichen Mann, der an unserem Seminar nur teilgenommen hatte, weil seine Frau darauf bestanden hatte. Fester denn je entschlossen, an seinem Groll und seinen Ressentiments festzuhalten, war er wieder abgereist. Doch drei Jahre danach war er ein anderer geworden, offen und herzlich. Lachend erzählte er uns, wie die Bereitschaft, endlich zu verzeihen, ihn «überraschte, als er gerade nicht hinschaute».

Sie werden sich erinnern, daß Warren als Junge von seinem Vater behandelt wurde, als sei er nicht vorhanden, obwohl er sich unermüdlich bemühte, die Liebe und die Aufmerksamkeit des Vaters zu gewinnen. Warren bekannte, daß er darüber immer noch wütend und verbittert war, als er das Seminar verließ. «Für mich stand fest», sagte er, «daß ich meinem Vater sämtliche Chancen gegeben hatte. Es war ein für allemal aus zwischen uns.»

Aber so war es natürlich nicht. Warrens Vater, der kurz vorher von einem Herzinfarkt genesen war und zu seinem Sohn und seinen Enkelkindern Verbindung aufnehmen wollte, rief weiterhin ziemlich regelmäßig bei Warren an. Da dieser sich immer noch weigerte, mit ihm zu sprechen, nahm seine Frau, die die Unnachgiebigkeit ihres Mannes nicht verstehen konnte, die Gespräche an.

Bei den Auseinandersetzungen, die diesen Telefonaten unweigerlich folgten, pflegte Warren voller Wut auf «den gemeinen

Kerl» zu schimpfen, der ihm das Leben zur Hölle gemacht hatte, während seine Frau ihn immer wieder bat, doch nicht durch seine Unversöhnlichkeit den Kindern den Großvater zu rauben.

«Aber ich konnte nicht nachgeben», erklärte Warren. «Ich konnte mir diese Gelegenheit nicht entgehen lassen, mich zu rächen, ihn genauso zurückzuweisen, wie er mich immer zurückgewiesen hatte. Meine Frau ließ das Thema fallen bis zu seinem nächsten Anruf.»

In eben dieser Zeit geriet Warrens Bauunternehmen in eine wirtschaftliche Krise. Um Kosten zu sparen, entließ er mehrere Leute und versuchte, neben seiner eigenen Arbeit deren Aufgaben selbst zu übernehmen. Er arbeitete jeden Tag zwölf Stunden und saß abends häufig in seinem Arbeitszimmer über der Buchhaltung. Eines Abends, als er nach Mitternacht aus seinem Arbeitszimmer trat, stolperte er vor der Tür über einen großen silbernen Pokal.

«Mein Sohn war von seinem Jugendklub zum Baseballspieler des Jahres gewählt worden», erinnerte sich Warren. «Meine Frau erklärte mir, er hätte es mir erzählen wollen, hätte sich aber nicht getraut, mich bei der Arbeit zu stören. Ich war ziemlich betroffen, und als mir klar wurde, daß ich in dieser Saison nicht bei einem einzigen seiner Spiele gewesen war, fühlte ich mich sehr schlecht.»

Die Auseinandersetzungen zwischen Warren und seiner Frau wurden häufiger und heftiger. Die Kinder zogen sich zurück und bemühten sich, ihm nicht in die Quere zu kommen. Warren bekam langsam das Gefühl, daß seine eigene Familie der zu gleichen begann, in der er selbst aufgewachsen war. «Aber ich wußte nicht, wie ich es ändern sollte», gestand er. «Alles war außer Kontrolle.»

Das war der Moment, als die Jogging-Schuhe auf den Plan traten. Als Warren wie jedes Jahr zur ärztlichen Untersuchung ging, schlug sein Arzt ihm vor, er solle anfangen zu joggen. «Er sagte, die körperliche Bewegung würde mich entspannen und mir gleichzeitig mehr Energie geben», erklärte Warren. «Mir erschien das zwar unsinnig, aber ich wußte, daß ich etwas tun mußte. Also kaufte ich mir ein Paar solcher Schuhe und fing an, jeden Morgen zu joggen.»

Warren begann, sich körperlich besser zu fühlen, und nachdem er einige Monate lang jeden Morgen allein losgezogen war, fragte er seinen Sohn, ob er Lust hätte, mit ihm zu joggen. Vater und Sohn kamen sich in diesen morgendlichen Stunden des Beisammenseins näher. Das Vertrauen des Sohnes wuchs soweit, daß er zu sagen wagte, er wünsche sich, die Eltern würden nicht so viel streiten. Das veranlaßte Warren einzuwilligen, als seine Frau bei der nächsten Auseinandersetzung vorschlug, eine Ehetherapie zu beginnen. Die Beziehung zwischen den beiden wurde stabiler und liebevoller. Etwas später begann Warren eine Einzeltherapie und engagierte einen Unternehmensberater, der ihm half, seine Firma umzuorganisieren. Der Sonntag wurde zum Familientag, und jede Woche bestimmte ein Familienmitglied, was man an diesem Tag gemeinsam unternehmen sollte. Warrens Frau machte schließlich den Vorschlag, einen dieser «Familientage» mit Warrens Vater in seinem Country Club zu verbringen.

«Sie bat mich, meinem Vater wenigstens die Chance zu geben», erinnerte sich Warren. «Sie meinte, wenn es schiefginge, könne ich ihn am nächsten Tag ja wieder hassen.» Aber es ging nicht schief. Im Gegenteil, Warren sah seinen Vater in einem ganz neuen Licht. «Er war sehr locker und interessierte sich sehr für meine Arbeit. Er hatte viel Humor. Er betreute in einer Klinik im übelsten Teil der Stadt unentgeltlich kranke Kinder. Und er spielte Golf wie ein Profi. Ich wußte das alles nicht, weil ich es nie hatte wissen wollen. Das war nicht mehr der Mann, den ich jahrelang gehaßt hatte – aber auch ich hatte mich verändert.»

Nach diesem Besuch fragte Warrens Frau, ob er froh sei, dem Besuch zugestimmt zu haben. «Ja, das bin ich», sagte er.

Warren, der das nie gewollt hatte, konnte langsam seinem Vater verzeihen. Mit jedem Schritt, den er machte, um sein Leben positiver zu verändern und seine Selbstachtung zu stärken, mußte er seinen Vater weniger hassen. Der Haß war einfach nicht mehr so wichtig wie früher einmal. Ohne Trommelwirbel erreichte Warren die Integrationsphase des Heilungsprozesses, lud allen emotionalen Ballast ab und durchschnitt die letzten Bindungen an den alten Schmerz.

Und Sie werden das auch tun, jeder von Ihnen zu seiner Zeit und auf seine eigene Weise. Sie werden die schmerzlichen alten Erlebnisse integrieren, ihnen den angemessenen Platz zuweisen, die starken Emotionen, die mit ihnen verbunden sind, loslassen und den Menschen verzeihen, die Sie einmal verletzt haben.

Das allmähliche Erwachen

Der Schmerz läßt den Menschen nicht zu einem bestimmten Zeitpunkt einfach los. Vielmehr entfernt er sich im Lauf der Zeit Schritt für Schritt aus unserem Bewußtsein. Es gibt eine Zeit der Traurigkeit. Eine Zeit des Zorns. Eine Zeit der Ruhe. Eine Zeit der Hoffnung...

Robert Veninga
Gift of Hope: How We Survive Our Tragedies

Jeder Heilungsprozeß bringt ein allmähliches Erwachen zu neuen Möglichkeiten mit sich, unter ihnen die Möglichkeit, den Menschen zu verzeihen, die uns verletzt haben. Wie Warrens Geschichte so klar zeigt, trägt alles, was wir tun, auch etwas so Nebensächliches wie der Kauf eines Paars Jogging-Schuhe, zu diesem Erwachen bei. Auch wenn auf Riesensprünge manchmal Rückschritte folgen, und wir manchmal eine Ewigkeit, wie es uns scheint, auf der Stelle treten, nähern wir uns mit jedem Schritt dem Erfolg und selbst mit jedem Rückfall unserer Möglichkeit zu verzeihen. Unsere Fehler und Mißgeschicke in den früheren Phasen helfen uns ebenso wie unsere «klugen» Entscheidungen und positiven Veränderungen, um in der Phase des Erwachsenwerdens gesund zu werden. Und irgendwann finden alle die Teile des Puzzlespiels, die wir von dem Moment der Verletzung an zu sammeln begannen, ihren richtigen Platz und greifen ineinander. Wenn es so weit ist, haben wir die Integrationsphase des Heilungsprozesses erreicht.

Der Eintritt in diese Phase wird nicht halb so dramatisch sein wie der in die Phase des Erwachsenwerdens. Es ist faszinierend – und vielleicht angemessen –, daß der innere Friede, um den wir so hart und so lange gerungen haben, ruhig und friedlich kommt. Aber auch wenn keine Fanfarenstöße erschallen, wissen wir, wann wir die Integrationsphase erreicht haben, weil

- wir nicht mehr auffahren oder zusammenzucken, wenn jemand von Mißbrauch, Scheidung, Alkoholsucht oder einem anderen Thema spricht, das uns einmal schmerzlich berührte;
- es uns nicht mehr den ganzen Tag vergällt oder zu wütenden Beschimpfungen veranlaßt, wenn wir von dem Menschen hören, der uns verletzte;
- die intensiven Gefühle, die mit unserem schmerzlichen alten Erlebnis verbunden waren, sich verflüchtigt zu haben scheinen;
- die Gefühle, die wir immer noch in Verbindung mit den alten Erlebnissen haben, uns nicht mehr überwältigen. Wir fürchten nicht mehr, daß unsere Tränen nie mehr zu fließen aufhören werden oder unsere Wut außer Kontrolle geraten könnte.

In der Integrationsphase fangen wir an zu verstehen, welchen Platz die schmerzlichen alten Erlebnisse in unserem Leben haben. Wir können anerkennen, daß sie Teil unseres Lebens waren und die Gestaltung unseres Lebens beeinflußten. Aber wir erkennen auch, daß wir nicht ausschließlich Schmerz und Leid erfuhren und daß nicht unsere schmerzlichen alten Erlebnisse allein uns zu dem geformt haben, was wir heute sind.

Das alles heißt selbstverständlich nicht, daß wir vergessen, was uns geschah, oder daß die Geschehnisse nicht wichtig waren und unser Leben nicht beeinflußt haben. Aber es heißt, daß die Erinnerung an diese alten Verletzungen und Ungerechtigkeiten nicht mehr mit so überwältigenden Gefühlen verbunden ist. Wir können an diese Geschehnisse denken, ohne völlig außer uns zu geraten, und wenn wir an sie denken, neigen wir nicht mehr zu langem Verweilen. Die Folge ist, daß uns – wie Warren es ausdrückte – die Bereitschaft zu verzeihen «plötzlich überrascht, wenn wir gerade nicht hinschauen».

Wir sind nicht mehr auf den alten Schmerz und das alte Leid fixiert, wir blicken voraus statt zurück, und die Veränderungen, die wir vornahmen, die neue Richtung, die wir in der Phase des Erwachsenwerdens einschlugen, führten uns in die Integrationsphase und machten den Weg frei für die Bereitschaft zu verzeihen.

Den Weg freimachen

«Es ist völlig in Ordnung, wenn Sie sich als nunmehr erwachsenes Kind eines Alkoholikers oder einer Alkoholikerin bezeichnen», sagte jüngst Professor Robert Ackerman von der Universität Indiana bei einer Tagung über Alkoholismus zu seinen Zuhörern. «Das sind Sie. Aber machen Sie dort nicht halt. Sie sind nämlich mehr als das.» Er fügte hinzu, wenn die Konferenzteilnehmer sich ihm als nunmehr erwachsene Kinder von Alkoholikern vorstellen würden, sollten sie damit rechnen, daß er sie groß ansehen und fragen würde: «Na, und? Wer sind Sie sonst noch?»

Wie würden Sie diese Frage beantworten? Wer sind Sie noch, wenn nicht nur das angeschlagene oder auf dem Weg der Heilung befindliche Opfer einer alten Verletzung oder eines alten Unrechts? Sind Sie außerdem Mutter oder Vater, Ehepartner, Freund, Helfer, ein kreativer Denker, ein Jogger, ein Gärtner oder ein Koch aus Leidenschaft? Wie viele verschiedene Fortsetzungen fallen Ihnen ein für einen Satz, der mit den Worten «Ich bin» beginnt? Nehmen Sie ein Blatt Papier und schreiben Sie die Sätze jetzt gleich auf. Sie werden wahrscheinlich angenehm überrascht sein, wenn Sie sehen, wie viele verschiedene Facetten Ihrer Persönlichkeit Sie aufzählen können.

Wir alle waren immer mehr als nur Opfer alten Schmerzes. In den früheren Phasen des Heilungsprozesses jedoch bildeten Schmerz, Haß und Groll für uns die wichtigsten Aspekte unserer Identität. Der alte Schmerz und der Groll gegen die Menschen, die uns verletzt hatten, spielten eine so entscheidende Rolle in unserem Leben, daß wir nicht gewußt hätten, was ohne sie tun oder sein. Selbst in der Phase des Erwachsenwerdens, als wir begannen, Eigenverantwortung zu übernehmen, konnten wir die Vergangenheit und die starken Emotionen, die mit ihr verknüpft waren, noch nicht loslassen, weil wir meinten, damit einen Teil von uns, einen wesentlichen Teil unserer Identität, aufgeben zu müssen.

Aber die neuen Einstellungen und Verhaltensweisen, sowie das positive Selbstwertgefühl, das wir entwickelten, ermöglichten es uns, Teile unserer Identität wiederzuentdecken, die nicht von den schmerzlichen alten Erlebnissen beherrscht und auch nicht mit ihnen verbunden sind. In der Integrationsphase gehen wir einen Schritt weiter und erkennen, daß andere Teile unserer selbst – wir als Eltern, Ehepartner, Studenten, Lehrer oder auch Hobbymaler – ebenso wichtig sind, vielleicht sogar wichtiger als jener Teil unserer Identität, der sich ausbildete, weil wir verletzt wurden. Auch wenn Schmerz, Haß und Groll nicht mehr da sind, haben wir noch eine Identität. Und wenn uns das klar wird, dann wird es möglich, den Schmerz loszulassen, Haß und Groll aufzugeben und den Menschen zu verzeihen, die uns verletzt haben.

Je stärker wir gesundheitlich werden, je sicherer unserer Selbstachtung und unserer Fähigkeit auf andere zuzugehen und eigene Entscheidungen zu treffen, desto weniger haben wir die alten Wunden und die unerledigten Probleme als Entschuldigungen nötig. Und da wir in der Phase des Erwachsenwerdens die alten selbstgeschädigten Gewohnheiten und Verhaltensweisen ablegten und uns neue aneigneten, haben wir keinen Grund mehr, auf den alten Schmerz hinzuweisen und zu sagen: Von mir könnt ich nicht viel erwarten. Wenn man bedenkt, was ich durchgemacht habe, kann ich froh sein, daß ich nicht total untergegangen bin.

Warum sollten wir wieder im Sumpf alten Leids versinken wollen, da unser Befinden sich doch stetig bessert und wir schon eine Ahnung davon bekommen haben, was innerer Friede ist? In der Integrationsphase erkennt man, daß es einem nicht länger nützlich oder förderlich ist, an den alten schmerzlichen Erlebnissen festzuhalten und sich zu weigern, den Menschen, die einen verletzt haben, zu verzeihen. Die Verletzungen und das Unrecht, die so gut als Entschuldigungen zu gebrauchen waren, mit denen sich selbstsüchtige und selbstzerstörerische Verhaltensweisen in der Vergangenheit rechtfertigen ließen, werden jetzt zu Hindernissen im Heilungsprozeß, und die Vorstellung, diese Hindernisse endlich aus dem Weg zu räumen, lockt jeden Tag stärker, obwohl das bedeutet, daß man den Menschen, die einen verletzt haben, verzeihen muß.

In dieser Phase erkennen wir endlich, daß nichts, was wir getan haben, um sie zu strafen, uns selbst zur Heilung geholfen hat. Ob wir tatsächlich Dinge taten, um dafür zu sorgen, daß die Menschen, die uns verletzten, mindestens genauso litten wie wir; ob wir uns auf Rachephantasien und böse Wünsche beschränkten; oder ob wir gegrübelt und innerlich gekocht haben, während wir darauf warteten, daß sie endlich Wiedergutmachung leisten würden – die Weigerung zu verzeihen hat uns viel Kraft und Zeit gekostet und bewirkte einzig, daß *wir* ständig im alten Schmerz weiterlebten. Die Frage ist, wie lange wir noch so weitermachen wollen. Wenn wir in der Integrationsphase angelangt sind, in der wir uns endgültig für die Heilung entschieden haben und unserem Ziel bereits ganz nahe sind, werden wir darauf antworten: Nicht einen Augenblick länger!

Leider klafft zwischen der Einsicht, daß es uns besser ginge, wenn wir verziehen, und der Tat selbst eine ziemlich große Lücke. Um diese Lücke überbrücken, den alten Schmerz tatsächlich loslassen und die, die uns verletzten, aus dem Gefängnis freilassen zu können, brauchen wir Verständnis, die Bereitschaft zu akzeptieren, was ist, und letztlich Zuversicht.

Die Schwelle zum Verzeihen überschreiten

«Abgesehen davon, daß während des Seminars zur Persönlichkeitsentfaltung, an dem ich im Sommer 1981 teilnahm, mein kleines Flämmchen ‹Selbstachtung› zum ersten Mal etwas Nahrung bekam, ebnete mir die Arbeit dort – insbesondere *eine* Übung – den Weg zu der Möglichkeit, meinem Vater zu verzeihen. Sid schlug vor, wir sollten uns jeder einen Partner suchen, uns vorstellen, das sei jemand, der uns verletzt hatte, und zu ihm sagen: ‹Ich weiß, du hast dein Bestes getan. Wenn du es hättest besser machen können, dann hättest du es getan.›

Aber ich bekam diese Worte nicht über die Lippen. Sie blieben mir im Hals stecken. Ich glaubte sie nicht, und ich wollte sie nicht aussprechen, ohne das, was sie bedeuteten, wirklich zu meinen und zu fühlen. Ich dachte, wenn ich es wirklich versuchte, könnte ich vielleicht wenigstens meiner Mutter mit Aufrichtigkeit sagen, sie habe ihr Bestes getan. Aber selbst das war damals jenseits meiner Möglichkeiten.»

Suzanne hatte einen weiteren Wendepunkt in ihrem Heilungsprozeß erreicht. Sie war auf die letzte starke Schranke vor dem inneren Frieden gestoßen, den sie schon so lange suchte – ihre Bindung an die unverziehenen und scheinbar unverzeihlichen Handlungen, die ihr Leben bestimmt hatten, seit ihr Vater sich das erste Mal an ihr vergangen hatte.

Wir alle stoßen früher oder später auf diese Schranke. Ganz gleich, wie weit wir in unserem Heilungsprozeß gekommen sind, allein die Möglichkeit, daß diese Worte wahr sein *könnten*, wird alte Gefühle von Wut und Empörung und dazu Furcht und Angst aufwirbeln. Niemals, denken wir. Kein Mensch wird mich je bewegen können zu glauben, daß dieser gemeine Mensch sein Bestes getan hat. So leicht kommt er mir nicht davon!

Aber genau das müssen wir tun; wir müssen die Menschen, die uns verletzten, «davonkommen» lassen, damit wir selbst «davonkommen» können. Was wir verweigern, quält uns weiter, belastet uns, lähmt uns, auch wenn wir noch so entschlossen sind, die Flügel auszubreiten und davonzufliegen, um neue Welten zu erforschen. Um abheben zu können, müssen wir versuchen, die Menschen, die uns verletzten, genauso zu verstehen und zu akzeptieren, wie wir im Laufe unseres Heilungsprozesses uns selbst verstehen und akzeptieren gelernt haben.

Litt der Mensch, der uns verletzte, an einem klar definierbaren Problem, Alkoholismus zum Beispiel oder einer Geisteskrankheit, oder wurde er als Kind selbst mißhandelt oder mißbraucht, so ist es relativ einfach zu verstehen, wie dadurch Umstände oder Bedingungen geschaffen wurden, die letztlich zu unserer Verletzung führten.

«Wie sie bei den Anonymen Alkoholikern sagen: Der Alkoholismus ist eine Krankheit des Körpers, des Geistes und der Seele, eine Form von Wahnsinn», bemerkte Marcy. «Ich neige dazu, ihn als eine Art dämonischer Besessenheit zu sehen, denn wenn meine Mutter getrunken hatte, war es weiß Gott so, als sei sie von einer völlig fremden Persönlichkeit besessen. Aber wenn sie von den Anonymen Alkoholikern gewußt hätte, oder wenn nicht mein Vater mit ihr getrunken hätte oder wenn sie gewußt hätte, daß Alkoholismus eine Krankheit ist, die man aus eigener Kraft nicht unter Kontrolle bekommt, dann – das glaube ich wirklich – hätte sie etwas unternommen und wäre uns eine bessere Mutter gewesen.»

In vielen Fällen gibt es aber kein klar umrissenes Problem, das uns verständlich machen könnte, was den Menschen, der uns verletzte, zu seinen Handlungen trieb. Das braucht uns dennoch nicht von dem Versuch abzuhalten, die Situation aus dem Blickwinkel dieses anderen Menschen heraus zu verstehen.

«Manchmal versuche ich, mich in ihre Lage zu versetzen», sagte Sandy, die von ihrer leiblichen Mutter kurz nach der Geburt verlassen worden war. «Ich stelle mir vor, sie war sehr jung, arm und allein und wußte absolut nicht, wie sie für ein Baby sorgen sollte. Sie hatte niemanden, der sich um das Kind hätte kümmern können, wußte nicht, wen sie fragen sollte, hatte vielleicht nicht einmal das Geld, um Windeln und andere Dinge zu kaufen, die ein Säugling braucht. Ich arbeite mit Obdachlosen und bin bei dieser Arbeit vielen solchen jungen Mädchen begegnet. Einigen habe ich geholfen, ihre Kinder in einer Pflegestelle unterzubringen – und sie lieben diese Kinder wirklich. Darum kann ich glauben, daß meine Mutter mich liebte und mich gern behalten hätte, auch wenn ich das mit Sicherheit natürlich niemals wissen werde.»

Wenn wir begreifen, daß wir selbst in jedem Augenblick unseres

Lebens auf der Basis des Verständnisses, der realen Möglichkeiten und der emotionalen Unterstützung, die wir zur Verfügung hatten, unser Bestes taten, können wir uns vorstellen, daß vielleicht auch die Menschen, die uns verletzten, das taten; daß auch sie es vielleicht besser gemacht und uns nicht verletzt hätten, wenn sie zu jenem Zeitpunkt mehr Einsicht, mehr Alternativen und Unterstützung gehabt oder nicht so viele schmerzliche alte Erlebnisse mit sich herumgeschleppt hätten. Diese Betrachtungsweise und die Erkenntnis, daß Verständnis für die Beschränkungen des anderen nicht heißt, sein Verhalten billigen, halfen Suzanne auf dem Seminar den Sprung in die Zuversicht zu machen.

«Sid, der erkannte, daß es für mich nötig war, die Ungerechtigkeit dessen, was mir geschehen war, anzusprechen, schlug vor, ich sollte zu sagen versuchen: ‹So darf man ein Kind nicht behandeln, aber ich weiß, du hast dein Bestes getan. Hättest du es besser machen können, so hättest du es getan.›

Das half. Die liebevolle, bedingungslose Annahme, die ich von meinem Partner spürte, half. Ich sagte diese Worte zu meiner Mutter. Und danach weinte ich.»

So wie wir anerkennen, daß die Menschen, die uns verletzten, vielleicht ihr Bestes getan haben, müssen wir auch akzeptieren, daß wir nichts tun konnten, um diejenigen, die uns verletzten, zu ändern; ferner, daß wir sie niemals durch Beschämung, Manipulation, Demütigung, Haß, Strafe oder hinterhältige Quälerei dazu bringen können, das, was sie uns angetan haben, wiedergutzumachen. Es gibt keine Form der Rache, die unsere Verletzungen heilen kann, und wenn wir Mutter oder Vater, ein Kind oder einen Freund aus unserem Leben ausschließen, werden wir damit den Schmerz nicht los. Wenn man hört, daß der Vergewaltiger, Räuber oder betrunkene Autofahrer, der einem Furchtbares angetan hat, die Höchststrafe bekommen hat, so gibt einem das eine gewisse Genugtuung, aber Ruhe und Frieden im eigenen Leben werden dadurch nicht wiederhergestellt. Das erreicht man nur, wenn man sich durch den Heilungsprozeß arbeitet, bis man schließlich jenen Punkt erreicht, an dem man sagen kann: Ja, es ist mir geschehen, aber es macht nicht meine ganze Person aus. Ich bin mehr – und das gleiche trifft für den Menschen zu, der mich verletzt hat.

Darlene formulierte es so: «Als ich anfing, mich selbst mehr zu mögen, mochte ich auch andere Menschen mehr. Ich hatte mir das nicht zum Ziel gesetzt. Ich sagte nicht, ich denke, ich höre jetzt endlich mal auf, dauernd so viel zu essen und immer alles allein machen zu wollen, damit ich anderen Menschen vertrauen und besser mit ihnen umgehen kann. Ich dachte nicht einmal, daß das überhaupt möglich wäre. Aber es passierte. Und es passierte nicht, weil die anderen sich veränderten. Es passierte, weil *ich* mich veränderte.»

Nicht mehr danach streben, die anderen zu ändern, sie so lassen können, wie sie sind, ist das Resultat eigener Veränderung. Oft führt uns diese Veränderung der eigenen Einstellung zu dem Gedanken, die Verbindung zu den Menschen, die uns verletzten, wiederaufzunehmen, auch wenn wir ihnen vielleicht noch nicht verziehen haben und noch gar nicht sicher sind, daß wir das wirklich wollen.

Versöhnung

«Als wir nach der Übung aufschreiben sollten, was wir gern mit dem anfangen würden, was wir aus dem Rollenspiel gelernt hatten, habe ich nur geweint. Ich weinte zwanzig Minuten lang ohne aufzuhören. Solange brauchte ich, um einen einzigen Satz niederzuschreiben: ‹Ich möchte diese Worte meinem Vater sagen.›»

Bestand zu den Menschen, die uns verletzten, eine Beziehung irgendeiner Art, so wurde sie zweifellos geschädigt, vielleicht sogar zerstört, als wir verletzt wurden oder während wir mit unserem Heilungsprozeß beschäftigt waren. In der Integrationsphase, wenn wir die Möglichkeit erwägen, diesen Menschen zu verzeihen, denken wir auch daran, die Beziehung zu ihnen in anderer Form wiederaufzunehmen. Wie alles, was in der Integrationsphase geschieht, ist die Triebfeder unseres neuen Interesses, einen Menschen, der uns verletzte, wiederzusehen, Zeit mit ihm zu verbringen, vielleicht mit ihm über die Vergangenheit zu sprechen.

Warren beispielsweise, dessen Haß mit dem Wachsen seiner Selbstachtung geschwunden war, willigte ein, einen Tag mit seinem Vater zu verbringen, weil er herausfinden wollte, «ob ich ihn wieder hassen würde, wenn ich ihn sah, oder ob er oder ich oder wir beide uns so weit verändert hatten, daß wir anders miteinander umgehen konnten». Und Sandy beschloß, sich auf die Suche nach ihrer leiblichen Mutter zu machen, «weil es in meinem Leben immer einen leeren Fleck gab. Ich hatte kein Gefühl für meine eigene Geschichte, und ich glaubte, diese Verbindung zur Vergangenheit zu brauchen, wenn ich mich jemals ‹ganz› fühlen wollte.» Auch Suzanne entschied sich um ihrer selbst willen dafür, die Verbindung zu ihrem Vater wiederaufzunehmen.

«Ich wollte meinen Vater nicht sehen, um ihn zu einer Entschuldigung zu veranlassen oder um ihm die Gnade meiner Verzeihung zuteil werden zu lassen, damit er in Frieden sterben konnte. Ich war an diesem Punkt meines Heilungsprozesses nicht einmal sicher, daß ich ihm wirklich verziehen hatte. Nein, ich wollte meinen Vater sehen, um mir selbst zu beweisen, daß ich diesem Mann gegenübertreten konnte, ohne von der ungeheuren, beinahe mystischen Macht, die ich ihm seit meiner Kindheit zugeschrieben hatte, zermalmt zu werden. Ich mußte wissen, daß ich in einem Raum mit ihm sein konnte, ohne vernichtet zu werden.»

Aber vielleicht können wir die Verbindung zu den Menschen, die uns verletzten, gar nicht mehr aufnehmen, weil sie tot sind oder aus unserem Lebenskreis verschwunden und in unserem heutigen Leben keine Rolle mehr spielen. Vielleicht können wir trotz allen Bemühens den Vater, der die Familie verließ, oder die Mutter, die uns zur Adoption freigab, nicht ausfindig machen. Das macht nichts. Wir brauchen uns nicht mit den leibhaftigen Menschen auseinanderzusetzen, um den Schmerz zu verarbeiten und aufzugeben.

Selbst wenn die Menschen, die uns verletzten, am Leben und erreichbar sind, wollen wir vielleicht die Probleme gar nicht mit ihnen direkt bearbeiten. Auch das ist in Ordnung. Wir brauchen nicht unbedingt alte Differenzen zu besprechen und die Beziehung in veränderter Form wiederaufzunehmen, um die alten Verletzungen zu heilen und die unerledigten Probleme zu lösen.

Wenn man aber mit einem Menschen, der einen verletzte, Verbindung aufnehmen möchte und beschließt, etwas zu unternehmen, um das abgerissene Band wieder zu flicken, dann muß man sich klarmachen, daß dies ein langwieriger und schwieriger Prozeß ist. Man muß sich sehr vorsichtig annähern und sich unbedingt die Zeit nehmen, sich zu fragen: Wie fange ich es an, ohne dabei meine ganze Selbstachtung über Bord zu werfen? Und man darf keinesfalls sofort positive oder weltbewegende Ergebnisse erwarten. Wir würden jedem, der diesen Weg gehen möchte, empfehlen, folgendes zu tun, ehe er die Person, die ihn verletzte, tatsächlich anspricht:

1. Werden Sie sich darüber klar, was Sie wirklich wollen. Erforschen Sie den wahren Grund hinter Ihrem Interesse an der Aussöhnung. Wenn Sie eine Entscheidung oder Wiedergutmachung erzwingen wollen oder wenn Sie die Erfüllung jener Bedürfnisse erwarten, die der andere in der Vergangenheit nicht befriedigte, dann suchen Sie die Aussöhnung aus den falschen Gründen. Versuchen Sie, sich die erneuerte Beziehung so vorzustellen, wie sie heute und in Zukunft sein könnte, nicht wie Sie wünschen, daß sie in der Vergangenheit gewesen wäre.

Hätte Harriet zum Beispiel beschlossen, mit Larry Frieden zu schließen, weil sie hoffte, die Ehe wieder zu kitten, so hätte sie damit Enttäuschungen herausgefordert, die den Kreislauf des Schmerzes aufrechterhalten hätten. Doch das tat sie nicht. Sie sprach Larry an, weil sie die bestehenden Differenzen bereinigen wollte, um dem Kampf um das Sorgerecht ein Ende zu machen und beiden den Weg zu ebnen, die Kinder in gemeinsamem Einvernehmen großzuziehen. Das waren realistische Zielsetzungen, die positive Ergebnisse brachten.

Ähnlich verhielt es sich bei Marcy. Als sie auf die Annäherungsversuche ihrer Mutter einging und mit ihr über die Auswirkungen des Alkoholismus auf ihrer beider Leben sprach, tat sie das nicht, weil sie die Fürsorge erwartete, die sie als Kind nicht bekommen hatte, und auch nicht, weil sie ihrer Mutter Scham oder Schuldgefühle aufoktroyieren wollte.

«Ich wünschte mir Freundschaft zwischen zwei erwachsenen Frauen, die gemeinsam und getrennt viel durchgemacht hatten», sagte sie. «Und ich wollte es uns ermöglichen, unsere Erfahrungen zu teilen und uns gegenseitig in Notsituationen zu helfen und vielleicht auch ein bißchen Spaß und Freude miteinander zu haben.»

Es ist nicht leicht, sich klarzumachen, was man von einer Beziehung wünscht, schon gar nicht bei einer, die einem bereits viel Schmerz bereitet hat. Beginnen Sie diesen Klärungsprozeß deshalb damit, daß Sie sich genau ansehen, wie die Beziehung *jetzt* ist. Es hilft, wenn Sie die nachfolgenden Sätze vollenden:

Im Augenblick bin ich ......
bist du ......
sind wir ......

Fragen Sie sich dann, wie die Beziehung in Ihrer Idealvorstellung aussehen könnte. Beschreiben Sie den idealen Ausgang der Versöhnung, indem Sie die folgenden Sätze vollenden:

In meiner Idealvorstellung würde ich ......
würdest du ......
würden wir ......

Wie verhält sich Ihre Idealvorstellung zur augenblicklichen Qualität der Beziehung? Wahrscheinlich klaffen riesige Diskrepanzen zwischen Ihren beiden Satzreihen. Sie können die Diskrepanz verringern und sich für die Aussöhnung vernünftige Ziele setzen, indem Sie sich über einen Mittelweg klar werden, der sich in Ihren folgenden Aussagen abzeichnet:

Realistisch betrachtet könnte ich ......
könntest du ......
könnten wir ......

2. Überlegen Sie, was Sie tun können, um Ihr Ziel zu erreichen. Sie werden bestimmt nicht eines Morgens erwachen, beschließen, jemanden, der Sie einmal verletzt hat, wieder in Ihr Leben aufzunehmen, sich mit ihm in Verbindung setzen und noch am selben Tag die Beziehung wiederaufnehmen. Bei so einer Entscheidung sind viele Faktoren zu berücksichtigen. Zum Beispiel:

- Wie wollen Sie sich einem Menschen annähern, den Sie lange Zeit offen oder innerlich bestraft haben?
- Was wollen Sie diesem Menschen sagen und von ihm erbitten oder fordern, wenn überhaupt etwas?

Zu bedenken sind auch:
- die verschiedenen möglichen Reaktionen des betreffenden Menschen auf Ihre Annäherung und ihre Wirkung auf Sie;
- Ihre eigene Angst und Ambivalenz angesichts der Notwendigkeit, Groll und Ressentiments aufzugeben.

Um mit diesen schwierigen und angstauslösenden Fragen zu Rande zu kommen, können Sie eine Liste unterschiedlicher Annäherungsmöglichkeiten aufstellen und sich dann zu jeder die möglichen positiven oder negativen Folgen überlegen. Auf diese Weise findet man im allgemeinen den besten Weg, eine Aussöhnung anzubahnen, auch wenn es sicher nicht der ideale sein wird und Sie deshalb bereit sein müssen, sich mit weniger als idealen Ergebnissen auseinanderzusetzen bzw. zufriedenzugeben.

Sie können die Interaktion visualisieren: Entspannen Sie sich, schließen Sie die Augen und stellen Sie sich vor, Sie versuchen jene Form der Annäherung, für die Sie sich entschieden haben. Viele Menschen finden es beruhigend, sich den anderen von einem weißen Licht umflossen vorzustellen. Wenn Sie merken, daß nur das schlimmstmögliche Ergebnis auftaucht, brechen Sie die Visualisierung ab, entspannen Sie sich noch einmal und beginnen Sie von vorn. Verändern Sie den Annäherungsversuch so, daß er dem Hindernis, auf das Sie stießen, Rechnung trägt. Wenn Sie bei jedem Visualisierungsversuch in Erregung geraten, kann das zweierlei bedeuten: Entweder sind Sie zu diesem Schritt noch nicht bereit, oder Sie haben die falsche Art der Annäherung gewählt. Legen Sie den Gedanken an Versöhnung eine Weile auf Eis und beginnen Sie dann noch einmal mit der Prüfung Ihrer Möglichkeiten.

Vielleicht möchten Sie die Versöhnung auch proben. Dann können Sie Ihren Therapeuten, den Ehepartner oder einen Freund bitten, die Rolle des Menschen zu spielen, der Sie verletzte. Das ist eine besonders wirksame Methode, um festzustellen, wie Ihre Worte auf einen anderen wirken. Sie können die Formulierung jederzeit ändern, wenn auf die ursprünglich gewählte zu heftige negative Reaktionen erfolgen. Durch eine solche «Probe» können Sie auch einen Eindruck bekommen, wie Sie selbst sich bei so einem Gespräch fühlen werden und wie Sie auf gewisse Reaktionen des anderen ansprechen werden. Sie können Ihren Probenpartner sogar bitten, genau die Worte zu sagen, vor denen Sie am meisten Angst haben, um sich so auf das Schlimmste vorzubereiten.

Sie können auch einen Brief schreiben. Die eigenen Gedanken schwarz auf weiß zu sehen, hilft der Klärung. Es kann durchaus sein, daß die Gedanken, die Ihnen aus der Feder fließen, Sie völlig überraschen, weil sie tiefere Fragen ansprechen, als Sie eigentlich mit dem Menschen, der Sie verletzte, erörtern wollten. Kein Mensch braucht diesen Brief zu sehen, aber einige unter Ihnen werden ihn vielleicht als ersten Schritt zur Versöhnung sogar abschicken.

3. Suchen Sie sich emotionale Unterstützung. Einen Menschen, der uns verletzt hat, wieder in unser Leben zu lassen, macht große Angst, weil wir nicht wissen, welchen Ausgang unser Versuch haben wird. Die Empörung und das Opfer in uns, ja, selbst unser

«inneres Kind» werden einiges zu dieser «verrückten Idee» zu sagen haben – und sicherlich nichts Ermutigendes. Hinzu kommt, daß unsere Bemühungen um Versöhnung vielleicht erfolglos bleiben werden und dann neben wiederauflebenden alten Ängsten und Selbstzweifeln neuer Schmerz und neue Enttäuschung uns quälen werden.

Allein werden Sie es nicht schaffen, sich in diesem Durcheinander von Gefühlen zurechtzufinden. Darum sollten Sie gar nicht erst versuchen, die Versöhnung mit einem Menschen, der Sie verletzte, herbeizuführen, falls Sie nicht angemessene emotionale Unterstützung haben. Besprechen Sie Ihre Pläne mit Ihrem Therapeuten, in Ihrer Gruppe, mit Freunden und anderen hilfreichen Menschen in Ihrem Leben. Lassen Sie sie wissen, daß Sie sie während dieses Prozesses des Wiederaufbaus brauchen werden, und nutzen Sie die Ratschläge, die Ermutigung und die Anteilnahme, die sie Ihnen zu bieten haben.

4. Denken Sie daran, daß Sie nicht im voraus wissen können, wie sich die Dinge entwickeln werden, und daß Sie, ganz gleich, was geschieht, Ihr Bestes getan haben. Wenn Sie den Weg so gehen, wie wir ihn vorgezeichnet haben, werden Sie mit offenen Augen an die Situation herangehen und mit Würde und Selbstachtung handeln. Das ist jedoch keine Garantie dafür, daß Sie bekommen werden, was Sie sich wünschen. Das mußte auch Suzanne erfahren, als sie den ersten Schritt unternahm, um die Verbindung zu ihrem Vater wiederaufzunehmen.

«Drei Tage nach dem Seminar überraschte ich mich selbst damit, daß ich zum Telefon ging und die Nummer meines Vaters wählte. Ich überlebte es, seine Stimme zu hören, und sagte: ‹Hallo, Dad. Hier spricht Suzanne.› Seine Reaktion war so, wie man sie von einem Mann, der drei Jahre lang nicht mit seiner Tochter gesprochen hatte, erwarten konnte. Er nahm an, es sei irgend etwas Schreckliches geschehen und fragte sofort, ob alles in Ordnung sei. Ich sagte, es ginge mir gut, aber ich müsse mit ihm sprechen.

‹Kann ich deine Mutter an den Nebenapparat holen?› fragte er, und da tat ich etwas, das ich ihm gegenüber noch nie getan hatte: Ich lehnte ab. ‹Nein›, sagte ich. ‹Ich möchte mir dir allein sprechen, und ich möchte dich bitten, mich nicht zu unterbrechen.›

Er respektierte meine Bitte und hörte mir schweigend zu, während ich sprach. ‹Dad›, sagte ich, ‹ich wollte dir sagen, daß die Erinnerung an das, was du mir angetan hast, mir manchmal sehr weh tut und daß ich andererseits manchmal gar nicht mehr an das alles denke. Manchmal gebe ich dieser Sache die Schuld an allen meinen Schwierigkeiten, und manchmal finde ich das Leben herrlich und schön. Ich entwickle mich, und ich bin auf einem guten Weg und möchte dir sagen, daß ich weiß, daß du dein Bestes getan hast; und wenn du es hättest besser machen können, dann hättest du es getan, da bin ich sicher, weil ich weiß, daß du uns geliebt hast.›

Ich weiß, daß er hörte, was ich zu ihm sagte, und ich weiß auch, daß meine Worte ihn erschütterten. Er wurde sehr erregt und nervös, stammelte: ‹Es tut mir leid› und sagte, er hätte mir nie wehtun wollen. Dann legte er einfach auf.»

Suzanne war natürlich bestürzt und entmutigt über die Reaktion ihres Vaters. Die ersten Versuche, eine gestörte Beziehung in Ordnung zu bringen, werden oft nicht den Erfolg haben, den wir erhoffen. Aber ein unerwartetes oder auch unbefriedigendes Ergebnis heißt nicht, daß wir alle Hoffnung auf Erneuerung der Beziehung zu dem betreffenden Menschen aufgeben müssen. Versuchen Sie, es so zu sehen, als pflanzten Sie Keime in die Erde. Wenn Sie von Zeit zu Zeit hingehen und nach ihnen sehen, werden Sie vielleicht entdecken, daß sie Wurzeln geschlagen haben und ohne große zusätzliche Bemühung von Ihrer Seite wachsen und gedeihen.

«Ich ließ nicht locker. Ich hatte mich auf einen Weg begeben, der mich heilen sollte, und eines meiner Ziele war, wieder einen Vater zu haben. Ich schrieb und telefonierte, und nachdem mehrere Monate vergangen waren, kam ich durch. Ein Jahr später, zu Weihnachten, war er endlich damit einverstanden, daß ich ihn besuchte.

Wir sahen uns in seinem Krankenzimmer wieder. Mein Vater war nicht mehr der bedrohliche Riese, den ich in Erinnerung hatte, sondern ein abgemagerter, verfallener Mann, körperlich schwach, aber geistig ungebrochen. Ich hatte mir nicht überlegt, was ich zu ihm sagen würde. Aber in dem Moment, als ich ihn sah, war klar, daß ich überhaupt nichts zu sagen brauchte. Mir liefen die Tränen über die Wangen, als ich zu ihm ans Bett ging. Ich nahm ihn in die Arme und er mich. Mehr brauchten wir nicht. Ich wußte, daß ich meinen Vater wiederhatte, und er wußte, daß er seine Tochter wiederhatte.»

Jede Versöhnung nimmt natürlich einen anderen Verlauf. Warren und Suzanne zum Beispiel sprachen nach dem ersten Wiedersehen mit ihren Vätern niemals mehr mit ihnen über die Vergangenheit. Marcy und ihre Mutter andererseits sprachen sehr ausführlich über die Vergangenheit und tun es immer noch. Harriet und Larry konnten ihre Differenzen nur mit professioneller Vermittlung beilegen, und Melinda sah nach mehreren erfolglosen Versuchen, ihre Beziehung zu Steve zu erneuern, ein, daß es für sie besser war, den Kontakt zu Steve ganz abzubrechen.

Aber Suzannes Weg endete nicht an diesem Punkt, und auch der Ihre wird nicht einfach mit der geglückten Versöhnung enden. Versöhnung ist nicht das gleiche wie Verzeihen, und auch wenn man einen Menschen, der einen verletzte, wieder an seinem Leben Anteil nehmen läßt, heißt das nicht, daß man den alten Schmerz wahrhaft losgelassen hat.

An das Leben glauben

Verzeihen ist kein Willensakt. Die Fähigkeit zu verzeihen ist eine Entdeckung. Die Fähigkeit zu verzeihen ist auch kein Ziel, das man ansteuern kann. Sie ist ein Geschenk, das wir gerade deshalb erhalten, weil wir andere Ziele verfolgt haben: besser für unser körperliches und seelisches Befinden zu sorgen, unsere Selbstachtung zu stärken, verbindlichere Beziehungen zu anderen aufzubauen, tieferes Verständnis für das eigene Verhalten zu gewinnen und vieles mehr.

Wenn wir dem langen, gewundenen und häufig schmerzhaften Weg, den wir den Heilungsprozeß nennen, weit genug gefolgt sind, werden wir am Ziel die Fähigkeit zu verzeihen und den inneren Frieden finden. Das Geschenk wird mächtiger auf uns wirken als die Vergangenheit, und wir werden uns darum nicht länger von alten Verletzungen und altem Unrecht zurückhalten und fesseln lassen wollen. Statt dessen lassen wir los.

Zum ersten Mal seit dem Tag, an dem wir verletzt wurden, schätzen wir den Anteil, den wir an den uns zugefügten Verletzungen tatsächlich hatten, richtig ein. Wir akzeptieren ohne Vorbehalt, daß wir als Kinder schuldlos waren, insbesondere wenn die Verletzungen von Erwachsenen begangen wurden, denen wir anvertraut waren. Wir erkennen aber auch, daß wir zu jenen Situationen, die uns als Erwachsene Schmerz bereiteten, häufig sehr wohl beigetragen haben.

In den Jahren unmittelbar vor der Beendigung ihrer Ehe widmete Harriet ihrem Mann weniger Aufmerksamkeit als ihrer Firma. Das hätte Larry zwar nicht unbedingt dazu bringen müssen, sie zu betrügen, doch es belastete zweifellos ihre Beziehung, die Harriet nicht so ernst nahm, wie sie das hätte tun sollen. Melinda wiederum forderte die Zurückweisung jedesmal heraus, wenn sie sich mit verheirateten Männern einließ oder solchen, die gerade eine gescheiterte Beziehung hinter sich hatten. Darlene trug zu ihren Niederlagen im Büro und zu der ständigen Enttäuschung bei, indem sie immer wieder die Aufgaben anderer an sich riß, ehe diese überhaupt die Chance hatten, sie selbst zu erledigen.

Nachdem die intensiven Gefühle, die mit diesen Erfahrungen verbunden waren, nachgelassen hatten, konnten Harriet, Melinda und Darlene den Sachverhalt objektiv sehen. Ohne sich zu strafen, aber auch ohne krampfhaft zu versuchen, Dinge in Ordnung zu bringen, die in Wirklichkeit jenseits ihrer Kontrolle lagen, beschlossen sie für sich, was sie in Zukunft anders machen konnten und wollten.

Sie werden das genauso tun. Ob sie sich dafür entscheiden, für mehr Ausgewogenheit zwischen Privat- und Berufsleben zu sorgen wie Harriet; ob Sie sich genauer überlegen, was Sie von einer Freundschaft oder einer intimen Beziehung wollen wie Melinda; oder ob Sie beschließen, in Zukunft Aufgaben zu delegieren und Verantwortung zu teilen wie Darlene – Sie werden aus Ihren schmerzlichen alten Erlebnissen lernen und das Gelernte in ihre neue Lebensweise einfügen.

Sie werden das Leben im allgemeinen gelassener und objektiver sehen, akzeptieren, daß schlimme Dinge geschehen können und werden; daß Menschen einander verletzen; daß keiner durch das Leben geht, ohne Schmerz, Kummer oder Unglück zu erleben. Aber Sie werden sich gleichermaßen bewußt sein, daß auch Gutes geschieht; daß Menschen lieben und helfen und mitfühlen; daß das Leben auch Freude, Erfolg und Befriedigung bietet.

Auch wenn unser Blick sich schon lange von der Vergangenheit weg der Zukunft zugewandt hat, wenn Haß und Schmerz innerem Frieden und der Bereitschaft zu verzeihen gewichen sind, lernen wir weiter. Unter anderem lernen wir, mit neuen Verletzungen und neuem Unrecht zurechtzukommen – denn die Heilung alter Wunden garantiert nicht, daß wir keine neuen empfangen werden. Wir alle werden wieder verletzt werden. Das ist eine der Realitäten des Lebens in einer unvollkommenen Welt. Vielleicht werden wir das Glück haben, mit ein paar Beulen und Schrammen davonzukommen, vielleicht werden wir Verluste erleiden, die uns tiefen Schmerz bereiten. Die neuen Verletzungen und Ungerechtigkeiten werden uns in frühere Phasen des Heilungsprozesses zurückwerfen, wir werden wahrscheinlich sogar noch einmal sämtliche Phasen durcharbeiten müssen. Beim zweiten-, dritten-, viertenmal wird es leichter sein, aber schmerzlos nie. Dann sollten wir die Einsichten, die Möglichkeiten und das Netz hilfreicher Menschen nutzen, die wir uns geschaffen haben, und uns daran erinnern, wie man sich fühlt, wenn man zuerst die Lebendigkeit wiederfindet und dann verzeiht.

Machen Sie sich klar, daß der Weg immer weiterführt. Wenn

man mit der Vergangenheit Frieden geschlossen hat, ist das kein Freibrief für eine leuchtende Zukunft. Man wird immer noch lernen und wachsen. Vor Ihnen liegt, wie Nancy Kline, eine Psychotherapeutin, es nannte, ein «Leben ohne Grenzen», und dank dem Heilungsprozeß, den Sie durchgemacht haben, können Sie an Ihre eigene Fähigkeit zu Freude, Produktivität, Frieden und das Leben ohne Grenzen glauben. Mit der bewußten Entscheidung, die alten Verletzungen zu heilen und die unerledigten Probleme zu bereinigen, verpflichteten Sie sich, das Beste aus Ihrem Leben zu machen. Jetzt bleibt nur noch eines: Tun Sie es!

Wo Sie heute stehen

«Mein Vater starb anderthalb Jahre nachdem ich ihn das erste Mal wieder besucht hatte. Das war im Juli 1984. Vier Jahre waren vergangen, seit ich mich entschieden hatte, die erschütternde Wirkung, die der Inzest auf mich und mein Leben gehabt hatte, nicht mehr zu verleugnen. Mein Weg zur Heilung hatte mich durch Schmerz, Scham, Verwirrung und Selbstzweifel geführt. Er hatte mich in Tiefen der Verzweiflung und Ohnmacht gestürzt, wo ich in Selbstmitleid zerfloß und unendlich lange, wie es schien, einzig meinem Schmerz Aufmerksamkeit zollte. Er hatte mich gezwungen, die Wut zu fühlen, die ich so beängstigend fand, und er hatte mir gezeigt, was es heißt, erwachsen zu werden. Und zuletzt hatte er mich an einen Ort inneren Friedens geführt, wo ich verzeihen konnte.

Ich erhielt die Todesnachricht, als ich in San Diego zusammen mit Sid ein Seminar zur Persönlichkeitsentwicklung leitete. Auf dem Flug an die Ostküste zur Beerdigung meines Vaters wurde mir erstmals klar, daß ich ihm wahrscheinlich verziehen hatte. Auf diesem Flug dachte ich kaum an das, was mein Vater mir einmal angetan hatte. Zu viele schöne Erinnerungen drängten sich auf, an die von Freude und Heiterkeit erfüllten Momente meiner Kindheit und an die Augenblicke, die wir in den Monaten vor seinem

Tod miteinander verbracht oder telefoniert hatten. Mein Vater war nicht nur der Mann, der mich verletzt hatte. Er war weit mehr. Ich holte einige Bogen Papier aus meiner Tasche und schrieb eine Abschiedsrede für meinen Vater, die ich dann bei der Beerdigung zum Gedenken an ihn und an meinen Weg zu ihm hielt.

Und mein Weg führte mich weiter. Ich zog nach Amherst in Massachusetts und begann als psychologische Beraterin zu arbeiten, wobei ich mich vornehmlich solcher Menschen annahm, die ähnliches erlebt hatten wie ich. Im September 1985 heirateten Sid und ich. Wir leiteten weiterhin gemeinsam Seminare zur Persönlichkeitsentwicklung und zur Erlernung des Verzeihens. Ich begann eigene Workshops zu leiten und Vorträge zu halten. Ich arbeitete an meiner Beziehung zu meiner Tochter, die inzwischen erwachsen war und kurz vor der Heirat stand. Ja, und ich arbeite immer noch an mir selbst, und das wird niemals enden, denn ich will nicht in meiner eigenen Entwicklung stillstehen. Ich bin bereit, diese Anstrengung auf mich zu nehmen, weil ich ein Stück inneren Frieden gefunden habe und gern mehr davon haben möchte.»

Da steht Suzanne heute. Aber was ist mit den anderen Menschen, die Sie in diesem Buch kennenlernten? Fanden sie Heilung? Entdeckten sie die Fähigkeit zu verzeihen? Einigen ist es gelungen, andere sind noch auf dem Weg. Wohin führte sie ihr Weg? Hier sind einige Berichte von denen, die uns über ihre Fortschritte auf dem laufenden hielten.

«Sie war vielleicht keine gute Mutter, aber sie ist eine wunderbare Großmutter», schrieb Marcy in ihrem letzten Brief. «Damit will ich nicht sagen, daß sie die Kinder verwöhnt. Sie versteht einfach, mit ihnen umzugehen, ist nicht zu nachsichtig und nicht zu streng, kann sich sehr gut auf sie einstellen. Wenn ich sehe, wie meine Mutter mit meinen Kindern umgeht, bin ich noch überzeugter, daß sie eine wirklich gute Mutter gewesen wäre, wenn sie nicht getrunken hätte. Sie geht tapfer weiter zu den Anonymen Alkoholikern und hat seit Jahren keinen Tropfen mehr getrunken. Ich necke sie immer und sage, sie geht nur zu den AA, um Männer kennenzulernen, aber sie weiß, was für eine Hochachtung ich vor ihr habe.»

Marcy sieht ihre Mutter deutlich weit positiver als früher, aber dennoch realistisch. In den vergangenen Jahren hat sich zwischen den beiden Frauen eine Beziehung entwickelt, die, wie Marcy schrieb, «wirklich nah ist. Ich glaube, wenn unsere Beziehung normal gewesen wäre, als ich noch ein Kind war, könnte sie jetzt nicht so gut sein. Es hat schon auch sein Gutes, durch die Hölle gegangen zu sein!»

Marcy hat dank ihrem Heilungsprozeß nicht nur zu einer guten Beziehung zu ihrer Mutter gefunden, sie hat auch gelernt, im Beruf die Dinge etwas lockerer zu nehmen und mehr auf die Gefühle ihrer Mitarbeiter zu achten. Es bringt sie nicht mehr aus der Fassung, wenn der Rest der Welt nicht ihren Erwartungen entspricht und sich nicht an ihre Zeitpläne hält, und obwohl sie auf Unvorhergesehenes immer noch mit Ängsten reagiert, wachsen sich diese Ängste nicht mehr zur Panik aus und stürzen sie nicht mehr in lähmende Depressionen.

«Ich habe seit langem keine Depression mehr», schloß sie ihren Brief. «Wenn man wie ich seine Arbeit liebt, eine Familie hat, auf die man unheimlich stolz ist, seine Mutter wiedergefunden und dazu plötzlich seinen Humor entdeckt hat, bleibt keine Zeit für Selbstmitleid.»

Vor ungefähr einem Jahr erhielten wir eine offizielle Einladung zur Eröffnung von Melindas Restaurant. Leider konnten wir der Einladung nicht Folge leisten, aber als wir kürzlich auf dem Weg nach New York waren, machten wir einen Abstecher, um Melinda zu besuchen. Sie wirkte so selbstsicher und heiter, wie wir sie nie vorher erlebt hatten.

«Für mich kam der Wendepunkt», erklärte sie, «als ich den Kontakt zu Steve nach langem Zögern endgültig abbrach und in eine Therapie ging. Daraus ist alles weitere entstanden, obwohl ich eigentlich gar nicht so sehr darauf achtete, was vorging.»

Wie Warren hatte auch Melinda der innere Frieden überrascht, während sie bis über beide Ohren mit anderen Dingen beschäftigt war. Sie hatte angefangen sich für Ernährung mit Naturkost zu interessieren, nahm Kurse in Betriebswirtschaft an der Universität, trat in einen Volleyball-Verein ein, reiste in den gesamten Staaten herum, um vegetarische und Naturkostrestaurants zu besichtigen, und eröffnete schließlich ihr eigenes Restaurant.

«Ich habe allerdings einen Teilhaber», bemerkte sie mit einem verschmitzten Lächeln. Als sie sich ernstlich entschlossen hatte, ein Restaurant aufzumachen, hatte sie ihren alten Collegefreund Paul besucht, mit dem sie im Lauf der Jahre immer wieder einmal Kontakt gehabt hatte. «Er war immer da, um mich zu trösten, wenn eines meiner vielen Verhältnisse in die Brüche gegangen war», erklärte sie. Melinda und Paul wurden Geschäftspartner und saßen, wie Melinda erzählte, «monatelang praktisch bei Tag und Nacht zusammen, um dieses Restaurant auf die Beine zu stellen». Und irgendwann in dieser Zeit voller Hektik verliebten sie sich ineinander.

«Das hat mich auch überrascht, als ich gerade nicht hinschaute», meinte Melinda lachend. «Der Mann, nach dem ich suchte, war immer da, ich war nur zu versessen auf Steve und Männer wie ihn, um es zu bemerken.»

Aber dank harter Arbeit an sich selbst merkte es Melinda schließlich doch. Als wir sie besuchten, war sie mit Paul verlobt. «In gewisser Weise habe ich Steve diese neue Liebe zu verdanken», schloß Melinda. «Als ich die Nase endlich so voll hatte, daß mir klar wurde, daß ich einen Mann wie ihn gar nicht wollte, blieb mir nichts anderes übrig, als mir mal gründlich zu überlegen, was ich denn wirklich von einem Mann und vom Leben ganz allgemein wollte. Und dann hab ich es angepackt.»

Harriet und Larry beendeten ihre Differenzen mit Hilfe eines Vermittlers und einigten sich auf gemeinsames Sorgerecht. Sechs Monate des Jahres lebten die Kinder während der Woche bei

Larry und besuchten Harriet an den Wochenenden, und das folgende halbe Jahr war es umgekehrt.

«Das erste Jahr war hart», gestand Harriet. «Aber dann entspannte sich die Atmosphäre, und irgendwie entwickelte es sich so, daß unsere Tochter den größten Teil des Jahres bei mir lebte, während unser Sohn hauptsächlich bei Larry lebte. Und wenn wir Lust haben, besuchen wir uns. Manchmal trinken Larry und ich sogar eine Tasse Tee zusammen und unterhalten uns über die gute alte Zeit.»

Harriets Innendekorationsfirma geht gut, sie arbeitet in einer Vereinigung «Frauen in der Wirtschaft» und hat eine Beziehung mit einem Mann, der zehn Jahre jünger ist als sie. «Ich wollte in neue Welten vorstoßen», sagte sie lachend. «Na, und das tue ich jetzt gründlich.» Wie über sich selbst verwundert schüttelte sie den Kopf. «Wir machen die tollsten Sachen – Drachenfliegen, Sporttauchen, wir kampieren im Freien, oder wir schauen uns ein Stück von Shakespeare an und gehen hinterher noch in ein Rock-Konzert. Das Leben hat so viel zu bieten, und wenn ich mich nicht entschlossen hätte, meins in Ordnung zu bringen, hätte ich das alles vielleicht verpaßt.»

«Oberflächlich gesehen hat unsere Beziehung sich nicht verändert», berichtete Mark. «Aber meine Gefühle haben sich verändert. Ich bin nicht mehr wütend auf meinen Vater und rege mich vor einer Begegnung mit ihm auch nicht mehr auf. Ich kann nicht behaupten, daß ich ihn besonders mag oder mich auf Begegnungen mit ihm freue, aber ich hasse ihn nicht mehr. Ich habe ein gewisses Maß an Frieden gefunden.»

Mark gab seinen Posten in dem Rehabilitationskrankenhaus auf und fing in einer sportmedizinischen Klinik zu arbeiten an. Der ständige Kontakt mit Patienten, die hochmotiviert waren, etwas zu leisten, und daran zu arbeiten, körperliche und mentale Hochform zu erreichen, «färbte auf ihn ab». Mark begann mehr zu riskieren. Zur Zeit sitzt er an seiner Magisterarbeit, arbeitet ehrenamtlich als Berater in einem Heim für obdachlose Männer, treibt viel Sport und verbringt so viel Zeit wie möglich mit seiner Frau und seinem kleinen Sohn.

«Vor allem arbeite ich daran, mir selbst zu verzeihen», sagte Bruce bei unserem letzten Telefongespräch. «Ich könnte den Rest meines Lebens damit verbringen, bei den Menschen Wiedergutmachung zu leisten, die ich verletzt habe, während ich trank und kokste. Aber das ist vielleicht auch gut so. Das hält mich bei der Stange und erinnert mich daran, wo ich einmal war und wo ich nie wieder hin möchte.»

Bruce hat seit vier Jahren keinen Alkohol mehr getrunken. Er ist jetzt leitender Angestellter eines großen Hotelunternehmens. Nachdem seine erste Ehe gescheitert war, heiratete er wieder, und seine Frau erwartet jetzt das erste Kind. Bruce ist nicht sicher, ob er den alten Schmerz wirklich schon ganz losgelassen hat. «Wie kann man einem Schulsystem verzeihen?» fragte er. «Aber ich trage meinen Teil dazu bei, um dafür zu sorgen, daß es anderen Kindern nicht geht wie mir.» Er betreut lernbehinderte Kinder und hält gelegentlich vor Schüler- und Elterngruppen Vorträge über Alkohol- und Drogenmißbrauch.

Terry, die es für das Beste hielt, ganz neu anzufangen, zog nach San Francisco und nahm eine Stellung in einem Rehabilitationszentrum für Frauen an, die gerade einen Drogen- oder Alkoholentzug hinter sich gebracht hatten. Sie lebt seit mehr als einem Jahr sexuell enthaltsam und nimmt an einem Therapieprogramm für Männer und Frauen mit sexuellen Störungen teil. «Ich mache eine ganz neue Phase durch», teilte sie uns mit. «Absolute Enthaltsamkeit. So schlimm ist es gar nicht. Ich glaube allerdings nicht, daß ich so ein Leben auf Dauer führen werde.» Sie ist seit einiger Zeit mit einem Mann befreundet, den sie sehr gern hat. «Aber ich gehe es ganz langsam an. Das ist etwas ganz Neues für mich. Ehrlich gesagt», Terrys Ton änderte sich plötzlich, «ich bin im Augenblick in einer ganz scheußlichen Phase, aber ich werde mich schon durchbeißen.»

Mit Hilfe einer Therapeutin und einer Gruppe für ehemalige Inzestopfer hatte Terry ihre Verletzungen durch den Großvater bearbeitet, aber vor kurzem fiel sie in die Empörungsphase zurück, und «nun hocke ich da mit dieser ganzen Wut auf meine Mutter und meine Großmutter». Sie kann den beiden nicht verzeihen, was sie taten, als sie von den Übergriffen des Großvaters erfuhren. «Sie verloren nicht ein einziges Wort darüber. Sie sorgten lediglich dafür, daß ich nie wieder mit meinem Großvater allein war. Sie bestraften mich, ohne mir zu sagen, was für ein Verbrechen ich begangen hatte.»

Bei einem kürzlichen Besuch zu Hause wurde Terrys Groll auf die beiden Frauen so unerträglich, daß sie mitten in der Nacht ihre Sachen packte und abreiste. «Aber das wird auch vorübergehen», sagte sie, und wir glauben es ihr. Trotz ihrer Empörung und ihrer Wut ist Terry in keine ihrer früheren schädlichen Verhaltensweisen zurückgefallen und sorgt für ihr körperliches, geistiges und seelisches Wohlergehen.

Als wir Darlene das letzte Mal sahen, hätten wir sie beinahe nicht erkannt. Dank einer Selbsthilfegruppe, einer Diätärztin und täglichem Schwimmen hatte sie fast fünfunddreißig Kilo abgenommen und völlig aufgehört, zwanghaft zu essen. Sie sah frisch und gesund aus und wagte nun auch, sich modisch zu kleiden.

Wir hatten nur zu einem kurzen Gespräch mit ihr Zeit, aber wir hörten von ihr, daß sie auch noch andere Veränderungen in ihrem Leben vorgenommen hatte. Sie hatte gelernt, Aufgaben zu delegieren, und ihre beruflichen Beurteilungen fielen nun weit positiver aus. Man hatte ihr eine Beförderung angeboten, aber sie wußte nicht, ob sie sie wirklich annehmen wollte. «Eigentlich wünsche ich mir gerade jetzt lieber weniger Druck und Verantwortung in meinem Leben», erklärte sie.

Wegen einer Krise, in die eines ihrer Kinder geriet, begannen Darlene und die anderen Mitglieder ihrer Familie eine Familientherapie. «Ich habe dabei so viel über mich selbst erfahren», erzählte Darlene, «daß ich beschloß, auch noch eine Einzeltherapie zu machen. Wir packen meine Probleme eines nach dem anderen an und sind noch nicht bis zu meinem Vater vorgedrungen, aber ich merke schon jetzt, daß meine Einstellung zu ihm sich verändert. Ich habe ihm sogar vor kurzem geschrieben, daß ich gern wieder näheren Kontakt zu ihm hätte.»

Da stehen sie heute, die Menschen, von denen in diesem Buch berichtet wurde. Jetzt bleibt nur noch eine Frage: Wo stehen Sie in diesem Moment – und welcher Schritt steht für Sie als nächster an?

Zum Abschluß unserer Seminare zum Training des Verzeihens bitten wir die Teilnehmer oft, einen Brief zu schreiben, wir nennen ihn den «Brief zur Heilung». Wie die Briefe, die sie in anderen Phasen des Heilungsprozesses geschrieben haben, ist dies kein Brief, den sie an jemanden abschicken sollen. Er soll ihnen vielmehr helfen zu erkennen, an welchem Punkt ihres Heilungsprozesses sie angelangt sind und was sie als nächstes tun wollen oder müssen. Er bildet einen passenden Abschluß für dieses Seminar, weil er den Teilnehmern die Möglichkeit gibt, das, was sie hier gelernt haben, mit hinauszunehmen und anzuwenden. Wir möchten Sie ermutigen, auch so einen «Brief zur Heilung» zu schreiben, damit Sie feststellen können, wie dieses Buch auf Sie und Ihren Weg zur Heilung gewirkt hat.

In der Verleugnungsphase schrieben Sie einen Brief, der von einem Menschen, der Sie verletzt hatte und Ihnen eine Entschuldigung schuldete, an Sie gerichtet war. Der Brief zur Heilung sollte an den gleichen Menschen gerichtet sein, und die erste Zeile Ihres Briefes sollte lauten: «Ich bin auf einer Reise zur Heilung, und Du bist mein Zielpunkt.»

Gliedern Sie nach dieser Zeile Ihren Brief in drei Teile. Teil 1 sollte schildern, wie die Verletzung oder das Unrecht Sie früher beeinflußt hat und wie Sie infolge dieser Verletzung handelten. Teil 2 sollte beschreiben, wie die Verletzung oder das Unrecht sich heute auf Sie auswirkt und was Sie deswegen tun, denken oder fühlen. Teil 3 sollte schildern, was Sie tun müssen und zu tun vorhaben, um die Wunde zu heilen und das Leben anzunehmen.

Wir möchten dieses Buch mit einem solchen Brief zur Heilung beschließen. Wir glauben, er faßt auf anschauliche Weise zusammen, was Heilung und Verzeihen heißt, und wird Sie ermutigen, selbst die Reise zur Heilung anzutreten oder fortzusetzen.

Der Brief zur Heilung

Lieber Vater,
ich bin auf einer Reise zur Heilung, und Du bist mein Zielpunkt. Früher glaubte ich, wenn ich Schokolade esse, würde es mir besser gehen. Manchmal schlang ich sie so hastig hinunter – aus Angst, dabei ertappt zu werden –, daß ich sie überhaupt nicht schmeckte, mich nicht einmal daran erinnerte, sie gegessen zu haben. Mein Leben war genau so. Ich erinnerte mich nicht, es gelebt zu haben.

Ich ließ mich von anderen vernichten und glaubte, ich sei entbehrlich, leicht zu übersehen, zu unscheinbar, um einen Eindruck zu hinterlassen, und ganz gewiß keiner Achtung wert, auch meiner eigenen nicht. Natürlich verhielt ich mich dennoch, als sei ich etwas Besseres. Auf die Weise dachte ich, würde niemand merken, wie armselig ich in Wirklichkeit war.

Jetzt vergleiche ich mich nicht mehr mit anderen. Und ich stopfe mich nicht mehr mit Schokolade voll, um meine Gefühle zu unterdrücken. Jetzt glaube ich nämlich, daß ich wichtig bin und daß ich etwas zu bieten habe.

Es geht mir sehr gut, danke, und ich werde dafür sorgen, daß es mir noch besser geht. Ich werde Dich vielleicht ab und zu besuchen, aber ich habe nicht die Absicht, mich je wieder in den Räumen niederzulassen, in die mein Schmerz mich geführt hat. Ich werde vorwärtsgehen, hinaus aus der Finsternis ans Licht. Ich möchte den Schmerz, die Wut und die Unsicherheit zurücklassen, ohne zu vergessen, wodurch sie verursacht wurden und was ich aus ihnen gelernt habe. Ich möchte verzeihen, und ich glaube, daß ich es schon bald können werde. Das Leben wartet auf mich, und ich werde es leben.

Deine Tochter